Zona de obras

Leila Guerriero

Zona de obras

Nueva edición revisada y ampliada

EDITORIAL ANAGRAMA
BARCELONA

Ilustración: foto © Tonko Oosterink / Shutterstock.com.
Diseño de lookatcia

Primera edición: mayo 2022

Diseño de la colección: lookatcia.com

© Leila Guerriero, 2014, 2022

© EDITORIAL ANAGRAMA, S. A., 2022
Pau Claris, 172
08037 Barcelona

ISBN: 978-84-339-2627-2
Depósito Legal: B. 2169-2022

Printed in Spain

Romanyà Valls, S. A., Sant Joan Baptista, 35
08789 La Torre de Claramunt

*Para Diego, por la larga risa de todos estos años.
Para mi padre, que me entrenó en el rudo oficio de las distancias largas.*

AGRADECIMIENTOS

A Mario Jursich. A Paula Escobar. A Amelia Castilla Alcolado. A Gregorio Rodríguez Ramos. A todos quienes me hicieron pensar en torno a ciertas cosas.

NOTA PRELIMINAR
El atardecer en un plato

Durante mucho tiempo pensé que la tarea de un periodista consistía, sobre todo, en ir, ver, volver y contar. Después, un día del año 2006, sonó el teléfono en mi casa. Al otro lado de la línea estaba Mario Jursich, editor colombiano, invitándome a participar del primer festival organizado por la revista *El Malpensante* en el que, a lo largo de un fin de semana en Bogotá, varios escritores, editores, filósofos y periodistas se reunirían para hablar sobre diversas cosas. Si yo aceptaba, debía preparar un texto cuya lectura tuviera una duración de veinte minutos y se encuadrara dentro de un tema definido que era, a la sazón, las mentiras del periodismo latinoamericano. Dije que sí y, para escribir esa conferencia –titulada, en efecto, *Sobre algunas mentiras del periodismo latinoamericano*–, hice, por primera vez, lo que haría después tantas otras veces: ser, además de alguien cuyo oficio consiste en ir, ver, volver y contar, alguien que se pregunta por qué hace lo que hace, cómo hace lo que hace y para qué hace lo que hace. Desde entonces, en seminarios y talleres, en conferencias y mesas redondas, en columnas y ponencias (en Santiago y en Santander, en México y en Lima, en Madrid y en Bogotá), no he dejado de darle vueltas al asunto. Por decirlo de otro modo, desde entonces me convertí en una yonqui de esas preguntas: ¿para qué se escribe, por qué se escribe, cómo se escribe?

El destilado de esa adicción son los textos de este libro: un recorrido por la zona de obras, ese espacio destripado por la maquinaria pesada donde los cimientos todavía no están puestos y la cañería a cielo abierto parece la tráquea de un dinosaurio sin esperanzas. Un paseo por el caos, un vistazo al momento en el que todo puede derrumbarse para siempre o transformarse en una canción que, quizás, valga la pena.

¿Para qué se escribe, por qué se escribe, cómo se escribe? Si de chica podía pasar horas acariciando la suavidad inverosímil del tapado de visón de mi abuela, al escribir estos textos –que se canibalizan entre sí, que trafican materiales de uno a otro, que rizan una y otra vez el rizo de preguntas sin respuesta– he sentido la misma pulsión: las ganas tensas, morbosas, de permanecer en ese lugar donde cualquier movimiento en falso podría destrozarlo todo, conteniendo el deseo de hundir los dedos como garfios en el corazón de esa materia frágil que –como los huracanes, como las mejores tormentas– solo puede contemplarse a la distancia.

Una de las conferencias de este libro, llamada *¿Dónde estaba yo cuando escribí esto?*, leída en Bogotá en 2007, dice que, al atardecer, el cocinero Michel Bras llevaba a los integrantes de su equipo de trabajo a la terraza de su restaurante en la campiña, y los obligaba a permanecer allí hasta que el sol se ocultaba en el horizonte. Entonces, señalando el cielo, les decía: «Ahora vuelvan a la cocina y pongan eso en los platos.» Estos textos son mis intentos por entender cómo se pone el atardecer en un plato. Aún no lo logro. Pero en eso estamos.

LEILA GUERRIERO

ARBITRARIA

No tienen por qué saberlo: soy periodista y, a veces, otros periodistas me llaman para conversar. Y, a veces, me preguntan si podría dar algún consejo para colegas que recién empiezan. Y yo, cada vez, me siento tentada de citar la primera frase de un relato de la escritora estadounidense Lorrie Moore, llamado «Cómo convertirse en escritora», incluido en su libro *Autoayuda:* «Primero, trata de ser algo, cualquier cosa pero otra cosa. Estrella de cine/astronauta. Estrella de cine/misionera. Estrella de cine/maestra jardinera. Presidente del mundo. Es mejor si fracasas cuando eres joven –digamos, a los catorce.» Pero no lo hago porque no es eso lo que verdaderamente pienso y porque, en el fondo, dar consejos es oficio de soberbios. Entonces, cuando me preguntan, digo: no, ninguno, nada.

Pero hoy es abril y ha sido un buen día. Hice una entrevista con una mujer a quien voy a volver a ver en dos semanas y varios llamados telefónicos que dieron buenos resultados. Compré frutas, conseguí un estupendo curry en polvo. Hay nardos en los floreros de la cocina. Corrí al atardecer. Me siento leve, un poco feroz, arbitraria. De modo que, si hoy me preguntaran, les diría: corran. Les diría: sientan los huesos mientras corren como sentirán después las catástrofes ajenas: sin acusar el golpe. Aguanten, les diría. Pasen por las historias sin hacerles daño (sin hacerse daño). Sean suaves como un ala, igual de peligrosos. Y respeten: recuerden que trabajan con vidas humanas. Respeten.

Escuchen a Pearl Jam, a Bach, a Calexico. Canten a gritos canciones que no cantarían en público: Shakira, Julieta Venegas, Raphael. Vayan a las iglesias en las que se casan otros, sumérjanse en avemarías que no les interesan: expónganse a chorros de emoción ajena.

Sean invisibles: escuchen lo que la gente tiene para decir. Y no interrumpan. Frente a una taza de té o un vaso de agua, sientan la incomodidad atragantada del silencio. Y respeten.

Sean curiosos: miren donde nadie mira, hurguen donde nadie ve. No permitan que la miseria del mundo les llene el corazón de ñoñería y de piedad.

Sepan cómo limpiar su propia mugre, hacer un hoyo en la tierra, trabajar con las manos, construir alguna cosa. Sean simples, pero no se pretendan inocentes. Conserven un lugar al que puedan llamar «casa».

Tengan paciencia porque todo está ahí: solo necesitan la complicidad del tiempo. Aprendan a no estar cansados, a no perder la fe, a soportar el agobio de los largos días en los que no sucede nada.

Maten alguna cosa viva: sean responsables de la muerte. Viajen. Vean películas de Werner Herzog. Quieran ser Werner Herzog. Sepan que no lo serán nunca.

Pierdan algo que les importe. Ejercítense en el arte de perder. Sepan quién es Elizabeth Bishop.

Equivóquense. Sean tozudos. Créanse geniales. Después aprendan.

Tengan una enfermedad. Repónganse. Sobrevivan. Quédense hasta el final en los velorios. Tomen una foto del muerto. Tengan memoria, conserven los objetos. Resístanse al deseo de olvidar.

Cuando pregunten, cuando entrevisten, cuando escriban: prodíguense. Después, desaparezcan.

Acepten trabajos que estén seguros de no poder hacer, y háganlos bien. Escriban sobre lo que les interesa, escriban sobre lo que ignoran, escriban sobre lo que jamás escribirían. No se quejen.

Contemplen la música de las estrellas y de los carteles de neón.

Conozcan esta línea de Marosa di Giorgio, uruguaya:

«Los jazmines eran grandes y brillantes como hechos con huevos y con lágrimas.»

Vivan en una ciudad enorme.

No se lastimen.

Tengan algo para decir.

Tengan algo para decir.

Tengan algo para decir.

Revista Sábado, El Mercurio, *Chile, abril de 2011.*

EL BOVARISMO, DOS MUJERES
Y UN PUEBLO DE LA PAMPA

Vengo a decir lo que quizás no deba decirse. Vengo a decir que no he leído lo que escribieron, acerca de Gustave Flaubert y de sus criaturas literarias, autores como Jean-Paul Sartre, Guy de Maupassant, Charles Baudelaire, Marcel Proust, Émile Zola, Julio Ramón Ribeyro, Roland Barthes o Harold Bloom. Quizás sería más justo decir que he leído, pero que he olvidado, y que, en todo caso, no he vuelto a leer.

Sea como fuere, eso no tiene importancia.

En su ensayo de 1974, llamado *La orgía perpetua,* el escritor peruano Mario Vargas Llosa, hablando de *Madame Bovary,* la novela que Flaubert publicó a mediados del siglo XIX, dice: «Un libro se convierte en parte de la vida de una persona por una suma de razones que tienen que ver simultáneamente con el libro y la persona.»

De eso, entonces, vengo a hablar: de la suma de razones, y de la vida y la muerte de María Luisa Castillo.

Todo lo demás no tiene la menor importancia.

Era abril de 2012 y yo estaba en la Ciudad de México, hospedada en un barrio vagamente peligroso, en un hotel situado sobre una avenida por la que, me habían advertido, no debía caminar, bajo ninguna circunstancia, sola. Pero ahí estaba yo, que había caminado por la avenida –bajo toda circunstancia sola–, sentada sobre el muro de una gasolinera, esperando a una persona a la que iba a entrevistar. Era uno de esos atardeceres gélidos y tropicales de la Ciudad de México, con las bocinas raspando el cemento y la luz del sol, enrojecida por la contaminación, reptando por las paredes de los edificios, cuando pensé: «Aquí estoy, una vez más lejos de casa, esperando a alguien que no conozco en una esquina que no volveré a ver jamás. Y esta es exactamente la vida que quiero tener.»

Y porque sí, o porque ya nunca pienso en ella, o porque empezaba a pergeñar esto que leo, recordé, como del rayo, el rostro rubicundo, los dientes enormes, los aros de vieja, el pelo lacio, el aroma a pan y a perfume barato de María Luisa Castillo, que fue mi amiga y que, durante mucho tiempo, tuvo tres años más que yo.

Entonces saqué un papel del bolso y empecé a tomar estas notas.

Sé, de Flaubert, lo que sabemos todos: cuarto nacido vivo de tres que nacieron muertos, hijo de un médico y de una madre glacial, autor de *Madame Bovary,* padre de la novela moderna, gladiador del estilo indirecto libre, etcétera, etcétera, etcétera. No tengo nada que decir acerca de todas esas cosas. Pero si es cierto que Oscar Wilde, hablando del personaje de Balzac, dijo que «La muerte de Lucien de Rubempré es el gran drama de mi vida», salvando las insalvabilísimas distancias yo podría decir que la vida y la muerte de Emma Bovary forman parte de lo que soy. O, para no parecer tan rimbombante, podría decir que me dejaron huella.

No era ni el mejor ni el peor de los tiempos. No era ni la mejor ni la peor de las ciudades. Eran los años setenta, era la infancia, era Junín, donde nací, veinte mil habitantes en una zona rica, agrícola, ganadera, a doscientos cincuenta kilómetros de Buenos Aires. Yo era hija de un ingeniero químico y de una maestra, y María Luisa Castillo era la hermana menor de un amigo de mi padre, un mecánico de automóviles llamado Carlos. El día en que la conocí yo tenía ocho años, ella once, y me pareció fea. Tenía la cara grande, alargada, las mejillas enrojecidas por un arrebol que yo asociaba con la gente pobre, y una ortodoncia brutal. Me dijo que no se llamaba Luisa, sino María Luisa, y yo pensé que ese era un nombre de persona vieja.

Luisa era discreta, tímida, pacífica. Vivía en un barrio alejado, en una casa con piso de tierra, sin agua corriente ni cloacas. Dormía, con un hermano mayor y con sus padres, en un dormitorio separado del comedor y la cocina por un trozo de tela. A mí nunca me impresionó que fuera pobre, pero sí que sus padres fueran viejos. Los míos, que no llegaban a los treinta, me parecían arcaicos, de modo que la madre de Luisa, que tendría cincuenta y cinco y tres dientes, y su padre, un albañil ínfimo de más de sesenta, debieron impresionarme como dos seres al borde de la muerte.

No sé en qué se iban las horas cuando estábamos juntas, pero sé que éramos inseparables. Yo tenía nueve años cuando le ofrecí mi juego de mesa favorito a cambio de que me enseñara cómo se hacían los bebés. Dijo que sí y, en el asiento trasero del auto de mis padres, la acosé a preguntas acerca de la rigidez y de la forma y de los agujeros, hasta que sollozó de vergüenza. Cuando terminamos, no le di nada: ni mi juego ni, me imagino, las gracias. No sé por qué era mi amiga. No sé qué le dejé. Qué di.

Un resumen muy torpe —y muy injusto— diría que *Madame Bovary* cuenta la historia de Emma, una mujer casada con Charles Bovary y madre de la pequeña Berthe, que se enreda en amores con un hombre llamado Rodolphe, con otro llamado Léon y que, finalmente, envuelta en deudas y a punto de perderlo todo, se suicida tragando polvo de arsénico.

Yo leí *Madame Bovary* a los quince y durante mucho tiempo creí que había entendido mal. Porque la tal Emma no resul-

18

tó ser el gran personaje literario que esperaba, sino una mujer tan tonta como las chicas de mi pueblo, que construían castillos en el aire solo para ver cómo se estrellaban contra la catástrofe del primer embarazo o del segundo empleo miserable. Emma Bovary era una pájara ciclotímica que se dedicaba a arruinarse y arruinarle la vida a todos en pos de un ideal que, además, no quedaba claro. Porque ¿qué cuernos quería Emma Bovary? ¿Ser monja, ser virgen, ser swinger, ser millonaria, ser madre ejemplar? No me importaba que hubiera sido infiel (de hecho, esa me parecía la mejor parte del asunto), pero la cursilería rampante de sus ensoñaciones me sacaba de quicio. Emma fantaseaba con Rodolphe con el mismo grado de delirio con que mis compañeras y yo fantaseábamos con John Travolta, solo que, allí donde mis compañeras y yo sabíamos que John Travolta era un póster, ella ni siquiera era capaz de darse cuenta de lo obvio: que Rodolphe no era un hombre para enamorarse, sino uno de esos patéticos galanes de pueblo que tragaban mujeres y escupían huesitos (y de los que, a decir verdad, Junín estaba repleto). La demanda devoradora con que se arrojaba sobre Léon –pidiéndole que le escribiera poemas, que se vistiera de negro, que se dejara la barba– no me producía emoción, sino vergüenza ajena, y los arrebatos que la hacían fluctuar de madre amorosa a madre indiferente, de esposa amantísima a mujer desamorada, me resultaban agotadores. Trasvasados a la vida real, todos esos rasgos daban como resultado una mujer insoportable.

Pero, así como me molestaba el estado de humillante desnudez emocional en el que Emma Bovary se entregaba a sus amantes, me parecía muy auténtico que su hija Berthe no le hubiera reblandecido el corazón y muy razonable que tuviera sexo, fuera de su matrimonio, no con uno, sino con dos hombres. Y su suicidio, coronado con la muerte del marido y la orfandad desamparada de su hija, era de un egoísmo tan sublime, tan salvaje, que resultaba deliciosamente real.

Pero entonces, a fin de cuentas, ¿Emma Bovary era buena, era mala, era cobarde, era valiente, era mediocre? ¿Por qué no me daban unas ganas locas de ser ella, así como me habían dado ganas locas de ser Tom Sawyer o Holden Caulfield o La Maga?

Ahora, después de todos estos años, resulta sencillo saber qué pasó. Y lo que pasó fue que Emma Bovary me insufló enormes dosis de confusión en una época en la que yo ya tenía confusión en dosis monumentales.

Cuando Luisa cumplió catorce años, sus padres –que a pesar de todos mis pronósticos no se habían muerto– le dieron permiso para salir de noche, usar maquillaje y ponerse tacos altos. Aunque me desilusionó descubrir que se maquillaba poco y usaba tacos discretos, su incursión en la vida nocturna me permitió entender los usos y costumbres de las discotecas, saber cuándo era prudente responder con entusiasmo a un beso de lengua o cuán abajo era «demasiado abajo» para la mano de un varón. Cuando salíamos a caminar por el centro, yo me enrollaba la falda en la cintura para que hiciera efecto mini y Luisa me prestaba su pintalabios con sabor a fresa. De todas las cosas que la evocan, nada me empuja tan agresivamente hacia ella como el recuerdo de esa sustancia pegajosa que me untaba en los labios y que me hacía sentir la más temible, las más brutal de todas las potrancas. Pero, por todo lo demás, no podríamos haber sido más diferentes. A mí me gustaba leer y a ella no, a mí me gustaba escribir y a ella no, a mí me gustaba el cine y a ella no, yo era vulgar y ella no, yo era huidiza, ladina, oscura, difícil, taimada, arisca, bruta, brutal, furiosa, feroz, y ella no.

Hay una foto en la que estamos juntas: yo llevo el pelo corto, shorts rojos y una camiseta de pordiosera manchada de chocolate; Luisa lleva medias hasta la rodilla, falda con flores y camisa blanca cerrada hasta el cuello. Era una niña prolija; yo, un demonio unisex. Sin que ella me hubiera hecho jamás el menor daño, yo podía repetir durante mucho rato la palabra «paja», solo para verla enrojecer.

No sé por qué era mi amiga. No sé qué le dejé. Qué di.

Es la primera vez que cuento esta historia, demasiado llena de realidades ajenas. Cada vez que me falla la memoria o creo resbalar entre recuerdos falsos, llamo a mi padre y le pregunto, aun cuando sé que las cosas de la muerte le hacen mal. En julio de este año, mi padre y su amigo Carlos, el hermano mayor de mi amiga Luisa, pasaron un domingo pescando. Una semana después, Carlos se murió de cáncer. Pero aunque sé que las cosas de la muerte le hacen mal, cada vez que me falla la memoria, o creo resbalar entre recuerdos falsos, llamo a mi padre y le pregunto por la hermana muerta de su amigo que recién murió. Y lo hago porque de eso vivo –de preguntar para contar historias– y porque esa es la vida que quiero tener. Con todos y cada uno de sus muchos, de sus muchísimos daños colaterales.

Escribí siempre, desde muy chica. En cuadernos, en el reverso de las etiquetas, en blocs, en hojas sueltas, en mi cuarto, en el auto, en el escritorio, en la cocina, en el campo, en el patio, en el jardín. Mi vocación, supongo, estaba clara: yo era alguien que quería escribir. Pero si la escritura se abría paso con éxito en ese espacio doméstico –el jardín, el patio, el cuarto, el escritorio, la cocina, etcétera–, no tenía idea de cómo hacer para, literalmente, sacarla de allí; cómo hacer para, literalmente, ganarme la vida con eso. ¿Estudiando Letras, ofreciendo mi trabajo en las editoriales, empleándome en una hamburguesería y escribiendo en los ratos libres? Si durante mucho tiempo esa incertidumbre permaneció agazapada, cuando cumplí quince años, y tuve que pensar en el futuro, los diques se rompieron y pasó lo que tenía que pasar: angustia y confusión cubrieron todo. Y, en medio del desastre, me aferré a dos abstracciones peligrosas: mi optimismo oscuro y la certeza de que, entre la espada y la pared, siempre podría elegir la espada.

Fue en esos años confusos cuando llegué a *Madame Bovary*. Y ya saben, pasó lo que pasó.

Luisa, mientras tanto, terminó el colegio secundario, empezó a trabajar como secretaria de mi padre y, paralelamente, ingresó a un profesorado de biología en Junín. Eso le permitiría ahorrar algún dinero y tener una profesión para marcharse, después, a estudiar, más y mejor, a un prestigioso instituto de biología en Buenos Aires.

Quiero decir que Luisa tenía un plan. Y que yo, en cambio, no tenía nada.

Es 7 de agosto y, mientras escribo, me topo con un texto llamado «Contra Flaubert», del escritor chileno Rafael Gumucio, que dice que *Madame Bovary* es, para Flaubert, «Una venganza contra su padre, contra sus tíos, contra toda la ciudad de Ruán y sus alrededores, pero, más ampliamente aún, es una novela contra la gente que trabaja y tiene hijos, contra las mujeres infieles, pero también contra los hombres fieles, contra los libros, contra las monjas, contra los republicanos, contra las carretas de bueyes, los jueces, los boticarios y contra la ley de gravedad». Y, mientras leo, pienso que hace falta la mitad de la vida para entender cosas que suceden en minutos.

Tenía diecisiete años cuando dejé Junín para irme a Buenos Aires y estudiar una carrera que me importaba poco, pero que me permitiría vivir sola, hacerme adulta, tener algo parecido a un plan.

Luisa se quedó en Junín, estudiando su profesorado, trabajando con mi padre, y empezó a noviar con un chico que, como ella, tenía nombre de viejo: Rogelio. Poco después, quedó embarazada y se casó.

No recuerdo haber ido al casamiento, pero sí que, dos años más tarde, durante una de mis visitas a Junín, nos encontramos y me contó que iba a renunciar al empleo y a dejar por un tiempo los estudios para mudarse a un pueblo de novecientos habitantes llamado Germania, donde su marido había comprado una farmacia. Recibí la noticia como si algo terrible fuera a sucederme a mí, pero Luisa parecía feliz y se reía, y yo pensé que a lo mejor no la había conocido nunca.

Pienso, ahora, que *Madame Bovary* es, quizás, una novela contra los hijos, contra el futuro, contra las ilusiones, contra la intensidad, contra el pasado, contra el porvenir, contra las ferias, contra los carruajes y contra los ramitos de violetas: una novela contra sí misma cuyo milagro mayor reside en la eficacia con que inocula en sus lectores la incondicionalidad fulminante que solo producen personajes como Emma o como, digamos, Hannibal Lecter: una incondicionalidad incómoda, generada por todos los motivos equivocados, pero absolutamente radical. Para decirlo simple: aunque yo nunca la querré, le seguiría los pasos hasta el más mísero confín.

Luisa se mudó a Germania a fines de los años ochenta. El pueblo, a unos cien kilómetros de Junín, estaba, por entonces, unido al mundo por un camino de tierra que se volvía intransitable con la lluvia. Ella hacía de madre y atendía la farmacia de su esposo mientras yo, en Buenos Aires, seguía desorientada, pero ardía eufórica, rodeada de nuevos amigos que tenían hábitos dignos de jinetes del apocalipsis.

Y, en algún momento, supongo que simplemente la olvidé.

No sé dónde ni cómo escuché por primera vez la palabra bovarismo. Una definición a mano alzada permitiría repetir con Wikipedia que el bovarismo es «el estado de insatisfacción de una persona, producido por el contraste entre sus ilusiones y la realidad, que suele frustrarlas». Hoy, mientras escribo, pienso que Luisa ya no está entre los vivos, pero que Emma Bovary, con sus volcánicas contradicciones, con sus arrebatos, con su desmesurado bovarismo, sigue viva. Para mi infinito deleite, para mi profunda indignación.

Cada tanto llegaban, desde Germania, noticias tristes: el camino de tierra se hacía a menudo intransitable; la farmacia no marchaba bien y tenía deudas, y Luisa, otra vez embarazada, había abandonado los estudios.

En Buenos Aires yo había terminado una carrera que jamás ejercí y, confiada en mi optimismo oscuro y en mi teoría de la espada y la pared, había dejado un relato en el diario *página/12,* donde el director lo había publicado y, sin saber nada de mí, me había ofrecido empleo. Así, de un día para otro, en 1991, me hice periodista y entendí que eso era lo que siempre había querido ser, y ya nunca quise ser otra cosa.

Entonces, un día de un mes de un año que no sé precisar, mientras regresaba del periódico o me apuraba para llegar al cine o cocinaba arroz o quién sabe, la mejor amiga de mi infancia caminó hasta la trastienda de la farmacia de su marido, hundió la mano en un pote de arsénico y comió, comió, comió.

Fue mi padre el que llamó para avisarme.

Del velorio, que se hizo en Junín, recuerdo poco. Sé que la toqué, porque tocarla me parecía respetuoso: era una forma de decir «No me das asco». Luisa tenía los labios unidos por pegamento y una tela de broderie blanca, en torno al cuello, que me enfureció porque la hacía parecer idiota. Después, alguien me dijo que era para cubrir las manchas. En algún momento escuché un grito que llegó desde la calle: «¡Asesino hijo de puta!» Cuando me asomé a la puerta vi que los parientes, los amigos, los vecinos, se agolpaban en torno a Rogelio, el marido de Luisa, que trataba de bajar de un auto. Se decía que le había sido infiel y la conclusión de todos era obvia: Luisa se había matado por su culpa porque, de otro modo, las chicas como Luisa no se matan.

24

Pero yo hacía rato que sabía que sí.

Que bastan un error y un cruce de caminos.

No recuerdo haber ido al cementerio, pero dice mi padre que fui y que, incluso, ayudé a cargar el ataúd.

Después supe que, antes de morir, Luisa rogó con desesperación que la salvaran, pero no pudieron llevarla a un hospital porque los caminos estaban anegados.

Y ese, así, fue el final de todo.

No hay conclusión, no hay fuegos de artificio. No hay epifanía.

No se sabe, en fin, qué pensar.

Yo, la chica oscura con la cabeza intoxicada por fantasías descomunales, tuve la vida que quería tener. Luisa, la chica buena y sencilla que al fin solo quería casarse y tener hijos, está muerta. Fin de la historia.

¿Conclusiones? De tan obvias, dan asco: que la más potencialmente bovarista de las dos terminó siendo la menos bovariana del asunto. Y que la menos bovariana de las dos resultó una bovarista literal.

¿Hace falta decir, también, lo evidente?

Luisa se murió en un mundo en el que no había internet ni doctor google y fue por la divina gracia de Emma Bovary que supe, por entonces, que, después de tragar el arsénico, mi amiga no tuvo, durante mucho rato, más síntoma que un desagradable sabor a tinta, y que más tarde llegaron, en este orden, las náuseas, los vómitos, el frío glacial, el dolor en el abdomen, los vómitos de sangre, los calambres, la asfixia.

Los años pasaron y, en algún momento, *Madame Bovary* dejó de ser, para mí, un libro sobre gente mediocre que se cree especial y empezó a ser un comentario implacable sobre la humillación y el amor, una advertencia feroz sobre la importancia de nuestras decisiones y sobre el peligro de estar vivos.

Yo casi no pienso en Luisa. No veo a sus hijos. No he vuelto a ver a su marido. Pero *Madame Bovary* forma parte de lo que soy. O, para no parecer tan rimbombante, digamos que me dejó huella. O, para parecer todavía menos rimbombante, digamos que es probable que mi lema anarcoburgués –hacer lo que me da la gana sin joderle la vida a ningún prójimo– sea una reacción a aquellas primeras lecturas en las que Emma Bovary me parecía un mecanismo, desorientado y caníbal, que lo devoraba todo en pos de una ensoñación confusa, sin detenerse a pensar en los daños, en los temibles daños, en los inevitables daños colaterales.

Han pasado muchos meses desde la tarde de abril en que empecé a tomar estas notas, y años desde que era una adolescente con angustia y sin un plan. Y, otra vez, no hay conclusión, no hay fuegos de artificios. No hay epifanías. Hay evidencias: Luisa está muerta, y *Madame Bovary*, como una máquina de atravesar los siglos, me sigue susurrando su mensaje voltaico, su terrible canción: cuidado, cuidado. Cuidado.

Leído en los Encuentros Literarios de Formentor, España, en el año 2012. Publicado por El Malpensante, *Colombia, el mismo año. El texto recibió el Premio González-Ruano, que otorga la Fundación MAPFRE, en el año 2013.*

Algunos de los nombres mencionados en este texto fueron alterados para su publicación.

EL SÍNDROME

Una, o alguna, o todas estas cosas pasaron, nos pasaron.

Éramos jóvenes, o éramos adolescentes, o éramos unos niños. En el asiento trasero del auto, durante las vacaciones familiares (mientras afuera pasaban el mar y las pampas, los ríos y las montañas, el sol, los lagos); o a la sombra de los árboles que rodeaban la piscina del club (mientras los demás niños hervían en un magma de juegos histéricos); o en las largas tardes del invierno sobrecogedor de los pueblos de Colombia, de Venezuela, de México, de Chile; o en cuartos de pequeños apartamentos, en medio del cemento de las ciudades, leíamos: a Emily Brontë, a Ray Bradbury, a Gustavo Adolfo, a Lorca, a Dickens, a Mark Twain. Éramos jóvenes, o éramos adolescentes, o éramos niños, y en el cobijo silencioso de nuestros cuartos se superponían las capas tectónicas de nuestro descontento: una foto de Rimbaud, una copia en VHS de *Der Himmel über Berlin*, una pequeña colección de libros –disímiles, disparatados–: la *Ilíada* y *Veinte poemas de amor*, *Drácula* y *La metamorfosis*.

Éramos jóvenes tóxicos, intoxicados por el opio de las frases, cazadores de adjetivos, adictos al perfume de los alejandrinos y los yámbicos. Sabíamos –a los diez, a los doce– el significado de palabras como «carámbano» o «unción». Nos deleitaba la posibilidad de usar, alguna vez, la palabra «lóbrego». Mirábamos cosas que nadie más miraba (cosas que, a nuestra edad, nadie necesitaba mirar: el cadáver de un perro al costado de una

27

ruta, la luz del sol sobre el vello de los brazos de una mujer rubia). Veíamos cosas que solo nosotros podíamos ver: la truculencia de un túnel en plena noche (donde los demás solo veían un túnel), la violencia de una fogata y un grupo de mendigos (donde los demás solo veían una postal de la pobreza). Teníamos el corazón desdichado; o no teníamos el corazón desdichado en absoluto y éramos la furia viva; o teníamos el corazón desdichado y éramos, también, la furia viva. Éramos tímidos, o éramos cerriles, o éramos blindados. Éramos, en todo caso, una falla, una pequeña disrupción, algo que no se suponía que fuera a resultar así.

Quizás éramos el terror del aula, o éramos la mascota de la profesora de literatura, o éramos raros, o éramos seres perfectamente adaptados y entonces parecía –solo parecía– que éramos buenos compañeros, plenamente sociables (pero, en realidad, nos entrenábamos en el arte de la simulación, en el arte de permanecer ocultos, de sobrevivir).

En las largas tardes del verano o en las brumas agónicas del invierno, bajo la luz de una lámpara en nuestros cuartos, o sentados a la mesa de la cocina mientras todos dormían la siesta, o en cualquier parte en medio de la noche más oscura, llenábamos cuadernos con frases que imitaban las cosas que habíamos leído y eran cuadernos que no mostrábamos a nadie, o que mostrábamos a todos con orgullo, o a los que nadie hacía el menor caso.

Éramos jóvenes y queríamos escribir y estábamos dispersos.

No había más de uno de nosotros por colegio, por barrio, por hectáreas de hectáreas. Éramos una legión de silentes o de desaforados, gente con error de paralaje, o gente tratando de encajar, o gente orgullosa de no encajar en absoluto, o gente herida por no encajar en absoluto. Éramos una legión de solos, asesinos seriales en una urbe desmesurada preguntándonos cómo les estaría yendo a los demás –si es que había algo que pudiera llamarse «los demás»– sin encontrar la forma de saberlo.

Vivíamos en pueblos chicos, o en ciudades grandes, o en el campo, pero, en el fondo, todos vivíamos en un solo lugar: en una isla.

28

No teníamos respuesta a las preguntas de nuestros adultos (de qué vas a vivir, qué profesión es esa, dónde se estudia, para qué sirve), ni entendíamos dónde había que buscarlas. No sabíamos nada de la blanca disciplina del trabajo: creíamos en el poder absoluto de la inspiración. Éramos capaces de inventar un futuro alucinado durante un paseo en bicicleta solo para volver a casa y encontrar la misma vieja angustia de siempre, o la misma vieja duda de siempre, o la misma vieja rutina de siempre: poner la mesa, ayudar a revolver el guiso, cuidar del hermano menor, preguntarnos qué sería de nosotros.

Éramos reyes destronados de un reino que no habíamos tenido nunca, adictos desquiciados de una droga sin dealer.

Seguimos siendo. Salud.

Revista Sábado, El Mercurio, *Chile, septiembre de 2013.*

MI DIABLO

Escribo como si boxeara. Hay una rabia infinita dentro de mí, una violencia infinita dentro de mí, una nostalgia infinita dentro de mí, una furia infinita dentro de mí, un arrebato ciego dentro de mí. Porque siempre, siempre, siempre, escribo como si boxeara. O, mejor, ¿por qué, siempre, siempre, siempre, escribo como si boxeara?

Hace días que intento encontrar una escena, la escena primigenia, el momento en que todo comenzó. Y no la encuentro. Seguramente porque esa escena no existe. Recuerdo, apenas, una calcomanía a medias rota, pegada en los azulejos de la cocina del pequeño departamento alquilado de la calle Narbondo de la ciudad de Junín en el que vivía con mis padres. Yo no debía tener más de cuatro años pero recuerdo esa calcomanía —una casita de tejados rojos que habría pegado allí algún inquilino anterior—, y recuerdo que, mirándola, encontraba cierto solaz, cierto refugio, como si el mundo pudiera condensarse y desaparecer dentro de las infinitas posibilidades de vida que yo imaginaba en esa casa —y que he olvidado por completo, aunque no olvidé la sensación de haber imaginado cosas—, y recuerdo también a mi padre sentado a mi lado en la cama, antes de dormir, leyéndome en voz alta las historietas de Larguirucho, del Pato Donald, de la Pequeña Lulú, y que fue así como descubrió que me había quedado sorda porque me hacía preguntas sobre lo que acababa de leerme y yo seguía con la vista fija en las tiras, sin responder. La sordera no duró mucho, pero me pregunto ahora si era sordera o si ya era todo lo que fue después: abstracción, abducción, inmersión en esos mundos a los que yo agregaba fantasía y que, ingenuamente, creí construir cuando en verdad era víctima de ellos: cuando esos mundos me construían a mí.

Pero todo eso no importa. Es un comienzo falso, innecesario. Algo que escribí solo porque no quería ir directo al tema. Porque el tema implica revolver armarios viejos, hundir los dedos en el polvo de fantasmas pasados, revisar tiempos remotos para entender algo imposible: qué cosas hubo que leer y escuchar y ver –y pasar– para que esto –este oficio de escribir– resultara en algo con voz y mirada propias. De modo que no vengo a preguntarme cómo fue que empezaron las cosas sino quiénes fueron mis maestros y mis héroes: aquellos que, con su forma de ver el mundo, construyeron –y construyen– mi forma de verlo y de contar. Vengo a preguntarme qué materiales hay en lo que escribo, y por qué son esos y no otros, y de dónde provienen. Qué hay en ese tejido en el que se mezclan una infancia de apache en un pueblo de provincias, la melancolía de todos los domingos de la tierra, la esquizofrénica biblioteca de la casa de mis padres, el combinado de mi abuela en el que escuchaba tanto a Beethoven como a las estrellas del Festival de San Remo, las revistas como *El Tony* y *D'artagnan* que consumía cual drogadicta, las noches de invierno cazando liebres en el campo con escopeta de dos caños a bordo de un Rastrojero azul y las tardes de verano amarillas y celestes en la pileta del Golf, haciendo la plancha boca arriba, encandilada por el sol, sintiéndome tan feliz que, en el fondo, era como estar triste.

Por entonces tenía algunos héroes. Jackaroe, por ejemplo, un personaje de historieta guionado por Robin Wood, cuyo nombre se traducía como «Viento de la noche», un hombre hermoso y rubio, de patillas largas, criado por los indios de América del Norte, que tenía una puntería escalofriante, era parco y nómade y vagabundeaba por el Oeste americano, primero buscando revancha de quienes habían aniquilado a su familia y después, supongo, solo por vagabundear. Ni indio ni blanco, ni de aquí ni de allá, yo soñaba con ser como él, vivir de lo que llevara en mis alforjas y vagar sin rumbo. Otro de mis héroes de historieta era Nippur, un guerrero sumerio que había abandonado Lagash, La Ciudad de las Blancas Murallas, luego de que fuera invadida por el pavoroso rey Luggal-Zaggizi. Exiliado eterno de un sitio que añoraría siempre, Nippur solo tenía una espada, sed de venganza y errancia impenitente. A ellos se sumó, poco después, el héroe magno: el Corto Maltés. Iba a escribir «el personaje» de Hugo Pratt, pero me cuesta decirle personaje porque, como a otros –Madame Bovary, Frank Bascombe–, lo conozco más que a mi vecino del segundo piso. De todas las cosas que me gustaban del Corto (que anduviera ligero de equipaje, que fuera tan parco y tan valiente, que no tuviera casa ni ataduras, que se sacudiera la adversidad de los hombros como si la adversidad fuera un pequeño inconveniente), la que más me gustaba era que, como había nacido sin línea de la fortuna, se la había hecho él mismo con una navaja, cortándose la palma de la mano, como quien dice: «El destino soy yo: yo me lo hago.» Ahora, con el correr de los años, me pregunto si no he terminado siendo una mezcla de todas esas cosas: un cowboy que necesita poco, un errante con hogar establecido, alguien que anda con la navaja en el bolsillo dispuesto a hacer destino por mano propia.

Esa era yo, con ocho, con nueve, con diez años: una chica que leía historietas y libros que me daba mi padre: Horacio Quiroga, Ray Bradbury, la colección amarilla de Robin Hood, Juan José Manauta, pero también Ian Flemming, Arthur Hailey, Wilbur Smith o René Barjavel, un escritor francés que se había hecho famoso con una novela llamada *Los caminos a Katmandú* y que me permitieron leer porque juré que pasaría por alto las páginas marcadas como prohibidas en las que había escenas de sexo, páginas que leí con dedicación. Mis primeros años como sujeto consumidor de artefactos culturales muestran esa mezcla a la que hay que sumarle el cine seis veces por semana para ver películas de la Hammer, westerns de toda laya o films de Leonardo Favio; una abuela alemana como un sol nervioso que me enseñó a ser tozuda y libertaria siendo, ella misma, tozuda y libertaria; y dos padres muy distintos entre sí: un ingeniero químico lector, aventurero contrariado que había partido a buscar oro a Brasil a los diecisiete años, escapando de su casa de niño rico, que ponía Cavalleria rusticana a todo dar en el Winco de casa y era muy dado a la melancolía; y una madre hija de almaceneros sirios con vocación de ama de casa que adoraba a Joan Manuel Serrat, María Elena Walsh, Julia Elena Dávalos, Los Chalchaleros, Julio Sosa, Cafrune, Pat Boom y Joan Baez, que detestaba a Marilyn Monroe porque la encontraba vulgar, y que decía que una señorita siempre tenía que tener tiempo para hacer sus cosas, donde «sus cosas» eran arreglarse las cutículas, ir a la depiladora y coser el ruedo de una falda.

No sé exactamente cuándo empecé a escribir. Supongo que cuando fui capaz de hacerlo de corrido. Eran poemas de amor y cuentos de ciencia ficción que trataban de imitar el estilo y las tramas de Ray Bradbury. Escribía en un cuaderno marca Gloria, en mi cuarto, en un escritorio rebatible que salía del placard, alumbrada por una lámpara de tulipa redonda que tenía dibujada la cara de un gato. Ese espacio y ese momento eran respetados por mis padres como si yo estuviera en misa. Imaginen el cuadro. Una nena que, después de jugar todo el día –porque jugaba todo el día–, se encierra en su cuarto y empieza a escribir; una nena a la que, cada tanto, se le pregunta «¿Qué estás escribiendo ahora?», como si la nena fuera un escritor de fuste. Si escribir es una pelea continua contra tantas cosas –contra la procrastinación, contra el pánico a que se agote la fuente de donde todo viene, contra el temor a ya no ser nunca mejor de lo que uno ha sido–, esos padres fueron, sin saberlo, maestros, alentando la idea de que la escritura era mi mundo privado, lo más íntimo de mí: algo que había que respetar.

Sin embargo, quizás con idéntica inconciencia, y siendo yo aún muy chica, mi padre hizo cosas raras. Me leyó, con aire apesadumbrado, aquel poema de Gustavo Adolfo Becquer que es cualquier cosa menos un poema de amor:

> Volverán las oscuras golondrinas
> en tu balcón sus nidos a colgar,
> y otra vez con el ala a sus cristales
> jugando llamarán.
> Pero aquellas que el vuelo refrenaban
> tu hermosura y mi dicha a contemplar,
> aquellas que aprendieron nuestros nombres...
> esas... ¡no volverán!

Y, con la misma voz pesarosa, me expuso reiteradas veces a otro poema, *El cuervo,* de Edgar Allan Poe

> Deja mi soledad intacta
> (...)
> Aparta tu pico de mi corazón
> y tu figura del dintel de mi puerta.
> Y el Cuervo dijo: «Nunca más.»

Rastrear qué marcas dejaron en lo que escribo esas dos lecturas tempranas sería inútil, pero sé que me inyectaron la lucidez atroz del paso del tiempo y de las oportunidades perdidas, que me inocularon con la pérdida total de la esperanza y la evidencia de que la voluntad no sirve para casi nada cuando hay que avanzar por el desfiladero del destino, y que construyeron una forma de ver el mundo en la que cosas como la candidez o la inocencia ya no serían posibles.

Más fácil es rastrear las marcas de otra lectura fundamental de aquellos años. Un día, en la mesa, después del almuerzo, mi madre recitó un poema.

> Hombres necios que acusáis
> a la mujer sin razón,

sin ver que sois la ocasión
de lo mismo que culpáis.
(...)
Opinión ninguna gana,
pues la que más se recata,
si no os admite, es ingrata,
y si os admite, es liviana.

Yo pregunté qué era eso, me dijeron Sor Juana Inés de la Cruz, y me fui directo a buscar entre los libros del colegio secundario de mi madre, que guardábamos en la biblioteca y de donde yo leía, como una posesa, a Góngora, a Quevedo, a Lope de Vega, a Lorca, a Miguel Hernández y a Machado. El poema parecía escrito para mí, alguien que empezaba a crecer en un pueblo en el que el combustible que hacía avanzar la relación entre ambos sexos era la hipocresía. En Junín, el prestigio de una chica podía aumentar o irse al cuerno exactamente con el mismo acto: permitir que un varón te diera un beso de lengua. Las cocardas o deméritos del prestigio femenino fluctuaban dependiendo de la situación o del chico, de la cantidad de tiempo que hubieras pasado con él, de dónde te hubiera dado el beso: si en tu casa, si en un auto, si en el cine. A veces la misma cosa estaba bien o asquerosamente mal. Hace un tiempo escribí, en el diario *El País,* una columna llamada «Siete menos», que decía: «En Colombia nos arrojan ácido, en Chile nos arrancan los ojos, en mi país nos prenden fuego. Cada quien cultiva sus bestias. Los hombres nos matan. Nos matan, también, otras cosas. Nos mata la leche infectada que tragamos a diario y que hace que (a todos) nos parezca normal que en las publicidades las mujeres laven ropa y los hombres salgan a conocer el mundo. Que hace que nadie encuentre rastros de sumisión jurásica en la frase (repetida por hombres y mujeres) «tener un hijo es lo más maravilloso que puede pasarle a una mujer». Que hace que los periodistas sigamos prohijando artículos sobre "la primera mujer conductora de metro" como quien dice: "¡Miren: no son idiotas, pueden accionar palancas!" Que hace que el cuerpo de una hembra joven parezca más vulnerable que el de un macho joven. Que hace que si dos mujeres viajan juntas se diga que viajan "solas". Nos mata esa leche infecta que, más que leche de cuna, parece una profecía sin escapatoria.» Cuando leo esas cosas, reconozco la sublevación satánica que sentí al leer los versos de Sor Juana, y sé que encendieron —y aún alimentan— esa furia sagrada dentro de mí.

Pero ¿de dónde viene, por ejemplo, mi voluntad casi maníaca de ir contra el prejuicio y el lugar común?, ¿de dónde sale el aparato de demolición de mis propios preconceptos que hace que, si tuviera que entrevistar a Karina Jelinek, no daría por sentado que fuera tonta, así como no di por sentado, cuando fui a entrevistar a Nicanor Parra, que fuera un genio? ¿Tiene eso que ver con haberme criado en un pueblo donde el pasado condenaba a todo el mundo, donde la gente que a mí me parecía interesante era, para los demás, reprobable o peligrosa? A veces los maestros no son un hombre ni una mujer sino una circunstancia: un espejo deforme al que no queremos parecernos y al que, en cierto modo, buscamos destruir.

Poco después leí a Rimbaud. Me enamoré de él con un amor físico y duro. Iba con mi ejemplar de *Una temporada en el infierno* a todas partes, y repetía aquello de «Toda luna es terrible, y todo sol amargo» como si a los trece alguien pudiera entender el significado de esos versos. Vivía, como los locos, en dos mundos. En uno era buena alumna, tenía amigos, salía a bailar, me enamoraba. En el otro, leía al Arcipreste de Hita en español antiguo y a T. S. Eliot sin saber inglés, y aquello de «A Cartago llegué entonces. Ardiendo, ardiendo, ardiendo, ardiendo. Oh, Señor, tú que me arrancas. Oh, Señor, tú que arrancas ardiendo» me elevaba en una inspiración golosa, voraz, masturbatoria. Leía por encima de mis posibilidades con una emoción retráctil, intentando llevar esa épica, ese dolor y esa oscuridad a lo que yo misma escribía. No sé cómo pasé de aquellos primeros poemas y cuentos a vivir en estado de escritura, pero de pronto todo —todo: las películas que veía con mi padre y el ruido blanco de las chicharras en el campo y mi madre regresando del fondo de la casa con los brazos repletos de jazmines y los poemas de Lorca y las sábanas que lavaba mi abuela en la terraza y que chorreaban agua como si perdieran sangre– empezó a producirme unas ganas casi sexuales de escribir. A mis trece, a mis catorce años, la escritura caminaba dentro de mí como un fuego violento, y eso era bueno pero a veces también era triste y sórdido y solitario. Ninguno de mis amigos volvía de bailar en la madrugada y se ponía a escribir. Ninguno de mis compañeros iba al colegio con un libro de Conrad bajo el brazo. Nadie prefería leer a Góngora que ver la telenovela de las cinco.

Y entonces conocí al hombre en su cueva.

¿Un maestro es, inevitablemente, un héroe? El señor Equis fue un maestro que no quise, y no es, ni fue, mi héroe. Pero es un maestro al que no renunciaría. Llegué a él por un curso de fotos que dictaba su mujer. Ella me pidió que le mostrara algo de lo que escribía y le leí de mi cuaderno Gloria, que siempre cargaba conmigo, un texto de no ficción, quizás el primero que escribí: era el registro implacable de una tarde de verano en la que un chico guapo, al que había conocido en una discoteca la noche anterior, me había dejado plantada en una plaza de Junín. Después de escucharlo, me dijo: «Mi marido da talleres literarios. ¿Me dejás el cuaderno para que lo vea?» Le dije que sí. Al final de la siguiente clase apareció él: el señor Equis. Tendría unos cincuenta y cinco años. Quizás sesenta. Quizás cuarenta y cinco. En todo caso, yo tenía quince y él era una belleza malévola. Me dijo que le había gustado mi texto y me ofreció asistir a su taller. Imaginé un grupo de gente en torno a una mesa con facturas y café, pero pronto descubrí que solo consistía en que él y yo nos encontrábamos a última hora de la tarde en el comedor de su casa, repleta de muebles y libros, hasta que algo –usualmente un llamado exasperado de mis padres exigiendo que regresara– nos interrumpía. Nunca salíamos a la calle, nunca íbamos a un café y, si tocaban el timbre o sonaba el teléfono mientras estábamos juntos, él no atendía. En cada encuentro, yo leía lo que había escrito y él me daba su opinión que, al principio, siempre era buena. Un día me recibió con diez hojas escritas a máquina tituladas: «Para una leve cultura general». Era un listado de libros. Me lo extendió y me dijo: «Fijate y decime qué leíste.» Figuraban el Cándido, de Voltaire; el *Adolfo,* de Benjamin Constant; *Thaïs. La cortesana de Alejandría y La isla de los pingüinos,* de Anatole France; *Rojo y negro y La cartuja de Parma,* de Stendhal; la *Antología de la literatura fantástica,* de Bioy, Borges y Silvina Ocampo; Nabokov, Dostoievski, Faulkner, Flaubert, Mauriac, Bioy Casares, Kant, Melville, Joyce, Heidegger, Freud, Sartre, Camus, Simone de Beauvoir, Cortázar, Antonio di Benedetto, Truman Capote, Kafka, Chéjov, Rulfo, Rodolfo Walsh, Guy de Maupassant, Par Lagerkvist, Alejandro Dumas, Mario Vargas Llosa, Julio Ramón Ribeyro, Manuel Puig, Balzac, cien más. Recorrí las páginas y dije, en un par de ocasiones, «Este lo leí». Al terminar me dijo, burlón: «¿Viste? No leíste nada.» Y entonces empezó la tarea: un trabajo de demolición. El señor Equis pudo haber sido la espada de mi muerte, pero fue, en cambio, la piedra de mi templanza. Yo llegaba cada lunes en mi enorme bicicleta color mostaza, las botas de gamuza por fuera del jean, el suéter amplio, y él me decía que, así vestida, parecía «una chiruza». Yo no le hacía caso. Después, comentábamos el libro que tocaba leer esa semana. Él me hacía preguntas que yo siempre respondía mal. Me preguntaba, por ejemplo: «¿Qué es Tadzio en *Muerte en Venecia?*», y yo respondía: «Un chico», y él me decía: «No entendés nada.» Un día le comenté que Meursault, el protagonista de *El extranjero,* me había parecido un pavote que se había metido en problemas por un golpe de calor, y me dijo: «Ese es un comentario de ignorante.» Yo me enfurecía, pero sobre el terreno de mi enervamiento él esparcía sus esporas y me hablaba de Camus y del existencialismo y de la moral y de la culpa durante un buen rato. Un día me dijo «Vos sos un diamante», y me puse contenta. Enseguida agregó: «Como el diamante, estás en bruto.»

Nada de todo eso me daba vergüenza: más bien, alimentaba

un odio hermoso, refulgente. Cuando yo creía que había aprendido algo, él saltaba enfebrecido sobre mi yugular y abría otro canal por el que sangraba una hemorragia de ignorancia plena.

El señor Equis me hizo leer los clásicos a una edad en la que uno solo debería leer a los clásicos; me enseñó el respeto por la disciplina y por la tradición, diciéndome que no podía leer a Cortázar sin saber quién era Chéjov, y que aunque lo que Cortázar escribía me pareciera fácil, era producto de horas de tecleo sobre la máquina. Hablaba de los autores como si hubieran sido sus amigos: «Había un fulano que se llamaba Kant», decía, o: «¿Sabías lo que hizo Joyce el día que la Giséle Freund se le presentó en la casa para sacarle fotos?» Y yo, que a duras penas sabía quién era Joyce y que no tenía la menor idea de quién era Gisèle Freund, decía: «No», y él respondía: «¿Ves que no sabés nada?», pero a continuación me contaba la historia. Para el señor Equis no había nuevos sin viejos, vanguardistas sin perimidos. Así, me hizo leer enterito a Don Miguel de Unamuno, a Ortega y Gasset, a Lenormand, a Jean Cocteau y a Jardiel Poncela. Me recitó en latín y en griego, idiomas que yo no entendía, solo para que conociera la música de esas lenguas; y me enseñó la historia de la fotografía y del cine: de él escuché, por primera vez, el nombre de Diane Arbus, y si mis padres repetían que Bergman era «un sueco aburrido», el señor Equis me hizo leer los guiones de sus películas en una edición de Sur, que me regaló y que conservo y dentro de la cual hay una antigua hoja de nogal reseca, y después me preguntó si *Cuando huye el día (Fresas salvajes)* me parecía el producto de un «sueco aburrido». Tenía dos lemas. Uno que había tomado de Descartes: «Bien vivió quien vivió oculto.» El otro, supongo que inventado por él, era: «Entre la espada y la pared siempre se puede elegir la espada.» Esas dos frases me recuerdan hasta hoy que mi labor no es brincar de fiesta en fiesta sino permanecer oculta y escribiendo, y que hay que responder con el cuerpo, el alma y la cabeza a las consecuencias de todo lo que hacemos —a las consecuencias de todo lo que escribimos— porque la vida es en picado y sin excusas. Pero lo más importante que hizo por mí el señor Equis fue decirme, un día: «Yo sé lo que te va a pasar a vos: si no lográs vivir de la escritura, vas a ser una infeliz.» No dijo «una persona infeliz». Dijo: «Una infeliz.» Y yo tomé nota y entendí la diferencia.

Para entonces, hacía rato que ninguno de mis textos le gustaba tanto como le había gustado aquel del principio, el del plantón en la plaza. Pero si mi escritura no era lo que él esperaba de mí, sí era lo que yo esperaba de mí. Con enorme soberbia juvenil, con una seguridad que salía de las profundidades de una tozudez de abismo, yo no dudaba. Y me había transformado en alguien peligroso: estaba empeñada en deslumbrarlo.

Un día escribí un cuento. Un cuento imposible para una chica de mi edad: una voz masculina hablaba de una mujer, y decía cosas sobre esa mujer y sobre su relación con ella que eran las que podría haber escrito un hombre de cuarenta años con dos o tres matrimonios encima: no alguien de quince con unos novios mansos en su haber. Llegué a su casa, se lo leí y se quedó mudo. Me dijo «Es perfecto.» Y yo sentí que ese era el final de la batalla.

Un par de meses después llegué hasta su casa en bicicleta, toqué el timbre. Él salió, sorprendido. Yo nunca llegaba sin avisar: no se podía. Le dije que me iba de vacaciones con mis padres, que estaría ausente por dos semanas. Me miró con sus ojos azules de lobo del ártico y me dijo, rabioso: «Vos no vas a volver.» Le dije: «¿Qué decís?» Y él me dijo: «No se dice "qué decís". Así hablan las chiruzas.» Le dije: «Me gusta viajar.» Y él, con un rencor que solo el paso de los años me permitió entender, me hizo una pregunta que todavía me persigue: «¿Para qué viajás: para mirar paisajes?» Después cerró la puerta y yo me fui. Pasé dos semanas en Uruguay, leyendo a García Márquez como si quisiera borrar las huellas de un crimen, y no volví a verlo nunca más.

Hasta que en los primeros años de este siglo, durante la presentación de un libro que acababa de publicar, lo vi entre el público. Esperó a que todo terminara y, cuando no quedaban más de dos o tres personas, se acercó. Me saludó, me felicitó, y me dijo tres palabras en latín: las tres primeras palabras de los versos que solía recitarme décadas atrás, y que son el comienzo del poema fúnebre del emperador Adriano: *«Animula vagula blandula»:* «Pequeña alma, cambiante y vagabunda, huésped y compañera de mi cuerpo, / descenderás a esos parajes pálidos, rígidos y desnudos, / donde habrás de renunciar a los juegos de antaño.» Yo le firmé el libro, le dije «Gracias» y me fui.

Todavía me pregunto si en aquellos años, cuando yo tenía quince, él se hubiera detenido. Si, en caso de haber notado en mí debilidad, daño o destrozo, se hubiera detenido. Y creo que no. El señor Equis no hizo nada bien, pero hizo todo bien: aprendí de él la retorcida naturaleza humana, capaz de ansiar la destrucción de lo mismo que anhela, y fue el primero de todos los hombres a los que conocí que me dijo, de infinitas formas, «hay más cosas entre el cielo y la tierra de las que tu filosofía puede imaginar». Me llevó hasta el borde y, sin medir ninguna consecuencia, me empujó. Solo que yo no caí al abismo: pasé al otro lado del espejo. Él no quería mi bien —quería vencerme—, pero, aunque no estaba en sus planes, fue él quien me descubrió que esto que hago —la escritura— es más fuerte que yo misma. Mi jaula y, también, mi fortaleza.

¿Qué esperan que haga a partir de ahora? ¿Una lista de escritores favoritos, de pintores favoritos, de cantantes favoritos, de editores favoritos? ¿Que les cuente qué hay en el sitio del que todo proviene? El problema es que yo no sé qué hay. Y que no quiero saberlo.

Sé que una tarde cualquiera, andando en auto por la ruta, puede que un vibrión débil y movedizo de dos o tres palabras brote dentro de mí, y que yo lo haga rodar como una piedra pequeña hasta transformarlo en algo sólido, y que lo apriete entre los dientes y, como quien lleva a su presa al río, lo ahogue en un nido de palabras y frases, y que de ese pequeño cogollo de emoción salga, chorreante, algo: el comienzo de un texto, una columna.

Sé que una tarde cualquiera, después de ver una película, puede que regrese a mi casa caminando y en trance, suspendida en la euforia de los mesiánicos, enajenada y en ebullición, y que al llegar a mi departamento me quede mirando por la ventana porque escribir no es solo escribir sino también temblar y rogar y decir qué hago con esto tan grande, con esto tan duro, con esto tan ciego, con esto que me va a matar.

Yo no sé qué hay en ese sitio del que todo proviene, pero puedo hacerme preguntas. Preguntarme, por ejemplo, de qué manera misteriosa las fotos de la serie llamada *Las aventuras de Guille y Belinda y el enigmático significado de sus sueños,* de Alessandra Sanguinetti, se transformaron en escritura. ¿Dónde dejó eso su rastro: dónde están, en lo que escribo, las huellas de esas dos nenas de campo jugando a protagonizar sus propios sueños: en qué parte de cuál de todos los textos que escribí están las esquirlas de esa inocencia fértil, de la brutalidad fecunda que encontré en aquellas fotos? ¿Y dónde las huellas de un hombre llamado Alejandro Urdapilleta, a quien vi en todas las salas del under y del teatro convencional haciendo de Isadora Huevo I e Isadora Huevo II, interpretando a la boliviana Zulema Ríos de Mamaní, testiga de la luz carismática del pájaro chohuís y profesora de danzas regionales, haciendo de Hitler en *Mein Kampf* y de Lear en *El rey Lear?* Su sonrisa de bestia apenas domesticada me daba un miedo que yo absorbía como un plasma. Era un ángel inverso, un mamut: un ser extinto cuya contemplación producía alegría y desdicha. Su talento era la fosa de las Marianas: un sitio insondable del que podían salir formas de vida únicas. Su furia hizo que yo sobreviviera a mi propia furia, y es en la evocación de su rabia luminosa y bajo el recuerdo de su rostro sacro que escribo esto, ahora, como si cantara un lamento, una canción de tumba, un amor que nunca le dije y que además no hubiera servido para nada.

En 1986 yo tenía diecinueve años, me había mudado a Buenos Aires, aún no era periodista y vivía en el infierno: tenía una

42

vocación ardiente –escribir– y no sabía cómo canalizarla. Entonces mi padre fue a la feria de libros de la plaza Almagro y me regaló el libro de un suicida: *El oficio de vivir/El oficio de poeta,* de Cesare Pavese. El libro, de segunda mano, estaba subrayado por el propietario anterior con una lapicera temblorosa, siempre en las partes más crueles. En la página 99 de la edición que tengo dice esto: «Nunca más deberás tomar en serio las cosas que no dependen solo de ti. Como el amor, la amistad y la gloria.» ¿No es eso, también, un héroe: una frase que vive dentro de uno, que viaja dentro de uno a través de los años, como un mantra y un dogma que enseña y repite: «Nena: así es como se aguanta»?

Después, de pronto, a principios de los noventa, me hice periodista. Mi primer trabajo fue en la revista *Página/30.* Yo no era periodista ni sabía como serlo, pero había leído las «Crónicas de fin de siglo» de Martín Caparrós, una serie de artículos sobre sitios como Berlín, Hong Kong, Bolivia o el Matto Grosso. Caparrós ha dicho muchas veces que un buen periodista es aquel que ve, allí donde todos miran, algo que no todos ven. Las «Crónicas de fin de siglo», que se habían publicado en *Página/30* y que luego se reunieron en un libro llamado *Larga distancia,* eran eso: un punto altísimo de una manera de mirar excelsa. Recuerdo, por ejemplo, que en la crónica llamada «El espíritu del capital», Caparrós escribía esto: «En el bar del aeropuerto de Hong Kong, a la entrada, a mano derecha según se llega a la revisación, hay un menú de bronce: allí, los precios de las cocacolas y sándwiches del bar grabados en el bronce, inscriptos en el bronce por desafiar al tiempo, son un monumento discreto y orgulloso al triunfo del capitalismo más salvaje». ¿Cómo se hacía para mirar así? Escritas con un oído de afinador de pianos, un desdén elegante y una mirada al sesgo que echaba, sobre todas las cosas, una luz distinta, en esas crónicas ni los buenos eran buenísimos, ni los malos eran malísimos, ni la historia con mayúscula era tan historia ni tan mayúscula. Por aquellos días en los que el periodismo empezó a ser la excusa perfecta para meterme en la vida de las monjas y de las mucamas, de los actores y de los presos, y en los que la escritura de ficción empezó a quedar atrás porque el periodismo sació un hambre de realidad que yo no sospechaba que tenía, estudiaba los textos de Caparrós con la minucia de un arqueólogo y la impunidad de un alumno predador, poniendo atención a la manera en la que él presentaba o describía a tal personaje, a la forma en la que resolvía un cambio de tiempo o de escenario. Leyéndolo no solo me educaba sino que conseguía altas dosis de algo que, sin pudor ni vergüenza, puedo llamar inspiración.

Pero la memoria es una máquina de repartir injusticia. A un periodista siempre le preguntan cómo se le ocurren las ideas, de dónde saca los temas. Uno responde cosas que se parecen a la verdad pero que no son la verdad, porque esa pregunta no puede responderse. Sin embargo, por estos días recordé algo que había olvidado y que tuvo una importancia tan radical que marcó todo lo que vino después. En los años noventa un periodista llamado Fabián Polosecki hizo dos programas de televisión: *El otro lado* y *El visitante*. Me gustaba la forma en que hablaba con la gente, con una empatía discreta y distante. Era parco, fino, y parecía repleto de una desazón y una fatiga que dejaban siempre flotando la idea de que nada tenía mucho sentido pero que, a pesar de todo, había que seguir. Un día, en uno de esos programas, Polosecki bajó al sistema de desagües de la ciudad de Buenos Aires y habló, allí, con personas que vivían de recoger lo que a los ciudadanos de la superficie se les resbalaba por las cañerías: cadenitas, alianzas, aros. En las tripas de la ciudad había gente que vivía de recoger oro. Y ahí estaba ese tipo, guapo como Rimbaud, herido como Pavese, único como Urdapilleta, con su camperita de cuero y sus zapatillas de lona que, dos metros por debajo del nivel del piso, había dado con un mundo tan extraordinario como Papúa Nueva Guinea. Ese programa fue, para mí, una epifanía. La idea de que la historia puede estar justo debajo de mis pies entró en mi ecosistema con la fuerza de un meteorito y orbita allí, todavía, como un satélite pesado. Si lo pienso rápido, no fue sino esa voluntad de buscar lo excepcional a la vuelta de la esquina lo que me llevó, entre otras múltiples cosas, a ir hace unos años a un pueblo del sur de Córdoba llamado Laborde, a 500 kilómetros de Buenos Aires, cuando supe, leyendo el diario, que allí se hacía el festival de malambo más prestigioso y desconocido de nuestro país, que exigía a sus participantes un entrenamiento olímpico y que establecía un acuerdo tácito: el ganador no podía competir nunca más –nunca más, dijo el cuervo– en otro festival de la Argentina o del mundo, de modo que llegar a la cima implicaba, al mismo tiempo, el fin. Esa historia se transformó en una obsesión que duró tres años y terminó siendo libro en 2013, casi dos décadas después de aquellas piedras que Fabián Polosecki arrojó a los profundos lagos en los que se mueve la escritura y que producen, hasta hoy, infatigables ondas concéntricas.

A veces miro mi biblioteca y siento vértigo. Porque si uno es producto de lo que lee, supongo que yo no escribiría igual –no digo bien: digo igual– si no hubiera conocido, en *Página/30*, a Rodrigo Fresán, que era, junto a Eduardo Blaustein, mi editor y, además, el autor de un libro llamado *Historia argentina* que había venido a traerme la buena nueva de que se podía escribir de una manera fresca y desenfadada y pop y al mismo tiempo conmovedora: una manera en la que yo no sabía que se podía escribir o, digamos mejor, una manera en la que yo no sabía que se podía escribir para publicar. Un día, en la redacción de *Página/30*, Fresán hizo un larguísimo y fundamentado elogio del cantante español Raphael, que para mí era poco menos que un payaso, y así entendí dos cosas: que la ausencia de prejuicios es un arte para el que hay que tener coraje, y que el bien más preciado de un periodista es la construcción de un criterio propio. Pero Fresán, sobre todo, decía cosas. Decía John Cheever, decía Richard Ford, decía Tobias Wolff, decía Paul Auster. Yo podía recitar el arranque de *Lolita,* hablar sobre los personajes de *Palmeras salvajes,* y tenía opinión formada sobre Pepe Bianco. Pero nunca había escuchado los nombres de esos tipos. La educación del señor Equis se había detenido en los años setenta del siglo pasado, y los autores más modernos a los que yo había leído eran Scott Fitzgerald y Capote. Un día me atreví a preguntarle a Fresán si podía recomendarme un libro. Me hizo dos o tres preguntas, para conocer mis gustos, y la cuarta fue: «¿Leíste a John Irving?» Le dije que no y me prestó un ejemplar de *Oración por Owen.* Y así fue como me convirtió a una de las grandes religiones de mi vida, que es la religión John Irving, primera piedra sobre la que edifiqué una iglesia, estallido primigenio de un universo que sigue en expansión. Por Fresán llegué a autores como Anne Tyler, Jeffrey Eugenides, A. M. Homes, Patrick McGrath, Michael Cunningham, Nick Hornby, David Gates, Michael Chabon, Ann Beattie, Richard Ford, que me llevaron a otros como Charles Baxter o Lydia Davis o Lionel Shriver, y de los que aprendí recursos, estructuras, formas de llevar adelante un relato. Pero fue por mi culpa, por mi grandísima culpa, que en 1999 sufrí un choque de frente contra un artefacto narrativo que me destruyó.

Hacía rato que me habían echado de *Página/30* y trabajaba en la revista del domingo del diario *La Nación.* Como hacía una página de libros, Emecé me había enviado un ejemplar de *Es más de lo que puedo decir de cierta gente,* de una autora norteamericana llamada Lorrie Moore. Yo no sabía quién era Lorrie Moore, pero me gustó el título. Empecé a leerlo incautamente, por un cuento llamado «Esta es la única clase de gente que hay aquí (balbuceo canónico)». El cuento empieza así: «Comienzo: la madre encuentra un coágulo de sangre en el pañal del bebé. ¿Qué es esta historia? ¿Quién lo puso aquí? Es grande y brillante, con una estría rota de color caqui. Durante el fin de semana el bebé estuvo como ausente, como flotando en el espacio, pálido y de mal humor. Pero hoy parece estar bien. Entonces, ¿qué es esto que resalta en el pañal blanco, como el corazón de un ratoncito en medio de la nieve?»

¿Qué clase de persona escribía de ese modo? ¿Cómo se podía hacer tanto con tan poco? ¿Qué era esa cosa hecha con hielo y con piedra y con martillo? Mi escritura, comparada con eso, era el equivalente a una torta de cumpleaños de cinco pisos, decorada con fondant rosa, cintas de raso, tules inmundos, asquerosos muñequitos de mazapán y humillantes guirnaldas de flores. Conseguí y leí todos los libros de Lorrie Moore, y esa prosa parca y brutal entró en mí como una motosierra, y mutiló, cortó, podó y arrancó de mi ecosistema narrativo, por entonces barroco y frondoso, todo lo que era barroco y frondoso. Los dedos se me retraían sobre el teclado antes de poner un adjetivo, empecé a cortar las frases con bisturí y a moverme por la página con una voz recogida, casi impávida, ausente, procurando contaminar ciertos sectores del texto con una emoción sin exaltaciones, de impacto seco. Pero fue recién en 2005, al escribir un libro que se llama *Los suicidas del fin del mundo* y que cuenta la historia de doce personas jóvenes que se suicidaron a lo largo de un año y medio en un pueblo de la Patagonia, cuando esa nube de sequedad que me sobrevolaba cayó sobre mí como una lluvia de clavos y, desde entonces, nada fue igual: el lenguaje se hizo más y más y más prescindente. El último de los libros que escribí, *Una historia sencilla,* empieza con una sola frase, separada del resto como un insecto angosto. Dice: «Esta es la historia de un hombre que participó en una competencia de baile». No creí que fuera necesario agregar más.

Ahora, a veces, me pregunto qué habrá más allá del despojo absoluto. Me lo pregunto con curiosidad pero también con pánico. ¿Porque qué puede haber más allá del lenguaje en los huesos: qué queda cuando ya no queda nada por quitar?

Curioso, pienso. Porque también soy hija de la emoción exaltada. Entonces, Lorrie Moore sí, y Lydia Davis sí, y Amy Hempel sí, y Louise Glück sí, pero dónde pongo todo lo demás, que es tanto, y tan distinto. Por ejemplo, la escena del *Juan Moreira* de Leonardo Favio, cuando Moreira grita «¡Acá está Juan Moreira!» y arremete contra la milicada que lo hace pedazos, que lo corta en tiras, y sale a la intemperie chorreando sangre, sonriendo como un loco, y camina bajo el sol hacia una tapia que nunca trepará porque van a chuzarlo por la espalda mientras suena, épica, excesiva, una banda de sonido inolvidable. Curioso, pienso. Porque ¿dónde pongo todo lo demás? Que es tanto.

¿Escribiría igual si no hubiera visto *Dogville,* de Lars von Trier? ¿Si no hubiera visto *Malasangre,* de Leos Carax, y *El hombre herido,* de Patrice Chéreau, y *La decadencia del imperio americano* y *Las invasiones bárbaras,* de Denys Arcand, y *Fanny y Alexander,* de Bergman, y *Saló,* de Passolini, y *Betty Blue, 37.2 por la mañana,* de Jean-Jacques Beineix, y *Un ángel en mi mesa* y *La lección de piano (El piano),* de Jane Campion, y *Terciopelo azul* y *Carretera perdida,* de David Lynch, y esa locura incendiaria que fue *Twin Peaks,* la nave madre de todas las series de televisión? ¿Y si no hubiera leído a Clarice, a la loca de Clarice, a la exaltada de Clarice Lispector que le dejaba al linotipista, que le cambiaba las comas de lugar, mensajes como este: «Y si a usted le parezco rara, respéteme. Incluso yo me vi obligada a respetarme.» ¿Y si no hubiera leído a Idea Vilariño que escribió ese poema como una zarza ardiente: «Si te murieras tú / y se murieran ellos / y me muriera yo / y el perro / qué limpieza»? ¿Y si no conociera el verso de Héctor Viel Temperley: «Vengo de comulgar y estoy en éxtasis, aunque comulgué como un ahogado»? ¿Escribiría igual si no hubiera visto la escena de la muerte de Molière, la sangre en arcadas mudas sobre la camisa blanca mientras los actores de su compañía lo arrastran por una escalera interminable en ese film de Ariane Mnouchkine que dura cuatro horas y que vi en el cine Libertador de la calle Corrientes, clavada en la butaca como si me hubieran hecho una maldad o un hechizo? ¿Escribiría igual sin esa escena que me hizo pensar «Quiero hacer alguna vez con alguien esto que está haciendo ella conmigo. Es decir, matándome».

Curioso, pienso, vuelvo a pensar. Porque Lorrie Moore sí, y Coetzee sí, pero con los años aprendí que la escritura es un animal sinuoso, sibilino, y cuando sus pérfidas células permanecen esquivas o son piedras difíciles de mover necesito desentumecerlas con droga dura: con altos picos de alta emoción. Como el video de Nicanor Parra en el que se lo ve salir al balcón de la casa de la Moneda, en Santiago, y declamar ante la multitud, como un santo lunático:

El hombre imaginario
vive en una mansión imaginaria
rodeada de árboles imaginarios
a la orilla de un río imaginario

De los muros que son imaginarios
penden antiguos cuadros imaginarios
irreparables grietas imaginarias
que representan hechos imaginarios
ocurridos en mundos imaginarios
en lugares y tiempos imaginarios

O como el comienzo del libro *La conquista de lo inútil*, de Werner Herzog, un canto de horror a la naturaleza amazónica, que dice: «en este paisaje inacabado y abandonado por Dios en un arrebato de ira, los pájaros no cantan, sino que gritan de dolor, y árboles enmarañados se pelean entre sí con sus garras de gigantes, de horizonte a horizonte, entre las brumas de una creación que no llegó a completarse. Jadeantes de niebla y agotados, los árboles se yerguen en este mundo irreal, en una miseria irreal; y yo, como en la *stanza* de un poema en una lengua extranjera que no entiendo, estoy allí, profundamente asustado». O como la nota autobiográfica del libro de Fogwill *Cantos de marineros en La Pampa*, que, marcial, exhibicionista, solfeada, dice: «Pasé mis primeros veinte años nadando, remando y navegando bajo el sol del Río de la Plata: eso arruinó mi piel cuyo envejecimiento prematuro, que fue instrumento de seducción hace veinte años, es ahora un testimonio del estado del alma que me ronda. Durante diecisiete años fui objeto del psicoanálisis y eso me acostumbró a ser mal entendido. Durante más de quince años fui fumador de pipa y eso fue deformando mis maxilares hasta arrasar mi dentadura. Por más de diecisiete años fui cocainómano y eso alteró mis relaciones sociales y me robó un tiempo precioso, que nunca compensará el pequeño consuelo de saber que el tiempo se habría perdido igual sin el regodeo con recuerdos de grandes horas de omnipotencia y heroísmo gratuitos, que evoco como muestra de lo que quise y quizás supe, pero que seguramente no he podido ser.»

Cuando las células de la escritura permanecen esquivas leo una o algunas o todas esas cosas, y mi valentía se alza desde el fondo de mí, como una cobra, y escribo.

También puedo ponerme delirante. Podría decir, por ejemplo, que mi manera de escribir tuvo un período Cortázar, un período Bradbury, un período Bioy Casares, un período Bryce Echenique, un período Caparrós, un megaperíodo Lorrie Moore. Todos esos períodos han tenido, a su vez, subperíodos y combinaciones: el período Lorrie Moore con subperíodo Caparrós combinado con subsubperíodo Richard Ford; el período Cortázar con subperíodo Bryce Echenique combinado con subsubperíodo García Márquez. Pero también he tenido el período *Rapsodia en sol menor opus 25* de Brahms, el período *Variaciones Goldberg* de Bach, el período David Lynch, el período *Drácula,* de Francis Ford Coppola, el período Lars von Trier, el período Edward Hooper, el período Leonard Cohen, el período Tim Burton, el período Pearl Jam, y hasta el período «me fui de vacaciones a Indonesia, me quiero quedar a vivir ahí y estoy deprimida porque no me atrevo a hacerlo».

Hay, por supuesto, experimentos que se hacen con deliberación. Sé, por ejemplo, que cuando vi *Ángeles sobre Berlín (El cielo sobre Berlín*) me gustó tanto la forma en que Win Wenders hundía la película en una burbuja de silencio usando, para eso, la voz en *off* (con aquel poema de Peter Handke que recitaba un viejo filósofo y que decía: «Cuando el niño era niño andaba con los brazos colgando, / quería que el arroyo fuera un río, / que el río fuera un torrente y que este charco fuera el mar»), que quise llevar ese efecto –esa melancolía producida por el cambio de registro en el volumen– a la escritura. Creí encontrar el modo, y lo sobreutilicé durante años, fragmentando los textos, transformándolos en esquirlas, intercalando escenas mudas, testimonios, descripciones ascéticas, pero solo encontré la manera años después de haber visto la película de Wenders y gracias a otra, llamada *El nuevo mundo,* de Terrence Malick, con una voz en *off* bajo cuyo influjo escribí muchos de los artículos de los que hablo, hasta agotar el recurso o hasta que el recurso me agotó o hasta que nos agotamos mutuamente.

No sé cuándo hice mía una frase que alguna vez leí y que se le atribuía a Jack London: ningún hombre sobre mí. Esa es mi bandera también en este territorio resbaloso de la escritura. Pero me pregunto qué hubiera sido de mí sin, por ejemplo, Homero Alsina Thevenet, editor uruguayo, fundador del suplemento cultural de *El País* de Montevideo que podía llamarme por teléfono desde Uruguay para decirme: «Muchacha, tu nota está buenísima pero se ve que en el final te cansaste. ¿Por qué no buscás otro final que esté a la altura del resto?» Qué hubiera sido de mí sin Elvio Gandolfo, mi primer editor para un medio extranjero, que me dijo: «Tu nota está fenomenal, ¡pero si te piden diez mil caracteres no escribas el doble! Cuando cortás a la mitad, la estructura cambia por completo.» Y qué hubiera sido de mí sin Hugo Beccacece, editor del suplemento cultural de *La Nación* que, cuando yo recién empezaba a trabajar en el diario y me vio encandilada con temas de pobreza, villas miserias y muertos, me dijo: «No te olvides de que no hay nada más marginal que una recepción de gala en el Ritz», y me abrió una nueva forma de ver el mundo. Y qué sería de mí sin Maco Somigliana, que forma parte del Equipo Argentino de Antropología Forense, que trabaja identificando restos de los desaparecidos durante la dictadura, y que un día, mientras lo estaba entrevistando, me dijo algo que me hizo pensar desde cero la forma en que contamos a las víctimas y a los victimarios: «Por supuesto que mi trabajo tiene partes malas –me dijo Maco–. Cuando vos sos el familiar de un desaparecido, tuviste que aceptar la desaparición, la aceptaste, estuviste treinta años con eso. Te acostumbraste. De golpe viene alguien y te dice no, mire, eso no fue como usted pensaba, y además encontramos los restos de su hijo, su hija. Es una buena noticia. Pero te hace mierda. Cuando vos te das cuenta que la lastimadura es muy fuerte, hasta qué punto no estás haciendo cagada al remover esas cosas. Pero no hay nada bueno sin malo. Lo cual te lleva a la otra posibilidad mucho más perturbadora: no hay nada malo sin bueno.» Y qué sería de mí sin Roberto Arlt, de quien aprendí la prepotencia del trabajo y la mirada insomne. Y qué sería de mí sin Rodolfo Walsh, y sin Susan Orlean, y sin la delicadeza de lirio de Joan Didion. Y qué sería de mí si jamás me hubiera topado con la serie de cuadros llamada *Nadie olvida nada,* de Guillermo Kuitca, donde, en medio de espacios abrumadores, pequeñas figuras humanas parecen sorprendidas en el minuto exangüe y tenso de una tragedia que acaba de empezar. Y qué sería de mí sin Matías Rivas, poeta chileno, editor (y mi editor), que un día, en Santiago, me dijo: «Un buen editor es un tipo que trabaja con animales salvajes. Que hace que los animales salvajes produzcan y que nunca los domestica.» Qué sería de mí sin su convicción de que puedo hacer hasta lo que no puedo –sobre todo lo que no puedo–, sin su capacidad de envalentonarme, sin su perfidia delicada, sin su elegancia de punk llegado de un futuro sin futuro, sin sus mails insomnes que, en la quietud de las horas desesperadas, me han sacado de profundidades donde solo hay lodo y dolor blando e invisible.

Yo no sé si tuve héroes o maestros. Sé que a veces, cuando algunas preguntas flotan como un humor malsano dentro de mi cabeza, además de alegrarme de que nadie pueda verlas, extraño a mis mayores. A Piglia, por ejemplo. Alguien que no daba consejos pero que podía darse cuenta de todo y entonces decir «Cuidado», o «No te preocupes, eso no va a pasar». Lo entrevisté por primera vez en 2009. Él acababa de sacar *Blanco nocturno,* su primera novela desde *Plata quemada,* que era de 1997. Estábamos hablando desde hacía rato cuando le pregunté: «¿Hubo un momento en el que te sintieras escritor, en el que dijeras "ya está"?» Piglia me cazó al vuelo. Entendió que yo quería preguntarle algo que no se puede preguntar, que yo quería preguntarle cómo se hace para seguir siendo Piglia después de ser Piglia, cómo se sigue escribiendo después de *Respiración artificial,* su novela de los ochenta. Entendió que quería preguntarle si con la publicación de *Blanco nocturno* se sentía temeroso, si dudaba, si se preguntaba: «¿Soy ahora mejor de lo que ya fui?» Y él, que sabía tanto de literatura como de naturaleza humana, me miró con esos ojos llenos de picardía e inteligencia, atentos, afables y burlones, y, como quien dice «Piba, a papá mono con bananas verdes», me dijo: «Cada profesión tiene su enfermedad. La enfermedad del escritor suele ser una mezcla de narcisismo, con arrogancia, con competitividad, que son todos elementos que forman parte del trabajo. No se puede ser un escritor si no hay algo de eso. Pero si tuviera que contestarte...» Hizo una pausa, se rascó el nudillo y me dijo: «Vos lo debés saber. Uno nunca está seguro del todo. Uno siempre tiene que empezar de cero. No porque uno tenga algo ya publicado está más seguro. Pero es importante tener una cierta incertidumbre. La incertidumbre está conectada con lo que la literatura es, con el deseo. Hay como chispazos. Como epifanías. Y de pronto no, todo es una llanura. Y de pronto hay otra vez conexiones maravillosas. Y eso buscamos, creo. Pero nunca podemos estar seguros, ni tener la arrogancia de creer que uno tiene la llave para acceder a esos lugares. Uno avanza relativamente. Con el tiempo, tiene más destreza. Pero no hay que pensar que la obra de uno avanza. Son momentos. Uno puede saber cómo era estar ahí, en esos momentos. Pero solo los reconocés cuando te vuelve a pasar y decís: Era esto, era esto.» En momentos de duda, en momentos de desastre, me aferro a esa idea de la que hablaba Piglia: uno nunca está seguro del todo, uno siempre tiene que empezar de cero, uno solo avanza relativamente. Uno siempre es un amateur. Y eso, supongo, es mucho más que un héroe: alguien que cobija y salva aunque ya no esté.

Y también está mi santo patrono. El hombre con un ojo hipersensible capaz de descubrir horror extremo en una feria de langostas o la condensación de la banalidad de la existencia en un crucero de lujo por el Caribe. «No soy codicioso con el dinero: soy codicioso con el respeto», decía ese hombre, que se llamaba David Foster Wallace. El autor divertido más triste del mundo que, en *Esto es agua*, el discurso que leyó durante la ceremonia de graduación de los alumnos del Kenyon College, les advertía acerca de «la esencial soledad de la vida como adultos» diciendo: «Estoy seguro, chicos, de que ahora ya saben lo extremadamente difícil que es mantenerse alerta y concentrado en lugar de ser hipnotizado por ese monólogo constante dentro de sus cabezas. Lo que todavía no saben es cuántos son los riesgos en esa lucha.» El rey de las frases de brazadas largas, el príncipe de las digresiones, el campeón de las metáforas, fue capaz de hacer algo para lo cual es necesario tener coraje, humildad, erudición y soberbia: considerar varios puntos de vista a la vez –el suyo, el de otros– para construir párrafos de los que nadie salía indemne, cargados de algo mucho más peligroso que la incorrección política: la ausencia total de hipocresía. Sus artículos eran, a la vez, completamente arbitrarios y profundamente honestos, inquietantemente subjetivos (y hasta prejuiciosos) pero rebosantes de un raro equilibrio –un aire de nobleza, elegancia y equidad– que los alejaba de toda idea de capricho. Su máquina de mirar era el telescopio Hubble: un artefacto de sensibilidad alienígena, capaz de ver lo más distante y remoto, y transmitirlo a la Tierra con niveles de detalle y belleza asombrosos; capaz de combinar chirridos dispersos repletos de estática y hacer, con ellos, una sinfonía prodigiosa. Leer una sola página de algunas de sus crónicas me produce el mismo efecto que me produciría contemplar la erupción de un volcán escuchando el *Réquiem* de Mozart. La frase final de *Esto es agua* —«les deseo mucho más que suerte»— hace que la parte de mí que nunca llora quiera que exista Dios. Foster Wallace, que decía que «la tarea de la buena escritura es la de darles calma a los perturbados y perturbar a los que están calmados», se ahorcó en 2008, en el garage de su casa, después de haber llevado mucha calma y maravillosa perturbación a varios lectores. Si el encontronazo de 1999 con Lorrie Moore fue una demolición que me autoinfligí, sé que, en los años por venir, el inmenso planeta Foster Wallace estará absorbiéndome y dejando vestigios de muchas y muy diversas formas, y estoy ansiosa y aterrada por saber qué vendrá. Por saber si algo vendrá.

Finalmente, qué sorpresa. Miren lo que había ahí, después de todo: Juan Moreira y Molière, Lorca y Lorrie Moore, Góngora y Urdapilleta, Piglia y David Lynch, mi abuela y el señor Equis. Suicidas, pintores, Brahms, el Festival de San Remo. Sin embargo, nada de eso explica nada. La pregunta sigue en pie: escribo como si boxeara. ¿Por qué, siempre, siempre, siempre, escribo como si boxeara?

Hubo un actor español llamado José María Vilches, que fue mi primer muerto. Murió en un accidente de autos en 1984, mientras yo estaba de viaje de egresados. Lo vi por primera vez, siendo niña, en un unipersonal llamado *El Bululú*, un recorrido por textos clásicos de Cervantes, Lope de Vega, Quevedo. Tenía una forma de decir espesa y dulce y yo, escuchándolo, entraba en trance. Lo vi cada vez que pude, durante años. Cuando la obra terminaba, corría a escribir, urgida cual ninfómana, tratando de retener ese momento de elevación.

Una vez conseguí que alguien me llevara hasta su camarín, en un teatro. Subí unos escalones de cemento y allí, en un espacio estrecho y precario, estaba él. No me escuchó llegar. Vestía de negro y el rostro, maquillado a medias, parecía una máscara de tiza, la cara trágica de un tuberculoso. Le miré los dientes de predador, rodeados de una boca untuosa y pérfida. Dije: «Hola.» Él se dio vuelta y me miró. Era satanás. Era bellísimo y fuerte, y tenía la pureza del odio y la fragilidad del amor, y unos ojos de maldad exquisita con esquirlas de ternura. Me sonrió, me dijo: «Hola, nena.» Yo miraba el sudor que le caía por la frente. Exudaba sordidez y potencia y daba miedo y soledad, y era puro como una llama y sucio como el asfalto. Y de pronto entendí que lo que hacía ese fauno endemoniado desde el escenario no era llenarme el corazón de euforia sino de venerable pánico, de completo pavor. Nunca dejé de buscar —en lo que escribo— algo que se vuelva hacia mí, me mire a los ojos y me diga: «Hola, nena: yo soy tu diablo.» No soy nada sin él. Sin eso.

Conferencia inaugural del Ciclo de Letras del Centro Cultural San Martín, Buenos Aires, leída el 11 de abril de 2017. Publicada en la Revista de la Universidad de México *en junio de 2017.*

QUÉ ES Y QUÉ NO ES EL PERIODISMO LITERARIO: MÁS ALLÁ DEL ADJETIVO PERFECTO

Es mayo, todavía. Es mayo, y estoy lejos de casa. Estoy en España, en Madrid, en un hotel llamado Alexandra, en la calle San Bernardo, cerca de la Gran Vía. Son las cuatro de la tarde, y es mayo, y pienso. Pienso en lo que voy a decirles hoy, en este mes de julio, en este día martes, en esta charla. Pienso en eso encerrada en mi habitación que tiene una cama, un televisor y un balcón al que no puedo salir porque está en obras. Es mayo, y estoy lejos de casa, y me pregunto cómo voy a responder a esa pregunta en apariencia simple que se pregunta qué es y qué no es el periodismo narrativo. Y pienso. Y vuelvo a pensar. Y tomo notas. Y después borro las notas que tomo. Y entonces me calzo mis zapatillas y salgo a correr.

Es mayo, pero hace frío, y corro por la Gran Vía esquivando puestos de libros, carritos de bebés, gente, gente, gente. Llego al parque del Retiro y corro por un sendero de tierra cercano a las rejas, y pienso, y vuelvo a pensar, y me pregunto, y entonces, como del rayo, recuerdo el primer párrafo de un texto que escribí apenas antes, cuando era abril y no estaba en Madrid, sino en Alcalá de Henares, y no dormía en un hotel, sino en una residencia universitaria. Y desando el camino, salgo del parque del Retiro, trepo por la Gran Vía, doblo en la calle San Bernardo, entro en el hotel Alexandra, subo a mi cuarto, enciendo mi computadora, busco el texto, y el texto dice así:

«Haití tiene una sola cama. Es oscuro, caliente, pequeño, con una ventana cuyo postigo solo se mantiene abierto si se lo aprisiona con la puerta del armario en el que hay tres perchas y una manta. Madrid, en cambio, es luminoso, tibio, amplio, tiene dos camas y un armario con diez perchas y tres mantas. Haití y Madrid son los nombres de dos de los cuartos de la residencia universitaria donde me hospedo en Alcalá. Hay otros, y llevan nombres como Teruel, Puerto Rico, Sevilla. Pero a mí, apenas llegar, me hospedan en Haití y, como no tiene wifi, pido que me cambien y me cambian a Madrid. Así, en minutos, acarreo computadora, libros y maleta desde el hoyo oscuro, caliente, pequeño y destecnologizado de Haití al paraíso luminoso, tibio, amplio y tecnológico de Madrid. Y mientras camino de una habitación a otra pienso que alguien –un hombre, una mujer– vino aquí, vio los cuartos, decidió: "Este es Madrid, este es Haití." Y me digo qué vicio, qué manía: la de ver, en todo, otra cosa. La de ver, en todo, una metáfora. Después, esa misma noche, comento, en un bar, con un grupo de gente, el curioso reparto de nombres: Haití un pozo oscuro, Madrid un prado luminoso. Todos me miran extrañados y uno, de todos, me dice, con encogimiento de hombros: "Llevo años allí y ni me había dado cuenta. ¿Quieres otra caña?"»

Leyendo ese texto, de pie ante la computadora, cuando es mayo todavía, me digo que ahí puede empezar a haber una respuesta. Que el periodismo narrativo es muchas cosas pero es, ante todo, una mirada –ver, en lo que todos miran, algo que no todos ven– y una certeza: la certeza de creer que no da igual contar la historia de cualquier manera. La certeza, digamos, de creer que no es lo mismo empezar una charla un martes de julio en Santander diciendo «Estimado público presente, el periodismo narrativo es lo que sigue, dos puntos» que poner el foco en una periodista que se pregunta, que duda, que busca y que no encuentra, y que un día de mayo, corriendo por Madrid, recuerda lo que escribió un mes antes, corriendo en Alcalá, y que donde pudo haber dicho «Estimado público presente, el periodismo narrativo es lo que sigue, dos puntos» elige decir «Es mayo, todavía. Es mayo, y estoy lejos de casa». Y no porque le guste más decirlo así, y mucho menos porque decirlo así sea menos trabajoso, sino porque sospecha que solo si una prosa intenta tener vida, tener nervio y sangre, un entusiasmo, quien lea o escuche podrá sentir la vida, el nervio y la sangre: el entusiasmo.

Podríamos hacer un rizo y decir que, por definición, se llama periodismo narrativo a aquel que toma algunos recursos de la ficción −estructuras, climas, tonos, descripciones, diálogos, escenas− para contar una historia real y que, con esos elementos, monta una arquitectura tan atractiva como la de una buena novela o un buen cuento. Podríamos seguir diciendo que a los mejores textos de periodismo narrativo no les sobra un adjetivo, no les falta una coma, no les falla la metáfora, pero que todos los buenos textos de periodismo narrativo son mucho más que un adjetivo, que una coma bien puesta, que una buena metáfora.

Porque el periodismo narrativo es muchas cosas, pero no es un certamen de elipsis cada vez más raras, ni una forma de suplir la carencia de datos con adornos, ni una excusa para hacerse el listo o para hablar de sí.

El periodismo narrativo es un oficio modesto, hecho por seres lo suficientemente humildes como para saber que nunca podrán entender el mundo, lo suficientemente tozudos como para insistir en sus intentos, y lo suficientemente soberbios como para creer que esos intentos les interesarán a todos.

El periodismo narrativo tiene sus reglas y la principal, perogrullo *dixit,* es que se trata de periodismo. Eso significa que la construcción de estos textos musculosos no arranca con un brote de inspiración, ni con la ayuda del divino Buda, sino con eso que se llama reporteo o trabajo de campo, un momento previo a la escritura que incluye una serie de operaciones tales como revisar archivos y estadísticas, leer libros, buscar documentos históricos, fotos, mapas, causas judiciales, y un etcétera tan largo como la imaginación del periodista que las emprenda. Lo demás es fácil: todo lo que hay que hacer es permanecer primero para desaparecer después.

En el prólogo a la antología *Los periodistas literarios,* Norman Sims, a cargo de la selección, dice: «Como los antropólogos y los sociólogos, los reporteros literarios consideran que comprender las culturas es un fin. Pero, al contrario de esos académicos, dejan libremente que la acción dramática hable por sí misma (...). En contraste, el reportaje normal presupone causas y efectos menos sutiles, basados en los hechos referidos más que en una comprensión de la vida diaria. Cualquiera que sea el nombre que le demos, esta forma es ciertamente tanto literaria como periodística y es más que la suma de sus partes.»

El periodista colombiano Alberto Salcedo Ramos decía, en una entrevista que publicó el diario colombiano *El Periódico:* «Hay que estar en el lugar de nuestra historia tanto tiempo como sea posible para conocer mejor la realidad que vamos a narrar. La realidad es como una dama esquiva que se resiste a entregarse en los primeros encuentros. Por eso suele esconderse ante los ojos de los impacientes. Hay que seducirla, darle argumentos para que nos haga un guiño.»

Esto, que escribí tiempo atrás en otra conferencia, viene a cuento: «Hace unos años escribí acerca de Jorge Busetto, un médico cardiólogo, mujeriego, cantante y doble de Freddie Mercury en una banda argentina tributo a Queen. Lo entrevisté en días y lugares diferentes, entrevisté a su madre, su padre, su mujer, sus compañeros, lo acompañé al hospital en el que trabaja, al gimnasio, a hacer las compras y a uno de sus recitales. El día del show los músicos llegaron a la casa de Busetto a las ocho de la noche y fueron a cambiarse. Pasaron unos minutos y de pronto Busetto, que llevaba por toda vestimenta un chaleco de cuero, unos anteojos de sol Ray Ban y unos pantalones de cuerina rojos, apareció corriendo, alarmadísimo: el baterista estaba encerrado en el baño, víctima de una diarrea fulminante. Y así vestido, sin pensarlo, Busetto salió a la calle a buscar, casa por casa, vecino por vecino, pastillas de carbón para la diarrea. Yo llevaba un mes trabajando en esa historia y ese minuto milagroso ocurrió al final. Aunque después sería una sola línea del perfil, ese minuto decía, acerca de las diferencias entre el original y el clon, acerca de los patetismos de esa fama de segunda mano, más que cualquier cosa que yo hubiera podido teorizar en cuatro párrafos.»

Pero para ver no solo hay que estar; para ver, sobre todo, hay que volverse invisible.

El periodismo narrativo se construye, más que sobre el arte de hacer preguntas, sobre el arte de mirar. La forma en que la gente da órdenes, consulta un precio, llena un carro de supermercado, atiende el teléfono, elige su ropa, hace su trabajo y dispone las cosas en su casa dice, de la gente, mucho más de lo que la gente está dispuesta a decir de sí.

En su libro *El nuevo periodismo*, Tom Wolfe decía: «Cuando se pasa del reportaje de periódico a esta nueva forma de periodismo (...) se descubre que la unidad fundamental de trabajo no es ya el dato, la pieza de información, sino la escena (...). Por consiguiente, tu problema principal como reportero es, sencillamente, que consigas permanecer con la persona sobre la que vas a escribir el tiempo suficiente para que las escenas tengan lugar ante tus propios ojos.»

¿Por qué la periodista americana Susan Orlean estuvo dos años enterrándose en pantanos de la Florida para contar la historia de Laroche, un ladrón de orquídeas sobre el que escribió el libro llamado, precisamente, *El ladrón de orquídeas*? ¿Por qué el periodista argentino Martín Caparrós se subió a un auto en Buenos Aires y recorrió 30.000 kilómetros por el interior de la Argentina para escribir un libro que llamó, precisamente, *El Interior*? ¿Porque no tenían nada que hacer? ¿Porque les pareció la manera más apropiada de pasar el día de su cumpleaños, la mejor excusa para no ir a la fiesta de casamiento de un amigo, la manera más cómoda de no aburrirse? Lo hicieron, creo yo, porque solo permaneciendo se conoce, y solo conociendo se comprende, y solo comprendiendo se empieza a ver. Y solo cuando se empieza a ver, cuando se ha desbrozado la maleza, cuando es menos confusa esa primigenia confusión que es toda historia humana –una confusa concatenación de causas, una confusa maraña de razones–, se puede contar.

Y contar no es la parte fácil del asunto. Porque, después de días, semanas o meses de trabajo, hay que organizar un material de dimensiones monstruosas y lograr con eso un texto con toda la información necesaria, que fluya, que entretenga, que sea eficaz, que tenga climas, silencios, datos duros, equilibrio de voces y opiniones, que no sea prejuicioso y que esté libre de lugares comunes. La pregunta, claro, es cómo hacerlo. Y la respuesta es que no hay respuesta. El periodista americano Tracy Kidder dice: «Cada historia tiene dentro de sí una o tal vez dos formas de contarla. El trabajo de uno como periodista es descubrir eso.» El problema es que si la diferencia entre una gran pieza de periodismo narrativo y un texto que no levanta vuelo reside, precisamente, en el talento de un periodista para descubrir cuál es la mejor forma de contar la historia, no hay manera de reducir eso a un manual de instrucciones. Hay, apenas, algunas pistas.

El escritor americano Stephen King escribió hace algunos años un libro llamado *Mientras escribo* en el que hablaba del proceso de escritura. «Escribir un libro –decía– es pasarse varios días examinando e identificando árboles. Al acabarlo debes retroceder y mirar el bosque. No es obligatorio que todos los libros rebosen simbolismo, ironía o musicalidad, pero soy de la opinión de que todos los libros (al menos los que vale la pena leer) hablan de algo. Durante la primera versión o justo después de ella, tu obligación es decidir de qué habla el tuyo. Durante la segunda (o tercera o cuarta) tienes otra: dejarlo más claro.» Un periodista narrativo tiene la misma obligación y la cumple –igual que un escritor de ficción– a ciegas, sabiendo, apenas, que si no hay fórmulas precisas, sí hay algo seguro, y es que, sea cual fuere la forma adecuada para contar una historia, nunca será la de un exhibicionismo vacuo de la prosa. Una andanada de sinécdoques, metonimias y metáforas no logrará disimular el hecho de que un periodista no sabe de qué habla, no ha investigado lo suficiente o no encontró un buen punto de vista. En el buen periodismo narrativo la prosa y la voz del autor no son una bandera inflamada por suaves vientos masturbatorios, sino una herramienta al servicio de la historia. Cada pausa, cada silencio, cada imagen, cada descripción, tiene un sentido que es, con mucho, opuesto al de un adorno.

Leamos, por ejemplo, a Rex Reed describiendo así su encuentro con Ava Gardner en su perfil «¿Duerme usted desnuda?»: «Ella está ahí, de pie, sin ayuda de filtros contra una habitación que se derrite bajo el calor de sofás anaranjados, paredes color lavanda y sillas de estrella de cine a rayas crema y menta, perdida en medio de este hotel de cupidos y cúpulas, con tantos dorados como un pastel de cumpleaños, que se llama Regency. (...) Ava Gardner anda majestuosamente en su rosada jaula leche malta cual elegante leopardo. Lleva un suéter de cachemir de cuello alto, arremangado hasta sus codos de Ava, y una minifalda de tartán y enormes gafas de montura negra y está gloriosa, divinamente descalza.»

Leamos, por ejemplo, al periodista colombiano Alberto Salcedo Ramos describiendo así el estilo de boxeo del excampeón mundial Kid Pambelé, en el libro *El oro y la oscuridad*: «La mano izquierda adelantada mantenía a raya al contrincante, con una arrogancia nunca antes vista. No era el típico jab que apenas sirve para demarcar el territorio e impedir que el otro se acerque, sino un martillo persistente que aturdía y perforaba. Pum, en la boca. Pum, en la boca adolorida. Pum, en la boca rota. Pum, en la boca que chorreaba sangre. El martillo pegaba y pegaba, obsesivamente, donde más te dolía, y solo te dejaba en paz al final de su tarea asesina.»

Ellos pudieron haber escrito otra cosa. Rex Reed pudo haber escrito: «En la habitación del Regency en la que se hospeda Ava Gardner hay sillones anaranjados y ella usa una minifalda de tartán.» Alberto Salcedo Ramos pudo haber escrito: «Kid Pambelé era un gran boxeador.» La información sería la misma, pero esos pasajes no están allí solo para brindar información ni con un fin puramente estético. ¿No construyen esas descripciones un sentido que las trasciende? ¿No ayudan las imágenes elegidas para describir esa habitación del Regency a anticipar la crispación intimidante de una diva de otro mundo; no dibuja ese in crescendo de golpes en la boca el exacto poder de la materia destructiva? Si Orlean y Reed y Salcedo Ramos no se hubieran tomado el trabajo, la información sería la misma, pero ¿sería la misma? Un periodista narrativo es un gran arquitecto de la prosa, pero es, sobre todo, alguien que tiene algo para decir.

En su conferencia llamada «Periodismo y narración», el periodista y escritor argentino Tomás Eloy Martínez decía: «El periodismo no es un circo para exhibirse sino un instrumento para pensar, para crear, para ayudar al hombre en su eterno combate por una vida más digna y menos injusta. Dar una noticia y contar una historia no son sentencias tan ajenas como podría parecer a primera vista. Por lo contrario, en la mayoría de los casos son dos movimientos de una misma sinfonía (...). Un hombre no puede dividirse entre el poeta que busca la expresión justa de nueve a doce de la noche y el reportero indolente que deja caer las palabras sobre las mesas de redacción como si fueran granos de maíz.»

El escritor y periodista argentino Rodolfo Walsh escribió, en 1957, un libro llamado *Operación Masacre,* sobre un hecho ocurrido en 1956. El 9 de junio de ese año militares nacionalistas partidarios de Perón intentaron una insurrección, que fue desbaratada, contra el gobierno de la Revolución Libertadora. Bajo el imperio de la ley marcial, el Estado fusiló a muchos. Entre ellos, a un grupo de civiles reunidos en un departamento de la localidad de Florida que estaban allí, en su mayoría, sin más intención que la de escuchar una pelea de boxeo. Detenidos sin explicaciones, fueron conducidos a un basural en la localidad de José León Suárez y fusilados. Cinco murieron, siete lograron escapar. Meses después, uno de esos sobrevivientes, Juan Carlos Livraga, se presentó ante la justicia para denunciarlo todo. La noche del 18 de diciembre de 1956, Rodolfo Walsh, que era por entonces periodista cultural, traductor del inglés y escritor de cuentos policiales, tomaba cerveza en un bar cuando un amigo le susurró la frase que iba a cambiarle la vida: «Hay un fusilado que vive.» Tres días más tarde, Walsh se encontraba por primera vez con Juan Carlos Livraga, el fusilado vivo, y ese fue el comienzo de un trabajo de meses que lo llevó a rastrear y encontrar a dos, a tres, a cuatro, a siete sobrevivientes. Después, cuando llegó el momento de contar la historia, Walsh echó mano de todas las técnicas de la literatura policial, que conocía tan bien: esparció intriga, suspenso, descripciones minuciosas, estructura coral y un lenguaje parco, escueto. El libro empieza así: «Nicolás Carranza no era un hombre feliz esa noche del 9 de junio de 1956. Al amparo de las sombras acababa de entrar en su casa, y es posible que algo lo mordiera por dentro. Nunca lo sabremos del todo. Muchos pensamientos duros el hombre se lleva a la tumba, y en la tumba de Nicolás Carranza ya está reseca la tierra.» *Operación Masacre* abre con un paneo que presenta a los que van a morir en sus casas, en torno a las mesas de la cena y, sobre el telón de fondo de esas vidas cotidianas, monta la carnicería: doce personas que marchan a su muerte sin saberlo y que, al encontrarla, no mueren de pie: se humillan. Carranza ruega que no lo maten. Rodríguez, roto a balazos, pide que lo ultimen como a un animal.

Walsh pudo haber buscado otro camino. Pudo haber escrito una pieza de periodismo de investigación con lenguaje justiciero y notarial, presentando pruebas, datos, documentos. Pero intuyó que esa no era la forma. Quería que sus lectores le tomaran el peso a lo que había sucedido. Quería que las páginas rezumaran el pánico de esos infelices que corrían en la noche iluminados por los focos de los autos, con el aliento de las balas en la espalda. «Lo están alumbrando, le están apuntando —escribió, para relatar el momento en que Horacio Di Chiano intenta que no lo maten haciéndose pasar por muerto–. No los ve, pero sabe que le apuntan a la nuca. Esperan un movimiento. Tal vez ni eso. Tal vez les extrañe justamente que no se mueva (...). Una náusea espantosa le surge del estómago (...). Nadie habla en el sermicírculo de fusiles que lo rodea. Pero nadie tira. Y así transcurren segundos, minutos, años... y el tiro no llega. Cuando oye nuevamente el motor, cuando desaparece la luz, cuando sabe que se alejan, don Horacio empieza a respirar, despacio, despacio, como si estuviera aprendiendo a hacerlo por primera vez.»

¿Y si Walsh, en vez de escribir eso, hubiera escrito así: «Uno de los sobrevivientes de la masacre de Jose León Suárez le contó a este periodista que pudo salvarse gracias a que fingió estar muerto»? ¿Sentirían ustedes el jadeo metálico del miedo, podrían imaginar el olor a tierra, el empujón del vómito? Walsh no escribió lo que escribió para pavonearse de lo que podía hacer con el idioma. Escribió como escribió porque quería producir un efecto. Quería que, en la tranquilidad mullida de su sala, un lector se topara con esa realidad y que esa realidad le resultara insoportable. Que entendiera que habían sido hombres que una hora antes comían milanesas –y no héroes, y no martirizados por la patria– quienes poco después mordían el polvo y se meaban de miedo en un baldío de José León Suárez. Gente como yo, gente como ustedes. Gente común, en circunstancias absolutamente extraordinarias.

Y en ese arco que va de retratar gente común en circunstancias extraordinarias y gente extraordinaria en circunstancias comunes se ha construido buena parte del periodismo narrativo norte y latinoamericano.

«Cuando leemos que hubo cien mil víctimas en un maremoto de Bangladesh, el dato nos asombra, pero no nos conmueve –decía Tomás Eloy Martínez en la conferencia citada–. Si leyéramos, en cambio, la tragedia de una mujer que ha quedado sola en el mundo después del maremoto y siguiéramos paso a paso la historia de sus pérdidas, sabríamos todo lo que hay que saber sobre ese maremoto y todo lo que hay que saber sobre el azar y sobre las desgracias involuntarias y repentinas. Hegel primero, y después Borges, escribieron que la suerte de un hombre resume, en ciertos momentos esenciales, la suerte de todos los hombres. (...) Las noticias mejor contadas son aquellas que revelan, a través de la experiencia de una sola persona, todo lo que hace falta saber.»

Mark Kramer es un periodista norteamericano que presenció, durante tres años, más de cien intervenciones quirúrgicas para escribir un libro llamado *Procedimientos invasores*. En un capítulo cuenta cómo descubre una carnosidad sospechosa en su propia oreja y le pide a uno de los cirujanos que lo examine. El cirujano lo hace y le dice: «Sí, tiene cáncer.» Kramer relata así la biopsia a la que lo somete: «"No lo voy a cortar", me dice, al acercarse con una jeringa de novocaína, y luego con unas tijeras. "Puede que esto le pique." Ya he oído eso antes. Me inyecta. No pica mucho. Pienso en cómo escribir este pasaje y me pregunto si voy a escribirlo en medio de una lucha contra la muerte. Me corta. "Yo arreglo a la gente", me dice al cortar. (...) No siento sino un fuerte tirón en la oreja. Oigo de nuevo el sonido del corte. Me entusiasma que me trate. Me siento entusiasmado.»

Pero ¿por qué nos cuenta Kramer ese momento tan íntimo? ¿Para hacer catarsis? ¿Para envanecerse por no haber muerto del susto? Yo creo que no. Yo creo que lo cuenta porque es una manera de decirnos que esa tragedia ajena no es ajena; que si el cáncer se ha atrevido con un periodista impasible al que hemos visto entrar y salir de decenas de quirófanos sin inmutarse, el cáncer puede ser, mañana, la tragedia de ustedes, la mía, el cuento triste de cada uno de nosotros. Y ahí reside, quizás, parte de la clave del periodismo narrativo: que, hablándonos de otros, nos habla, todo el tiempo, de nosotros mismos.

«Creo que la crónica –decía el periodista venezolano Boris Muñoz, en una charla sobre el oficio *circa* 2008– necesita conjugar la mirada subjetiva con una experiencia transubjetiva y, en ese sentido, una experiencia colectiva. Su importancia debe trascender lo meramente subjetivo y conectarse, por algún lado que a veces resulta ser un ángulo imprevisto, con un interés colectivo. Solo así puede revelar ese lado oculto o poco visto de las cosas y transmitirlo al público. (...) Sin embargo, para lograr una buena crónica hace falta no solo talento y buena pluma, sino también una gran dosis de capacidad de observación de la realidad y de cierta disciplina de la mirada. Diría que hace falta una buena dosis de un tipo de entusiasmo especial, porque se trata de un entusiasmo disciplinado y crítico –a veces hasta escéptico– ante lo que se ve. Esa suma de elementos solo aparece de vez en cuando.»

Y si, como dice Muñoz, solo aparece de vez en cuando, cuando aparece resulta deslumbrante.

Miles de habitantes de Nueva York en los años cuarenta se cruzan todos los días con un mendigo llamado Joe Gould, que deambula por el Greenwich Village y asegura estar escribiendo un libro monumental, pero nadie le presta atención hasta que un periodista del *New Yorker,* un señor discreto llamado Joseph Mitchell, piensa que ahí hay un asunto interesante, y lo sigue y lo entrevista, y escribe un perfil llamado «El secreto de Joe Gould» que deviene, con el tiempo, en una de las grandes obras del periodismo narrativo.

Miles de periodistas le hacen entrevistas a Frank Sinatra, pero un día un señor llamado Gay Talese escribe, sin cruzar con él una palabra, un perfil llamado «Frank Sinatra está resfriado» que deviene, con el tiempo, en el perfil de todos los perfiles.

Miles de periodistas van a Vietnam y dicen los horrores de la guerra, pero cuando la guerra ha terminado llega a Japón un hombre llamado John Hersey y no cuenta la historia de la guerra, sino la historia de seis personas –un alemán y cinco japoneses– que estaban allí cuando estalló la bomba de Hiroshima, y escribe un artículo para el *New Yorker* y después un libro llamado *Hiroshima* que deviene, con el tiempo, en el mejor libro de no ficción jamás escrito.

Miles de periodistas hablaron sobre cruceros por el Caribe, pero un día un escritor y periodista llamado David Foster Wallace se sube a uno de esos cruceros y escribe aquello de «He visto playas de sacarosa y aguas de un azul muy brillante. He notado el olor de la loción de bronceado extendida sobre diez mil kilos de carne caliente. (...) He visto atardeceres que parecían manipulados por ordenador y una luna tropical que parecía más una especie de limón obscenamente grande y suspendido que la vieja luna de piedra de Estados Unidos a la que estoy acostumbrado» en un texto llamado *Algo supuestamente divertido que nunca volveré a hacer* que deviene, con el tiempo, en un texto de referencia que hace que nadie pueda volver a escribir sobre un crucero por el Caribe sin pensar en lo que ha escrito David Foster Wallace.

Y todos esos artículos y todos esos libros hablan de lo que hablan –de Joe Gould, de Frank Sinatra, de Hiroshima, de los cruceros por el Caribe–, pero hablan, también, de otras cosas. Joseph Mitchell habla de Joe Gould, pero también de las mentiras que inventamos para que la vida sea menos insoportable. Gay Talese habla de Frank Sinatra, pero también de nuestro propio narcisismo. John Hersey habla de Hiroshima, pero también de las consecuencias de todos nuestros actos. Y David Foster Wallace habla de un crucero por el Caribe, pero también de nuestra agresiva y desesperada lucha contra la conciencia de la muerte y la putrefacción.

Podríamos decir, entonces, que el periodismo narrativo es una mirada, una forma de contar y una manera de abordar las historias. Pero, claro, no es un martini: nadie podría decir que sumar dos partes de un buen qué, agregarle una pizca de un gran cómo, y rematar con un autor y una aceituna darán, como resultado, una buena pieza de periodismo narrativo.

En su texto «La crónica, ornitorrinco de la prosa», el escritor y periodista mexicano Juan Villoro decía, al definir el género de la crónica, que «De la novela extrae la condición subjetiva, la capacidad de narrar desde el mundo de los personajes y crear una ilusión de vida para situar al lector en el centro de los hechos; del reportaje, los datos inmodificables; del cuento, el sentido dramático en espacio corto y la sugerencia de que la realidad ocurre para contar un relato deliberado, con un final que lo justifica; de la entrevista, los diálogos; y del teatro moderno, la forma de montarlos; del teatro grecolatino, la polifonía de testigos, los parlamentos entendidos como debate: la "voz de proscenio", como la llama Wolfe, versión narrativa de la opinión pública cuyo antecedente fue el coro griego; del ensayo, la posibilidad de argumentar y conectar saberes dispersos; de la autobiografía, el tono memorioso y la reelaboración en primera persona. El catálogo de influencias puede extenderse y precisarse hasta competir con el infinito. Usado en exceso, cualquiera de esos recursos resulta letal. La crónica es un animal cuyo equilibrio biológico depende de no ser como los siete animales distintos que podría ser».

Los buenos textos de periodismo narrativo abrevan en otros buenos textos de periodismo narrativo, pero también, y sobre todo, en la literatura de ficción, en el cómic, en el cine, en la foto, en la poesía. Un periodista puede aprender más acerca de cómo generar intriga leyendo una novela de John Irving que en cualquier manual de periodismo; un periodista puede aprender más acerca de cómo crear diversas voces mirando la película *El nuevo mundo,* de Terrence Malick, que en cualquier manual de periodismo.

En su prólogo a *Los periodistas literarios,* Norman Sims dice que Mark Kramer, intentando explicar las diferencias entre el periodismo literario y las formas tradicionales de no ficción, le dijo esto: «Todavía me excita la forma del periodismo literario. Es como un piano Steinway. Sirve para todo el arte que pueda uno meterle. Uno puede poner a Glenn Gould en un Steinway y el Steinway sigue siendo mejor que Glenn Gould. Es lo bastante bueno para dar cabida a todo el arte que yo pueda poner en él. Y algo más.»

Quizás por eso, porque el buen periodismo narrativo puede definirse como arte y porque utiliza recursos de la ficción, es que, a veces, las cosas se confunden. Porque de todos los recursos de la ficción que puede usar, hay uno que al periodismo narrativo le está vedado. Y ese recurso es el recurso de inventar.

Hace poco, porque un editor de la revista argentina *N* me pidió una columna sobre el escándalo que suscitó una biografía del periodista polaco Ryszard Kapuściński en la que su autor parece poner en evidencia que Kapuściński no fue del todo fiel a la realidad, escribí algo que transcribo, no por pereza, sino porque no hay cien formas de pensar la misma cosa. Decía, en ese texto, lo que sigue:

«Si la pregunta es cuál es el límite entre el periodismo y la ficción, la respuesta es simple: no inventar.

La potencia de las historias reales reside en el hecho de que son, precisamente, reales: suceden, sucedieron. No es lo mismo leer acerca de un dictador imaginario que mata a mil fulanos en la novela equis, que acerca de un dictador de carne y hueso que corta las orejas del enemigo en un país que alguna vez consideramos para nuestras futuras, y muy reales, vacaciones. El contrato –tácito– es que las historias de no ficción no contienen deslizamientos fantasiosos, y es un contrato que debería respetarse porque, si un texto de ficción de mala calidad introduce al lector en el terreno anodino del aburrimiento, un texto de no ficción con situaciones inventadas introduce al lector en el terreno peligroso del engaño.

Hay, de todos modos, aquella mentira de la objetividad. El periodismo –literario o no– es lo opuesto a la objetividad. Es una mirada, una visión del mundo, una subjetividad honesta: "Fui, vi, y voy a contar lo que honestamente creo que vi." Dirán que en ese "creo" está la trampa. Y no. Porque un periodista evaluará los decibeles de dolor, riqueza y maldad del prójimo según su filosofía y su gastritis, y hasta es posible que un periodista de Londres y otro de la provincia argentina de Formosa tengan nociones opuestas acerca de cuándo una persona es pelada, una tarde es triste o una ciudad es fea, pero lo que no deberían tener son alucinaciones: escuchar lo que la gente no dice, ver niños hambrientos allí donde no los hay, imaginar que son atacados por un comando en plena selva cuando están flotando con un bloody mary en la piscina del hotel.

Claro que poner un adjetivo bien puesto no es hacer ficción; hacer una descripción eficaz no es hacer ficción; utilizar el lenguaje para lograr climas y suspenso no es hacer ficción. Eso se llama, desde siempre, escribir bien.

Si se confunde escribir bien con hacer ficción, estamos perdidos.

Si se confunde ejercer una mirada con hacer ficción, estamos perdidos.

Y si les decimos a los lectores que, en ocasiones, es lícito agregar un personaje aquí y exagerar un tiroteo allá, también estamos perdidos. Porque la respuesta a esa pregunta –por qué no se aclaran esos agregados, por qué no se aclara que un texto con esas exageraciones es lo que es: un texto de ficción– no será –no puede ser– una respuesta inocente.

Si uno es periodista no acomoda los hechos según le convenga, no le inventa piezas al mecano porque las que tiene no encajan y no escribe las cosas tal como le habría gustado que sucedieran.

No he leído la biografía de Kapuściński, de modo que no es de eso de lo que estoy hablando aquí. Estoy hablando de algo más simple: de aquello en lo que creo. De aquello en lo que, pase lo que pase, no voy a dejar de creer.»

Ahí terminaba el texto que escribí entonces y, aunque han pasado varios meses, y sigo sin haber leído la biografía de Kapuściński, todavía pienso lo mismo. Al parecer, no soy la única.

En el libro *Los periodistas literarios,* Norman Sims dice: «Al contrario de los novelistas, los periodistas literarios deben ser exactos. A los personajes del periodismo literario se les debe dar vida en el papel, exactamente como en las novelas, pero sus sensaciones y momentos dramáticos tienen un poder especial porque sabemos que sus historias son verdaderas.» En ese mismo libro, el periodista John McPhee dice: «Una cosa es decir que la no ficción ha ido desarrollándose como arte. Si con esto quieren decir que la línea entre la ficción y la no ficción se esta borrando, entonces yo preferiría otra imagen. Lo que veo en esta imagen es que no sabemos dónde se detiene la ficción y dónde empiezan los hechos. Eso viola un contrato con el lector.»

En el libro *Telling True Stories,* Gay Talese dice: «Escribo no ficción como una forma de escritura creativa. Creativa no quiere decir falsa: no invento nombres, no junto personas para construir personajes, no me tomo libertades con los datos; conozco a gente de verdad a través de la investigación, la confianza y la construcción de relaciones. (...) El escritor de no ficción se comunica con el lector sobre gente real en lugares reales. De modo que si esa gente habla, uno dice lo que dijo. Uno no dice lo que el escritor decide que dijeron.»

Es cierto que toda pieza de periodismo es una edición de la realidad: la descripción del sitio donde vive una persona es una descripción del sitio donde vive una persona y no un inventario de sus muebles. La esencia del periodismo narrativo se juega ahí: en la diferencia entre contar una historia y hacer un inventario. Pero si bien esa edición dependerá de muchas cosas –de la mirada del periodista, de su experiencia, de su olfato–, no consiste en la omisión de aquello que no nos conviene, la inclusión de lo que sí, y el invento de todo lo que nos parece necesario.

Las historias reales –lo sabemos quienes las escribimos, lo saben quienes las leen, y lo saben quienes incluyen en sus películas y sus novelas el cartelito que reza «Basado en una historia real»– tienen una potencia distinta precisamente porque son reales.

73

Quizás conozcan el caso de la periodista del *Washington Post* que, en 1980, ganó el Premio Pulitzer con el texto llamado «El mundo de Jimmy», en el que contaba la historia de un niño de ocho años adicto a la heroína. «Jimmy –escribía Cook–, a los ocho años de edad, es un adicto a la heroína de tercera generación. (...) Ha sido adicto a ella desde los cinco años. (...) El mundo de Jimmy está hecho de drogas duras, dinero rápido y de la buena vida que él cree que todo eso puede proporcionar. Cada día, los yonquis compran cocaína a Ron, el amante de su madre, en el comedor de la casa de Jimmy. La "cocinan" en la cocina y se la inyectan en los dormitorios. Y cada día Ron o algún otro se la inyectan a Jimmy, clavándole una aguja en el brazo huesudo y enviándolo al cuarto grado de un aturdimiento hipnótico.» La historia tuvo alto impacto, miles de lectores llamaron al periódico para ofrecerse a rescatar al chico, y la periodista se negó a revelar su paradero amparada en el secreto de sus fuentes. Pero cuando investigadores de la policía rastrearon al joven heroinómano y no pudieron encontrar una sola huella de él ni de su parentela, la mujer confesó que había inventado todo y tuvo que devolver el premio. Al parecer, había compuesto la pieza a partir de entrevistas con trabajadores sociales especializados en casos como ese, y Jimmy era una tipificación: la condensación de muchos jimmys. Poco después, el escritor colombiano Gabriel García Márquez diría que todo el pecado de Cook había residido en haber puesto en entredicho el dogma central del discurso periodístico anglosajón –la objetividad informativa– y sostenía que el relato no era verídico, pero sí verdadero, puesto que su autora, como dice Albert Chillón en su libro *Literatura y periodismo*, «supo condensar en Jimmy y en su circunstancia individuos y hechos auténticos con los que trabó conocimiento a lo largo de meses de investigación».

Yo, con el perdón, creo que esas son explicaciones para periodistas. Creo que si a un lector común que acaba de leer páginas y páginas sobre la historia de un heroinómano de ocho años le develáramos que todo lo que acaba de leer es un invento, no tendría ganas de ponerse a pensar en las diferencias entre lo verídico y lo verdadero, sino de mandarnos al cuerno.

Para poner un ejemplo muy burdo, creo que cualquiera podría entender la diferencia entre una novela sobre un perro que habla y un –hipotético– artículo periodístico sobre un perro que habla. Allí donde una novela sobre un perro que habla nos pondría en el límite del absurdo y nos pediría que fuéramos cómplices de una mentira difícil de aceptar, un artículo periodístico sobre un perro que habla nos pondría en el límite de la maravilla y nos pediría que observáramos, admirados, una realidad en apariencia imposible.

Claro que, entre el caso de la periodista Janet Cook y la utilización de ciertos recursos, hay matices.

En el libro *El nuevo Nuevo Periodismo,* que incluye entrevistas con reporteros norteamericanos de la generación posterior a la de Tom Wolfe, Jonathan Harr, que tardó ocho años en escribir *Acción civil,* un libro sobre una demanda judicial presentada por familias que sostenían que sus hijos se habían enfermado de leucemia como consecuencia de beber agua contaminada por una curtiembre, dice, acerca de la utilización en ese texto de monólogos interiores de algunos de sus personajes: «Yo no leo las mentes y no invento, entonces obviamente tuve que preguntarle (a mi personaje) lo que pensaba. (...) Y me tomo la licencia de ponerlo en su cabeza en un momento dado, mientras él estaba mirando por la ventana. (...) Si las leyes de la no ficción dictaminaran que solo puedes escribir la verdad literal, entonces yo habría estado forzado a escribir: "Escritor ve a Conway mirando por ventana, pregunta qué está pensando (porque escritor no puede leer mentes) y Conway le cuenta a escritor 'Antes de que interrumpieras mis pensamientos estaba pensando...'. ¿Significa esto que me estoy tomando alguna licencia imperdonable con la verdad absoluta y perfecta? (...) Yo no invento diálogos. A veces comprimo diálogos, pero esto es totalmente diferente de inventar. (...) Mi meta es ser tan fiel como sea posible, al mismo tiempo que hago el pasaje fácil de leer. Por ejemplo, a veces toma una docena de preguntas conseguir una simple respuesta de un abogado. En el libro eliminaría las infinitas repeticiones sin usar elipsis e iría a las respuestas (...). Si no se me permite esta licencia, entonces me ponen en la posición de simplemente copiar entera la transcripción judicial. Y eso no es escribir.»

En *El nuevo periodismo,* Tom Wolfe dice: «A veces utilicé el punto de vista para entrar en la mente de un personaje, para vivir el mundo a través de su sistema nervioso central a lo largo de una escena determinada. Al escribir sobre Phil Spector comencé el artículo no solo dentro de su mente, sino con un virtual monólogo interior. Una revista consideró aparentemente mi artículo sobre Spector como una proeza inverosímil, porque lo entrevistaron y le preguntaron si no creía que este pasaje era una simple ficción que se apropiaba de su nombre. Spector respondió que, de hecho, le parecía muy exacto. Esto no tenía nada de sorprendente, en cuanto cada detalle de ese pasaje estaba tomado de una larga entrevista con Spector sobre cómo se había sentido exactamente en aquella ocasión.»

Salvando las distancias, hace un año conté la historia de la restauración del teatro Colón de Buenos Aires. Pasé semanas hablando con mucha gente y un día di con Miguel Cisterna, un chileno que había llegado desde París para encargarse de restaurar el telón original. La empresa contratista lo mantenía aislado y le impedía –por motivos sindicales– tener contacto con los trabajadores históricos de la sala que, sin conocerlo, tejían sobre él las más maléficas hipótesis: que estaba desarmando el telón, que lo había abandonado en un sitio lleno de ratas. La realidad era que Cisterna había cruzado el océano a cambio de muy poco dinero, que vivía en un hotel muy cutre y que estaba dispuesto a todo con tal de salvar esa pieza histórica. Finalmente, él fue el hilo conductor de aquella historia que arrancaba con su voz diciendo esto:

«Yo, de entre todos los hombres. Yo, nacido en Lota, Chile, un pueblo que fue mina de carbón y ahora es historia. Yo, cincuenta años recién cumplidos en una ciudad al sur del mundo en la que llevo ocho meses y que aún no conozco. Yo, de entre todos los hombres. Yo, que soñaba en Lota con telas exquisitas, y que marché a París, tan joven, para estudiarlas, para vivir con ellas. Yo, las manos hundidas en este terciopelo bordado ochenta años atrás por hombres y mujeres que sabían lo que hacían. Yo, aquí, en este espacio circular, solo, atrapado, mudo, las puertas cerradas por candados para que nadie sepa. Yo, el más odiado, el más oculto, el escondido. Yo, de entre todos los hombres, paso las manos por esta tela oscura como sangre espesa que se filtra en mi sueño y mi vigilia y le digo háblame, dime qué quisieron para ti los que te hicieron. Yo, Miguel Cisterna, chileno, residente en París, habitante pasajero en Buenos Aires, solo, oculto, negado, tapiado, enloquecido, obseso, soy el que sabe. Soy el que borda. Yo soy el hombre del telón.»

¿Me había inventado yo alguna de todas esas cosas? Nada. Ni una coma. Ni siquiera su forma de hablar, que navegaba entre el dandismo ilustrado y las exaltaciones de la poesía modernista. Yo sabía dónde había nacido Miguel Cisterna, sabía las cosas con las que había soñado cuando chico, sabía lo que sentía por el telón, por el teatro, por Buenos Aires, y todas esas cosas las sabía porque, a lo largo de semanas, lo había visto trabajar y sufrir, reclamar e indignarse, lo había escuchado hablarme de todo lo que tenía en París —sus hijos Horacio y Hortensia, su atelier plagado de celebridades, su vida de europeo exquisito— y de lo poco que tenía en Buenos Aires: un hotel barato, una heladera mohosa y cenas en absoluta soledad en las que, mientras comía empanadas frías, pensaba en el telón y le pedía que le hablara: que le dijera qué quería para él. Claro que también pude haber escrito «Miguel Cisterna es chileno y se encarga de restaurar el telón del teatro de ópera más importante de Buenos Aires». La información habría sido la misma. Pero ¿habría sido la misma?

Ahora, quisiera pedirles que hagan memoria.

Que recuerden un tiempo en el que nada de todo esto existía. Piensen, recuerden, traten: ¿cómo era su vida en 1995, en 1996, en 1997, si es que tenían más de dieciocho años? ¿Habían oído hablar de Ryszard Kapuściński, de John McPhee, de Juan Villoro, de Gay Talese, de Alberto Salcedo Ramos, de Susan Orlean? ¿Habían escuchado las palabras «periodismo narrativo»? No sé cómo era la vida de cada uno de ustedes, pero sí sé cómo era la mía. Sé que a principios de los noventa yo tenía una computadora con un monitor del tamaño de un cajón de frutas, cuya única conexión con el mundo exterior era el cable de la electricidad. Sé que me había costado tres salarios del periódico en el que trabajaba, y que dudé mucho entre comprarme ese armatoste, cuyo futuro era incierto, o una máquina de escribir eléctrica. Eran épocas en que el mejor vino que yo podía comprar era el peor vino que vendían en el supermercado chino y no solo no había leído a Kapuściński sino que, además, no sabía quién era. Sé que ninguno de mis conocidos mencionaba a un tipo llamado Gay Talese con la confianza de quien menciona a su tío, y que lo más cerca que había estado de Tom Wolfe era una película llamada *La hoguera de las vanidades*, protagonizada por Tom Hanks y Melanie Griffith, que aún no se había inmolado en el altar del bótox. Y sé que no quería ser periodista narrativa, ni nuevoperiodista, ni periodista literaria, ni cronista; yo quería ser periodista: alguien que cuenta historias reales y que hace lo posible por contarlas bien.

Pero ahora, parece, todos queremos ser periodistas narrativos, como si ser periodistas narrativos fuera una instancia superior, superadora, algo mejor y más grande que ser periodistas a secas. El efecto colateral es que, en nombre del periodismo narrativo, se publican textos que dicen ser lo que no son y se pretenden lo que nunca serán. Es el efecto gourmet: el mismo pollo al limón con puré de papas de toda la vida transformado en un ave cocida en sus jugos, marinada en cítricos, acompañada por papas rotas, que cuesta veinte euros más.

Por eso, recuerden cómo era, y pregúntense: ¿era esto lo

que yo quería hacer? Si se responden que no, que no están dispuestos, que no les viene en gana, que no tienen paciencia, felicidades: el periodismo es un río múltiple que ofrece muchas corrientes para navegar. Pero si se responden que sí, les tengo malas noticias: si resulta que son buenos, si resulta que lo hacen bien, es probable que tengan, antes o después, uno, alguno, o todos estos síntomas: sentirán pánico de estar faltando a la verdad, de no ser justos, de ser prejuiciosos, de no haber investigado suficiente; tendrán pudor de autoplagiarse y terror de estar plagiando a otro. Odiarán reportear y otras veces odiarán escribir y otras veces odiarán las dos cosas. Sentirán una curiosidad malsana por individuos con los que, en circunstancias normales, no se sentarían a tomar un vaso de agua. A la hora de escribir descubrirán que el cuerpo duele, que los días de encierro se acumulan, que los verbos se retoban, que las frases pierden su ritmo, que el tono se escabulle. Y, al terminar de escribir, se sentirán vacíos, exhaustos, inútiles, torpes, pero se sentirán aliviados. Y entonces, en pos de ese alivio, se dirán: nunca más. Y en los días siguientes, en pos de ese alivio, se repetirán, muy convencidos: nunca más. Y hasta les parecerá un buen propósito.

Pero una noche, en un bar, escucharán una historia extraordinaria.

Y después una mañana, en el desayuno, leerán en el periódico una historia extraordinaria.

Y otro día, en la televisión, verán un documental sobre una historia extraordinaria.

Y sentirán un sobresalto.

Y estarán perdidos.

Y estar perdidos será su salvación.

Queda, por último, preguntarse si tiene sentido.

Si en el reino de twitter y el online, si en tiempos en que los medios piden cada vez más rápido y cada vez más corto, el periodismo narrativo tiene sentido. Mi respuesta, tozuda y optimista, es que sí y, podría agregar, más que nunca.

Sí, porque no me creo un mundo donde las personas no son personas, sino «fuentes», donde las casas no son casas, sino «el lugar de los hechos», donde la gente no dice cosas, sino que «ofrece testimonios».

Sí, porque desprecio un mundo plano, de malos contra buenos, de indignados contra indignantes, de víctimas contra victimarios.

Sí, porque allí donde otro periodismo golpea la mesa con un puño y dice qué barbaridad, el periodismo narrativo toma el riesgo de la duda, pinta sus matices, dice no hay malo sin bueno, dice no hay bueno sin malo.

Sí, porque el periodismo narrativo no es la vida, pero es un recorte de la vida.

Sí, porque es necesario.

Sí, porque ayuda a entender.

Hace años leí un libro llamado *El cielo protector* en el que su autor, Paul Bowles, escribió la frase más aterradora que yo haya leído jamás. «La muerte –dice Paul Bowles– está siempre en camino, pero el hecho de que no sepamos cuándo llega parece suprimir la finitud de la vida. Lo que tanto odiamos es esa precisión terrible. Pero como no sabemos, llegamos a pensar que la vida es un pozo inagotable. Sin embargo, todas las cosas ocurren solo un cierto número de veces, en realidad muy pocas. ¿Cuántas veces recordarás cierta tarde de tu infancia, una tarde que es parte tan entrañable de tu ser que no puedes concebir siquiera tu vida sin ella? Quizás cuatro o cinco veces más. Quizás ni eso. ¿Cuántas veces más mirarás salir la luna llena? Quizás veinte. Y, sin embargo, todo parece ilimitado.»

Yo siempre supe que me iba a morir, pero la frase de Paul Bowles me hizo entender que tengo mis días contados. ¿Cuántas veces más viajaré a España; cuántas veces más estaré en Santander; cuántas veces más recordaré esta tarde? Quizás dos veces más. Quizás ni siquiera eso. Y, sin embargo, todo parece ilimitado.

El periodismo narrativo es el equivalente a la frase de Paul Bowles. Allí donde otros hablan de la terrible tragedia y del penoso hecho, el periodismo narrativo nos susurra dos palabras, pero son dos palabras que nos hunden el corazón, que nos dejan helados y que, sobre todo, nos despiertan.

Leído en el seminario «Narrativa y periodismo», en Santander, España, desarrollado por la Fundación Santillana, la Fundación Universidad Internacional Menéndez Pelayo y el Instituto Tecnológico de Monterrey, en el año 2010.

HABITAR EL RIESGO

En 2016, la Coordinadora de ONG para el Desarrollo (que integra a cuatrocientas organizaciones entre las que se cuentan ONG y coordinadoras autonómicas en cien países distintos) me invitó a un encuentro que se realizaría en Madrid los días 7 y 8 de noviembre, y al que asistirían miembros de varias ONG y periodistas de distintos medios para reflexionar acerca de la Agenda 2030 para el Desarrollo Sostenible, aprobada en septiembre de 2015 en una cumbre de las Naciones Unidas. La Agenda propone diecisiete objetivos de desarrollo sostenible cuyo fin es el de terminar con la pobreza, reducir la desigualdad y luchar contra el cambio climático. La Coordinadora me pidió que, en el marco del encuentro, diera una conferencia acerca de cómo los periodistas podíamos narrar un tema tan abstracto como ese sin caer en clichés, tópicos o cientificismos incomprensibles. El texto que sigue es el que leí en ese encuentro, el 8 de noviembre de 2016 en Caixa Forum de Madrid:

«Para empezar por alguna parte, podríamos empezar por las palabras. ¿Saben qué es una agenda? Para la mayor parte de la gente que anda por ahí afuera, cargando las bolsas de las compras o preguntándose cómo cuernos llegará a fin de mes con ese salario miserable, sobreviviendo a la depresión o al amor o a la diabetes, la agenda es un trozo de papel o la pantalla de un teléfono donde se anotan tareas pendientes: "Martes 5, llevar a Esteban a inglés, descongelar pollo, reunión con Vicente. Miércoles 6, cita con Natalia, llevar auto al mecánico, depilarme." Pero aquí, esta tarde, yo digo agenda y ustedes piensan en la ONU. Es un ejemplo banal, quizás burdo, pero en ese pequeño error de paralaje reside, quizás, parte del problema: en dar por sentado que, cuando decimos "agenda", todos escuchamos lo mismo. Y con el mismo interés. ¿Cómo puede convocarse el interés de un lector en torno a algo llamado Agenda 2030 cuando todos los involucrados en el tema dan por sentado que esas palabras remiten indudablemente a la idea de "si no hacemos algo pronto, este sistema cultural, político y económico que tenemos nos llevará al desastre", mientras un lector común y corriente lee Agenda 2030 y piensa en ese adminículo en el que anota la cita con el ginecólogo y con el analista?

Cuando me invitaron a formar parte de este encuentro me pidieron que hablara acerca de cómo contar, desde el punto de vista periodístico, algo tan abstracto como una "agenda mundial". Los "17 Objetivos de Desarrollo Sostenible con 169 metas conexas, de carácter integrado e indivisible" de la Agenda proponen, y cito más o menos literalmente, un mundo sin pobreza, hambre, enfermedades, privaciones ni violencia, en el que la alfabetización, la salud, el acceso al agua potable y los alimentos sean universales, donde se respeten los derechos humanos y los niños crezcan libres de la violencia y la explotación, y las mujeres y niñas gocen de la plena igualdad entre los géneros; un mundo en el que cada país disfrute de un crecimiento económico inclusivo y sostenible, y en el que el desarrollo y la aplicación de las tecnologías respeten el clima y la biodiversidad. Puesto así suena, con perdón, a la promesa que nos hace el mercachifle de la esquina cuando nos quiere vender un líquido que tanto sirve para quitar los rayones del auto como para reparar paredes, desinfectar heridas, rizarse el pelo, limpiarle el trasero al bebé y lavar los platos: demasiado bueno para ser verdad.

Por lo tanto, hacer aterrizar ese contenido en historias concretas tiene sentido, porque en la base del oficio periodístico está la operación de decodificar una realidad compleja y llevarla a los lectores para que se asqueen, se maravillen u opinen exactamente lo contrario, pero jamás para que les resulte indiferente. Sin embargo, y en particular en temas relacionados con todos esos asuntos, eso es lo que a menudo sucede: los lectores dedican una atención distraída. Y no es tan difícil entender por qué.

Antes de seguir, conviene recordar que el periodismo no es una herramienta de evangelización ni un órgano de propaganda y que, en todo caso, cuando pierde su mirada crítica, deja de ser periodismo. Y esa es la parte difícil, porque implica abandonar una orilla muy confortable y segura que se llama corrección política y con la que este oficio debería llevarse a patadas.

Hace algunos años, el periodista norteamericano Jon Lee Anderson, que ha cubierto cientos de escenarios de conflicto en diversas partes del mundo, dijo durante una entrevista con el diario *La Nación* de Buenos Aires: "Ser víctima no es ninguna virtud. Hay muchos periodistas que, a mi juicio, pecan al tratar de crear virtud en la víctima. (...) Es una estrategia narrativa que esconde una actitud de condescendencia. Por ejemplo, supongamos que debemos contar la historia de una mujer violada. Ella me da mucha pena, pero eso no la hace buena. ¿O qué ocurriría si esa mujer violada es una persona difícil, moralmente compleja y cuestionable? ¿Entonces ya deja de ser una víctima, solo porque no puedo mostrarla como alguien virtuoso?"

Para contar la Agenda 2030 habrá que encarnar cada uno de sus puntos en historias concretas: reportajes sobre sitios horripilantemente pobres, sobre fulanos y fulanas que viven ahogados por la contaminación del basural de turno, pero nada de todo eso debería hacerse transformando a las víctimas en seres angelicales. ¿Por qué necesitamos que, además de sufrir, la gente sea buena? ¿Las personas infieles, los niños viles, los hombres mentirosos no sufren la contaminación? ¿Una campesina africana que se muere de hambre solo merece que la humanidad le preste atención si pasa un examen de ética y moral? En su libro

Contra el cambio, el periodista argentino Martín Caparrós dice cosas tan incorrectas como esta: "'Responsabilidad social' es un término curioso: ser responsable significa aceptar que uno ha hecho algo de cuyos efectos debe hacerse cargo. Hacerse cargo, en este caso, implica pagar –poco– con programas de ayuda para compensar a esa sociedad por la que la empresa se siente responsable. La responsabilidad social se mide en dinero y, sobre todo, en penitencia pública: he hecho algún daño, pero miren, lo asumo y lo pago, soy bueno, soy responsable de mis actos. (...) Como no hay nada peor visto en las sociedades occidentales contemporáneas que ese descuido de la naturaleza, las corporaciones gastan fortunas en mostrarse más ecololós que nadie. Lo cual debería poner a muchos ecologistas en algún tipo de problema: si yo digo lo mismo que la Exxon, ¿quién estará equivocado, yo o la Exxon?" Uno puede, o no, estar de acuerdo con ese párrafo, pero la saludable insolencia que rezuma oficia, también, como un recordatorio de lo que está en la base de nuestro oficio: para contar cualquier historia hay que estar dispuestos a mirar al sesgo, a pensar en contra y a discutir cualquier convicción, ajena o propia.

Decía, párrafos atrás, que los lectores suelen dedicar una atención distraída a los asuntos que trata la agenda, y que no era tan difícil entender por qué. Intentaré explicarme.

Supongamos que alguien quiere escribir una historia que transmita clara y argumentadamente la idea de que este piso que pisamos no es una cornucopia inagotable de riquezas sino una cárcel de fuego, barro y oxígeno girando a treinta kilómetros por segundo alrededor del Sol y que, en algún momento, si no tenemos cuidado, cerrará sus viejas mandíbulas cansadas en torno a nuestros frágiles cuellos. Supongamos, después, que ese alguien escribe esto: "Existe una relación directa entre el calentamiento global o cambio climático y el aumento de las emisiones de gases de efecto invernadero provocadas por las sociedades humanas tanto industrializadas como en desarrollo. El nivel de emisiones de dióxido de carbono ha aumentado un 31%; el metano un 145% y el óxido nitroso un 15%. La atmósfera está recibiendo otros gases que no existían: clorofuorcarbonados y compuestos perfluorados." Puedo entender que quien lea ese párrafo piense "Qué barbaridad", cierre el periódico y treinta segundos después esté paseando a su perro, sin recordar ni media frase de lo que acaba de leer porque nada de todo eso le ha resultado amenazante. Porque ni una sola de todas esas palabras le ha hecho pensar: "Esto tiene que ver conmigo."

Los comunicados institucionales están repletos de términos como "empoderamiento", "objetivos de desarrollo sostenible", "viabilidad", "formulación de indicadores". Esas palabras son buenas para eso: para los comunicados institucionales. La ONU, la OIT, la OMS tienen un lenguaje propio, un esperanto hecho con siglas y vocablos que han sido limados en todas sus aristas hasta perder cualquier aspereza, cualquier capacidad de ofensa. Así, en ese lenguaje paralelo, un negro es una persona de color; un paralítico una persona con capacidades diferentes; un gordo una persona con sobrepeso; una mujer golpeada una víctima de violencia de género. Ese es el problema con las ONG: que son educadísimas y que, además, no ven nada antiestético en palabras tan feas como empoderamiento ni nada artificioso en frases como "Participación activa de todos los actores implicados para garantizar la apropiación de la Agenda". Esas palabras y frases son efectivas y necesarias para delinear territorios de investigación y sentar definiciones políticas, pero, trasladadas a la escritura periodística, levantan un muro de indiferencia entre quien lee y la realidad que se quiere narrar. No solo no conmueven, sino que, por el contrario, tranquilizan. Detrás del término feminicidio hay una mujer violada hasta la tumefacción y descuartizada por su marido, y detrás de la expresión "violencia de género" hay mujeres a las que les arrancan los ojos y a quienes queman con ácido, pero, envuelta en el hojaldre bonachón de palabras que no dicen nada, la realidad llega al lector desactivada, sumergida en hectolitros de líquido anestésico.

Y en la escritura periodística no solo importa lo que se dice, sino cómo se dice.

86

Porque en la escritura periodística la estética es una moral. Leo frases sueltas, relacionadas con la Agenda 2030, que dicen cosas como "complemento fundamental de los esfuerzos que realizan los países para movilizar recursos públicos a nivel interno", "ejecución de las estrategias y los programas de acción pertinentes", "transferencia de tecnologías ecológicamente racionales". Y recuerdo *El placer del texto,* de Roland Barthes, donde dice: "El texto que usted escribe debe probarme que me desea. Esa prueba existe: es la escritura. La escritura es esto: la ciencia de los goces del lenguaje, su *Kama Sutra.*" Si asumimos que Barthes tiene razón, me pregunto cuál es el *Kama Sutra* de frases como "complemento fundamental de los esfuerzos que realizan los países" o de "transferencias de tecnologías ecológicamente racionales".

El periodista español Juan Cruz Ruiz dice, citando a Eugenio Scalfari, fundador y director del diario *La Repubblica,* de Italia, que "periodista es gente que le dice a la gente lo que le pasa a la gente". Y a la gente no le pasa nada como "falta de acceso a la educación": a la gente le pasa que firma con una cruz un contrato que no puede leer porque no sabe hacerlo, y, sin darse cuenta, le cede los derechos del terreno donde vive desde hace décadas a una corporación multinacional que quiere construir allí un *shopping.*

Hay un informe de la ONU que habla del hambre. Dice: "Alrededor de setecientos noventa y cinco millones de personas no disponen de alimentos suficientes para llevar una vida saludable y activa. La gran mayoría de hambrientos vive en países en desarrollo, donde el 12,9 % de la población está subalimentada. En África subsahariana, las proyecciones para el período 2014-2016 indican una tasa de desnutrición de casi el 23 %. La nutrición deficiente provoca casi la mitad (45 %) de las muertes de niños menores de cinco años. En el mundo en desarrollo, sesenta y seis millones de niños en edad de asistir a la escuela primaria acuden a clase hambrientos, veintitrés millones de ellos solo en África." Y hay un fragmento del libro *Contra el cambio,* de Martín Caparrós, que habla de una mujer nigeriana: "La familia de Mariama come, si puede, tres veces por día: al alba, la bola hecha con mijo molido largamente en el mortero de madera, mezclada con un poco de leche o agua; al mediodía, la misma bola o una sopa de agua caliente con harina de mijo. La cena, al caer la noche, es la comida más elaborada: una pasta de mijo o de maíz con una salsa hecha de hojas de baobab o gombo o lo que haya." Y hay otro fragmento del libro *El hambre,* también de Martín Caparrós, que dice: "Si usted se toma el trabajo de leer este libro, si usted se entusiasma y lo lee en –digamos– ocho horas, en ese lapso se habrán muerto de hambre unas ocho mil personas: son muchas ocho mil personas. Si usted no se toma ese trabajo esas personas se habrán muerto igual, pero usted tendrá la suerte de no haberse enterado. O sea que, probablemente, usted prefiera no leer este libro. Quizás yo haría lo mismo. Es mejor, en general, no saber quiénes son, ni cómo ni por qué. (Pero usted sí leyó este breve párrafo en medio minuto; sepa que en ese tiempo solo se murieron de hambre entre ocho y diez personas en el mundo –y respire aliviado.)"

El informe de la ONU es exhaustivo y transmite los datos con toda seriedad. Pero el libro de Caparrós incendia esos datos hasta volverlos una zarza ardiente, incómoda, insoportable.

Hace unos años fui a Zimbabue, un país con unas estadísticas que parecen remitidas directamente desde el sillón del diablo. El 90 % de sus doce millones de habitantes no tiene empleo, el 80 % no tiene qué comer y el 20 % está infectado por el virus del VIH, que mata a dos mil quinientas personas por mes. Yo fui allí a contar esa epidemia, y quería que el lector entendiera de manera contundente lo que había detrás de esa cifra: un país que se está quedando sin hombres y sin personas jóvenes, donde los viejos crían a los hijos de sus hijos muertos que, a su vez, están infectados por el virus que mató a sus padres y que, como ellos, seguramente morirán. Necesitaba transmitir el peso de esa aniquilación, de esa tierra arrasada, y decidí tomar entonces el testimonio de una mujer que vivía en el campo, en una choza sin electricidad y sin agua, junto a su pequeña nieta infectada de VIH. Todos sus hijos habían muerto y la mujer me llevó a visitar sus tumbas, que estaban a pocos metros de la choza. El texto empezaba así:

"Cuando el primero de sus hijos murió, MaNgwengya ya vivía en Nkunzi, cerca de Tsholotsho, oeste de Zimbabue, a la vera de un camino de árboles espinosos y bajo un cielo de reptiles. La vida siempre había sido eso que llaman una vida dura: acarrear agua, confiar en las esquivas lluvias, comer maní tostado como toda cena. Por eso, cuando el primero de sus hijos murió, MaNgwengya lloró mucho pero no vio en eso un tarascón de la desgracia: porque esas cosas pasan en las vidas duras. Lo enterró a metros de su casa, en el mismo sitio en que había enterrado a su marido: bajo un monte de espinos y eucaliptus, bajo la tierra, bajo un túmulo de piedras que los vecinos le ayudaron a acarrear. Cuando el segundo de sus hijos murió, MaNgwengya lloró mucho pero volvió a pensar que esas cosas pasan en las vidas duras y lo enterró a metros de su casa, bajo el monte de espinos y eucaliptus, bajo la tierra, bajo un túmulo de piedras que los vecinos le ayudaron a acarrear. Cuando el tercero de sus hijos murió, MaNgwengya lloró mucho, lo enterró a metros de su casa, bajo el monte de espinos y eucaliptus, bajo la tierra, bajo un túmulo de piedras que los vecinos le ayudaron a acarrear. Cuando la cuarta de sus hijos murió, en 2010, MaNgwengya se dijo que ya no tenía nada que perder porque todos los nacidos de su vientre estaban muertos. Pero después supo que la única sobreviviente a esa masacre, su nieta Nkaniyso, de diecisiete años, portaba el mismo mal que había aniquilado a su simiente: un virus del género lentivirus que mata, en su país, a dos mil quinientas personas por mes."

Las estadísticas importan, los datos importan, los detalles técnicos importan, pero si queremos que esas estadísticas y esos datos y esos detalles técnicos cuenten una historia que deje, en los lectores, el rastro que deja un texto inolvidable, hay que huir de las miradas burocráticas y de las prosas embalsamadas.

La Organización Mundial de la Salud dice que algunos países de América Latina y el Caribe tienen las tasas de homicidio más altas, y estima que en 2012 hubo 28,5 homicidios por 100.000 habitantes, más del cuádruple de la tasa mundial. La OMS llama a eso "violencia interpersonal". En 2015 edité un libro llamado *Los malos* que contenía diecisiete perfiles de seres siniestros de América Latina: pandilleros, policías siniestros, torturadores, íncubos perfectos. El periodista salvadoreño Óscar Martínez escribió para ese libro el perfil del Niño, un exmiembro de la mara Salvatrucha, y narró de esta manera el momento en que el Niño torturaba a un marero traidor llamado el Caballo.

"Para quien quiera imaginarse el sadismo del que es capaz un pandillero –escribe Óscar Martínez–, basta decir que el Caballo, tras media hora de torturas, murió sin ningún tatuaje en el cuerpo, sin orejas ni brazos ni piernas, y sin corazón. Cuando era solo un tronco, y exhalaba lo último que le quedaba de vida entre ronquidos y silbidos suaves, le suplicó al Niño.
   –Ya, *homeboy,* deme un bombazo en la cabeza.
   –¿Y a vos quién te ha dicho que nosotros somos tus *homeboy?* Te vas a morir como la Bestia manda –dice el Niño que fue su respuesta.
   Durante algunos minutos más, con la afilada hoja de un machete, siguieron torturando a aquel pedazo humano, hundiendo el filo delicadamente al costado de su hígado. Cuando todo terminó, el corazón del Caballo estaba en la mano derecha del Niño."

Supongo que podríamos decir que se trata de un ejemplo muy claro de lo que la OMS llama "violencia interpersonal", y que ilustra muy bien cuáles son los verdaderos alcances de esos dos términos tan serenos.
   Los informes informan, pero no tocan; dicen, pero no dañan; mencionan, pero no muestran. Las cifras sin encarnar son solo cifras y las grandes palabras son grandes palabras vacías de

contenido que leemos sin leer. ¿Cuántas veces se han publicado frases como "el horror de Chernóbil", "la tragedia de Chernóbil", "la ignominia de Chernóbil"? En 1997 una mujer llamada Svetlana Alexiévich publicó un libro, *Voces de Chernóbil,* que contiene testimonios de víctimas y familiares de víctimas de la explosión que tuvo lugar en 1986 en esa central nuclear. En el libro, el horror late como un feto maligno, entonando una canción de tumba dedicada a todos nosotros, habitantes de la era nuclear aposentados en nuestra buena salud, libres de que se nos caiga la cara a pedazos por efectos de la radiación. En él, la mujer de uno de los bomberos que acudieron a la central a apagar el incendio cuenta la agonía y la muerte de su marido:

"Empezó a cambiar. Cada día me encontraba con una persona diferente a la del día anterior. Las quemaduras le salían hacia afuera. Aparecían en la boca, en la lengua, en las mejillas. Primero eran pequeñas llagas, pero luego fueron creciendo. Las mucosas se le caían a capas, como si fueran unas películas blancas. El color de la cara, y del cuerpo... azul... rojo, de un gris parduzco. Y, sin embargo, todo en él era tan mío, ¡tan querido! (...) Justo nos acabábamos de casar. Aún no nos habíamos saciado el uno del otro. (...) Tenía el cuerpo entero deshecho. Todo él era una llaga sanguinolenta. En el hospital, en los últimos dos días, le levantaba la mano y el hueso se le movía, le bailaba, se le había separado la carne. Le salían por la boca pedacitos de pulmón, de hígado. Se ahogaba en sus propias vísceras. Me envolvía la mano con una gasa y la introducía en su boca para sacarle todo aquello de adentro."

No hay en ese fragmento estadísticas, no hay datos técnicos, no hay palabras complejas. Hay una mujer que cuenta cómo se le deshizo entre los dedos el cuerpo del hombre que amaba y cómo, mientras lo veía agonizar, no podía hacer otra cosa que ayudarlo a escupir sus propias vísceras. En la diferencia radical que existe entre ese fragmento y una frase hueca como "la tragedia de Chernóbil" vive el verdadero periodismo.

A lo largo de todo este año trabajé en la edición de un libro que reúne crónicas acerca de diversos proyectos de innovación propiciados por el Banco Interamericano de Desarrollo en varios países de América Latina: Colombia, Ecuador, Perú. El BID me envió los resúmenes con los datos de cada proyecto, y el del caso peruano decía así: "Con el proyecto se buscó el desarrollo de un equipo capaz de leer y procesar automáticamente las placas MODS, a través de técnicas de reconocimiento de patrones y de un sistema en línea que permita el análisis y el procesamiento de imágenes de los cultivos." Traducido: un grupo de científicos peruanos desarrolló un kit para detectar tuberculosis en quince segundos cuando antes había que esperar meses. Juan Manuel Robles, periodista y escritor de ese país, escribió ese texto, que se titula "Mirko Zimic contra los bacilos mutantes" y dice así:

"Al consultorio del Dr. Somocurcio se llega en un ascensor viejo de esos que nunca paran exactamente al nivel del piso. Es un edificio gris del centro de Lima. Salvo por bocinazos furiosos que se escuchan a lo lejos, el lugar está lleno de calma, con ese aire de abandonada majestad que dan las losetas blancas pulidas por décadas de pasos. El cirujano José Somocurcio aparece desde el fondo del pasillo y se dirige a su despacho. Saluda sin ceremonia. Va al grano. Se sienta en su escritorio, donde hay una computadora, y en ella abre carpetas que contienen fotografías de lo que hace en el quirófano.

Son fotos horribles: su trabajo es rebanar pulmones enfermos.

(...) cortar un pedazo de pulmón para quitar las partes invadidas por la bacteria de la tuberculosis es una operación dificilísima. Son necesarias seis, siete, a veces ocho horas en la mesa de operaciones (...) pues la materia que ha hecho necrosis se pegotea a la carne y hay que 'meterse' a separar los tejidos. La enfermedad hace huecos en el pulmón y allí adentro, en esas cavernas oscurísimas, vive el bacilo: 'Las cavidades son su santuario', dice Somocurcio (...).

–La tuberculosis normal no es un problema, se trata con

medicinas. Pero los casos que yo opero no son tuberculosis normales...

Las tuberculosis que él trata son causadas por bacterias que pueden sobrevivir a los principales antibióticos descubiertos durante el siglo XX, y que contuvieron la enfermedad al punto de hacernos creer que la habían vencido. Son cepas de la llamada tuberculosis multidrogo resistente (MDR, para los entendidos). Micobacterias mutantes, defectuosas en varios aspectos pero duras de matar. La bacteria de la tuberculosis –la versión clásica, digamos– es de por sí un organismo tenaz que asombró a biólogos de todas las épocas. 'Si una bacteria es un soldado, la tuberculosis es un tanque', dice el médico infectólogo Alberto Mendoza, un experto en la materia. Es un 'tanque', entre otras cosas, por el blindaje que crea su pared celular gruesa y grasosa –que los antibióticos comunes no pueden atravesar–, y su lentísimo proceso de reproducción: un huésped no invitado que encima es fresco, vive de tu organismo y se toma todo el tiempo que le da la vida. Cuando la cepa resiste los antibióticos (cuando es MDR), avanza al fondo, y en el camino produce una reacción biológica compleja que destruye la carne, ensancha irreversiblemente los bronquios y causa hemorragias violentas que hacen salir por la boca una sangre rojísima (...). La tuberculosis común puede curarse en seis meses; la MDR requiere un tratamiento de por lo menos dos años. Pero si no se detecta a tiempo, la infección puede avanzar y causar lesiones permanentes en el pulmón. Allí interviene Somocurcio con sus cuchillos. Al ver las fotos de su archivo personal –carne podrida, carne con orificios redondísimos, como los de los quesos– queda claro que su operación no es agradable ni constructiva. Es, simplemente, lo único que queda. (...) Según los registros del Ministerio de Salud, en 1996 el Perú tenía algo más de cien pacientes de MDR. Para el 2005, había alcanzado casi dos mil setecientos casos al año. (...) Esa coyuntura fue el germen de una lucha silenciosa: decenas de científicos peruanos buscaron nuevas formas de combatir esa mutación recia. (...) Porque lo que se venía pintaba muy feo, y eran necesarias estrategias, fármacos y metodologías que no siempre estarían a la mano. Sin los recursos de las naciones desarrolladas, tuvieron que ser creativos. La de Mirko Zimic y su equipo es una de esas historias."

Robles no escribió sobre placas MODS y técnicas de reconocimiento de patrones, sino sobre investigadores que, como Ulises internándose en la caverna del cíclope, eran gente apenas provista de conocimiento e ingenio enfrentándose a una fuerza milenaria de potencia demencial. Cuando terminé de editar ese texto, la tuberculosis ya no era para mí una enfermedad del siglo XIX acerca de la que había leído en novelas como *La montaña mágica*, sino algo que podía pasarme a mí y, a mi alrededor, el aire empezó a parecerme más peligroso. ¿Cuántas noticias lee uno acerca de la tuberculosis? Seguramente muchas. Yo, sin embargo, solo recuerdo el texto de Robles porque fue el que me contó la tuberculosis por primera vez.

Y eso, ni más ni menos, es escribir: tener la ambición, desmesurada y mesiánica, de contar lo que sea –Chernóbil, la tuberculosis, el hambre– como si nunca nadie lo hubiera contado antes. Sin esa ambición, desmesurada y mesiánica, la escritura no existe.

En 1963, en Washington, ante más de doscientas mil personas que marchaban en pro de los derechos civiles de los negros, Martin Luther King famosamente dijo: "Yo tengo un sueño. Sueño que un día, en las rojas colinas de Georgia, los hijos de los antiguos esclavos y los hijos de los antiguos dueños de esclavos se puedan sentar juntos a la mesa de la hermandad. (...) ¡Hoy tengo un sueño! Sueño que un día, el estado de Alabama, cuyo gobernador escupe frases de interposición entre las razas y anulación de los negros, se convierta en un sitio donde los niños y niñas negros puedan unir sus manos con las de los niños y niñas blancos y caminar unidos, como hermanos y hermanas."

Son palabras simples, pero llevan cincuenta y tres años rodando por el gastado lomo de esta tierra. Y eso sucede porque son palabras que están tremendamente vivas. Y si las palabras que escribimos están tremendamente vivas quizás no hagan que el mundo sea un lugar mejor, quizás no hagan que las cosas cambien, pero alguna vez alzarán su mirada terrible y mirarán a un lector a los ojos y le dirán lo que tengan que decir. No podemos saber qué hará el lector con eso. Pero escribir es, también, habitar ese riesgo.»

Conferencia leída en el encuentro organizado por la Coordinadora de ONG para el Desarrollo, el 8 de noviembre de 2016, en Caixa Forum de Madrid.

TAN FANTÁSTICO COMO LA FICCIÓN

Para empezar por alguna parte, me gustaría decir que la cosa más importante que sé acerca de cómo contar historias me la enseñó una película llamada *Lawrence de Arabia,* que vi más de siete veces, a lo largo de un invierno helado, en la ciudad donde nací.

Yo tenía apenas once años y aquel invierno, mientras mis amigos jugaban o se iban a pescar, me encerré en el cine con obsesión de psicópata a ver, siete días, siete veces, a razón de cuatro horas por vez, esa película que llegué a conocer tanto como conocía los rincones de mi cuarto. Y cada una de las siete veces entré al cine con el mismo entusiasmo y esperé con idéntico fervor las mismas escenas: aquella en la que Omar Sharif brota de las dunas dispuesto a defender su pozo de agua; aquella en la que Lawrence camina sobre el tren, enloquecido, sintiendo ya en su corazón una lámina de luto por la vida que tiene que dejar; aquellas batallas, aquellos caballos, aquel desierto, aquella túnica blanca, aquellos ojos.

Pero si uno busca el argumento de *Lawrence de Arabia* en, digamos, Wikipedia, se topa con una frase que dice así: «Esta película narra la historia de Thomas Edward Lawrence, un oficial inglés que durante sus años en Arabia logró agrupar a las tribus árabes para luchar contra los turcos por su independencia.»

La frase es cierta, y solo es eso: cierta. Porque nada dice del desierto amarillo, ni del ulular de sus bravos guerreros, ni de la túnica helada de Lawrence, ni de sus ojos siempre presos de una sombra enfurecida. Porque *Lawrence de Arabia* es «la historia de un oficial inglés que durante sus años en Arabia», etcétera, pero, de muchas y muy variadas formas, no es eso en absoluto.

Y ahí radica aquello que les decía que sé y que es simple y que es esto: una historia, cualquier historia, tiene como destino posible la gloria o el olvido. Y la clave no está en el cuento que la historia cuenta, sino en cómo lo cuenta: eso que la hace arribar con toda pompa a un puerto majestuoso o hundirse en el mar de la indiferencia. No en la historia, sino en los vientos que la empujan.

El cronista argentino Martín Caparrós dijo alguna vez que, cada vez que le preguntan si hay alguna diferencia entre periodismo y literatura, no sabe qué contestar. «Mi convicción es que no hay diferencia –dijo–. ¿Por qué tiene que haberla? ¿Quién postula que la hay? Aceptemos la separación en términos de pactos de lectura: el pacto que el autor le propone al lector: voy a contarle una historia y esa historia es cierta, ocurrió y yo me enteré de eso. Y ese es el pacto de la no ficción. Y el pacto de la ficción: voy a contarle una historia, nunca sucedió, pero lo va a entretener, lo va a hacer pensar. Pero no hay nada en la calidad intrínseca del trabajo que imponga una diferencia.»

Hablamos, claro, de crónicas sólidas que encierran una visión del mundo y se reconocen como una forma del arte, y no de pegotes amasados sin entusiasmo para llenar dos columnas del diario de ayer. Estas crónicas toman del cine, de la música, del cómic o de la literatura todo lo que necesitan para lograr su eficacia. El tono, el ritmo, la tensión argumental, el uso del lenguaje, y un etcétera largo que termina exactamente donde empieza la ficción. Porque la única cosa que una crónica no debe hacer es poner allí lo que allí no está.

Hace un tiempo escribí la historia de un grupo de antropólogos forenses cuyo trabajo consiste en exhumar, de fosas clandestinas, restos óseos de personas ejecutadas por diversas dictaduras, para identificarlos y devolverlos a sus familiares. La crónica empezaba así:

«No es grande: cuatro por cuatro apenas, y una ventana por la que entra una luz grumosa, celeste. El techo es alto. Las paredes blancas, sin mucho esmero. El cuarto –un departamento antiguo en pleno Once, un barrio comercial de la ciudad de Buenos Aires– es discreto: nadie llega aquí por equivocación. El piso de madera está cubierto por diarios y, sobre los diarios, hay un suéter a rayas –roto–, un zapato retorcido como una lengua rígida, algunas medias. Todo lo demás son huesos. Tibias y fémures, vértebras y cráneos, pelvis, mandíbulas, dientes, costillas en pedazos. Son las cuatro de la tarde de un jueves de noviembre. Patricia Bernardi está parada en el vano de la puerta. Tiene los ojos grandes, el pelo corto. Toma un fémur lacio y lo apoya sobre su muslo.
–Los huesos de mujer son gráciles –dice.
Y es verdad: los huesos de mujer son gráciles.»

Apenas después, el texto revelaba que ese no era el cuarto de juegos de un asesino serial, sino la oficina del Equipo Argentino de Antropología Forense, que Patricia Bernardi era uno de sus miembros, y que los huesos esparcidos eran los de tres mujeres, exhumados el día anterior de un cementerio de la ciudad de La Plata. Pero aun cuando ese párrafo tiene un tono calculado, una métrica medida y cada palabra está puesta con intención, no hay nada en él que no sea verdad: todo eso estaba allí aquel jueves de noviembre a las cuatro de la tarde: el suéter a rayas –roto–, el zapato retorcido como una lengua rígida, los huesos, costillas en pedazos y, por supuesto, Patricia Bernardi, que tomó un fémur y se lo apoyó en el muslo y dijo lo que dijo: «Los huesos de mujer son gráciles.»
Por cosas como esas me gusta la realidad: porque si uno permanece allí el tiempo suficiente, antes o después ella se ofrece, generosa, y nos premia con la flor jugosa del azar.

Yo encuentro cierta belleza en que las cosas sucedan –absurdas, contradictorias, a veces irreales– y me gusta entrar en la realidad como a un bazar repleto de cristales: tocando apenas y sin intervenir.

En 2006 publiqué un libro que se llama *Los suicidas del fin del mundo,* que cuenta la historia de Las Heras, un pueblo de la Patagonia argentina donde, a lo largo de un año y medio, doce mujeres y hombres jóvenes decidieron volarse la cabeza de un disparo, o ahorcarse con un cinturón en el cuarto de su casa, o colgarse en la calle a las seis de la mañana del día 31 de diciembre de 1999. Durante un tiempo viajé a ese pueblo, hablé con peluqueros y con putas, con madres y con novios, con hermanas y amigos de los muertos, y, cuando creí que había terminado, empecé a buscar un editor para eso que, pensé, podía ser un libro. Muchos retrocedieron espantados ante tanto muerto joven, pero uno de ellos, con ojos luminosos de entusiasmo, me preguntó: «¿Por qué mejor no lo escribís como si fuera una novela?»

No tengo ninguna respuesta para explicar por qué dije que no, salvo que, en el fondo, no le encuentro sentido a transformar en ficticia una historia que se ha tomado el trabajo de existir así, tan contundente. Que cuando doce personas deciden suicidarse en un año y medio en plena calle o en casa de su mejor amigo, en fechas tan significativas como el día de cambio de milenio, en un pueblo petrolero con más putas que automóviles, no siento que mi imaginación pueda agregar, a eso, mucho.

El libro, finalmente, fue publicado como una crónica y, aunque todo lo que cuenta es real, está plagado de recursos literarios. Incluida su música de fondo: la chirriante música del viento.

En su novela *Las vírgenes suicidas,* donde narra la historia de las cinco lesivas hermanitas Lisbon, el norteamericano Jeffrey Eugenides utiliza un recurso que enrarece el clima desde el principio y remite a la idea de corrupción y podredumbre de las cosas vivas. Dice Eugenides: «Esto ocurría en junio, en la época de la mosca del pescado, cuando, como todos los años, la ciudad se cubre de tan efímeros insectos. Se levantan entonces nubes de moscas de las algas que cubren el lago contaminado y oscurecen las ventanas, cubren los coches y las farolas, (...) y cuelgan como guirnaldas de las jarcias de los veleros, siempre con la misma parda ubicuidad de la escoria voladora.»

Yo no tenía las moscas del pescado, pero tenía el viento.

En los días de viento, y eso es casi siempre, en Las Heras no se puede salir a la calle. En esos días puertas y ventanas trepidan con temblores frenéticos, y los habitantes permanecen encerrados, sitiados por el aullido de esa fuerza maligna. Madres y novias, hermanos y amigos de los suicidas hablaban con odio y con temor de eso que doblegaba a la ciudad con alaridos de bruja y la envolvía como un presagio ominoso: el viento, decían, es peor que nada: peor que la soledad, peor que la distancia, peor que el frío y que la nieve.

A la hora de escribir pensé que tenía que reproducir ese clima enloquecido y lograr que el viento se levantara del libro como un enjambre. Así, en las primeras páginas, el viento sopla tímido, balanceando apenas el ómnibus que me llevaba a Las Heras. Un poco más adelante arroja ceniceros al piso, se cuela por las hendijas, empuja polvo hasta el fondo de la garganta de las casas. Al final, el viento ya es un monstruo negro, una bestia con voluntad propia. «Afuera –dice el libro– el viento era un siseo oscuro, una boca rota que se tragaba todos los sonidos: los besos, las risas. Un quejido de acero, una mandíbula.»

Si todo texto está afinado en un tono, yo quiero pensar que *Los suicidas del fin del mundo* está afinado en el chirrido del viento. Y no por gusto ni por capricho, sino para pintar, sobre su alarido interminable, un pasado de sangre y un presente de horror en el que todo –las muertes, la pura desgracia, los suicidios– seguía sucediendo.

Porque aun cuando fuera un personaje, aun cuando fuera una metáfora, un puro recurso literario, el viento no era –no podía ser– un adorno. El viento era –tenía que ser– parte de la información.

En su libro *El empampado Riquelme* (la historia de un hombre que sube a un tren, pero nunca llega a destino, y cuyos huesos aparecen en el desierto de Atacama medio siglo más tarde) el chileno Francisco Mouat dice que, para escribirlo, leyó a Paul Auster, a Richard Ford, a Juan Rulfo, a Kafka. «Todas estas lecturas —dice Mouat— están desparramadas por este libro y tienen mucho que ver con estas páginas.»

Yo siempre sospeché que los buenos cronistas tienen nutridas bibliotecas de ficción y que van más seguido al cine que a talleres de escritura. Que no aprendieron a describir personajes en una clase de la universidad, sino leyendo a John Irving. Que no saben narrar con exquisita parquedad por haber participado en un taller de producción de mensajes, sino porque se conocen hasta el solfeo la prosa de Lorrie Moore. Que son rigurosos con la información, pero creativos en sus textos, no porque hayan estudiado Metodología de la Investigación, ni Planificación de Procesos Comunicacionales, sino porque saben quién es John Steinbeck.

Y pienso todas esas cosas porque en los grandes cronistas encuentro ecos de Richard Ford y de Scott Fitzgerald, de Góngora y de la Biblia, de José Martí y de Gonzalo Rojas, de Flaubert y de Paul Bowles, de Salinger y de Alice Munro, de Nabokov y de Pavese, de Bradbury y de Martin Amis, de Murakami y de David Foster Wallace.

Claro que, si vamos a ser sinceros, no suele haber, en los grandes escritores de ficción, ecos de cronistas majestuosos.

Pero hay que ser pacientes.

Porque tiempos vendrán en que eso también suceda.

Leído en la Feria del Libro de Bogotá, Colombia, en 2008.
Publicado por El Malpensante, *Colombia, el mismo año.*

(DEL ARTE DE) CONTAR HISTORIAS REALES

Se dice, se repite: que lo más interesante de lo que se escribe y se publica hoy en Latinoamérica pertenece al género de la no ficción. Que es allí donde hay que buscar los saltos en altura, las cuerdas flojas, los riesgos de la forma y el estilo. Lo había dicho, casi igual, Tom Wolfe en 1973, en su libro *El nuevo periodismo:* que lo más interesante de lo que se escribía y se publicaba por entonces en Estados Unidos salía de la pluma de quienes se habían puesto al servicio de contar historias reales, y no de quienes seguían con los cuentos, las novelas. Esa lejana aseveración nos manda a ser prudentes. Porque si es verdad que aquellos años cambiaron el periodismo para siempre, mirados en perspectiva fueron también los años en los que un señor llamado John Cheever estaba en plena producción, un tal Thomas Pynchon publicaba *El arco iris de gravedad,* y un fulano llamado Don De-Lillo hacía lo propio con *Americana.* Podría decirse, en todo caso, que en Latinoamérica hay buenos y malos periodistas, buenos y malos escritores, buenos y malos textos de ficción, buenos y malos textos periodísticos. Y que, en todo caso, como escribe Juan Villoro en su texto *La crónica, ornitorrinco de la prosa,* lo que ha cambiado es un prejuicio: «El prejuicio que veía al escritor como artista y al periodista como artesano resulta obsoleto. Una crónica lograda es literatura bajo presión.»

Esto es verdad: hay, en Latinoamérica, una generación de periodistas que escribe sobre temas diversos —madres que matan a sus niñas, víctimas de las minas antipersonales, gente que desaparece en el desierto— y utiliza, para escribirlos, técnicas de la ficción: climas, tonos, estructuras complejas. Periodistas que publican sus historias en libros y revistas —*SoHo, Don Juan* o *El Malpensante,* en Colombia; *Gatopardo* y a veces *Letras Libres,* en México; *Etiqueta Negra* en Perú; *The Clinic* en Chile; *Marcapasos* en Venezuela: son algunas—, sostenidos en la fe de que eso que hacen no es solo una forma decente de pagar el alquiler, ni el mal trago necesario para perpetrar después una novela, sino lo que es: literatura. Una forma de contar. Que es como decir: un arte.

El género de no ficción latinoamericano por excelencia, la crónica, empezó con los primeros cronistas de Indias. Pasaron años —de años— y siguieron las firmas: Rubén Darío, José Martí, Jenaro Prieto, Roberto Arlt, Juan José de Soiza Reilly, muchos otros. Siempre conviene detenerse en el argentino Rodolfo Walsh y *Operación Masacre,* su libro *circa* 1957 que cuenta la historia de cómo, en 1956, militares partidarios de Perón intentaron una insurrección contra el gobierno y, bajo el imperio de la ley marcial, el Estado fusiló a un grupo de civiles, supuestamente implicados en aquella insurrección. Walsh —un hombre que había sido, hasta entonces, traductor del inglés y autor de cuentos policiales— escribió esa historia con ritmo y prosa de novela. Cuando fue entrevistado en 1970 por el escritor argentino Ricardo Piglia dijo así: «Un periodista me preguntó por qué no había hecho una novela con eso, que era un tema formidable para una novela; lo que evidentemente escondía la noción de que una novela con ese tema es mejor o es una categoría superior a la de una denuncia con este tema. Yo creo que la denuncia traducida al arte de la novela se vuelve inofensiva, es decir, se sacraliza como arte. Por otro lado, el documento, el testimonio, admite cualquier grado de perfección. En la selección, en el trabajo de investigación, se abren inmensas posibilidades artísticas.» Le pasó a él, les pasa a todos: siempre, ante una buena historia real, alguien señala: «Sería una gran novela.» Como si no agregarle un litro y medio de ficción significara desperdiciar alguna cosa.

Hay, en Latinoamérica, editoriales que dedican colecciones enteras a la no ficción –Aguilar en Colombia, Tusquets en la Argentina–, un premio importante que la premia –y que otorga la Fundación Nuevo Periodismo Iberoamericano–, antologías que la recopilan: *Dios es chileno* (Planeta), *Las mejores crónicas de SoHo* (Aguilar), *Las mejores crónicas de Gatopardo* (Debate), *Crónicas de otro planeta* (Debate), *La Argentina crónica* (Planeta). Y aunque en los periódicos retrocede el espacio para publicarlas, aunque no son tantas las revistas que lo hacen y son pocas las que disfrutan de holguras económicas, hay entusiasmo. Un fervor. Será que, como toda conquista, la conquista de la no ficción latinoamericana es prepotente: por asalto. Y se hace, aunque todo indica que no se puede hacer.

La no ficción latinoamericana hace estas cosas: imposta modos, lenguas, busca metáforas, empieza por el final, termina por el principio, se enreda para después desenredarse, se hace la tierna, la procaz, la estoica, se escribe en presente perfecto, en castellano antiguo, en primera persona, se hace la poética, la minimalista, la muy seria, la barroca. Duda. Prueba. A veces se equivoca. Pero existe: prueba.

El tipo era uno de cuatro sentados a una mesa redonda que versaba sobre el periodismo y la literatura y sus posibles trasvasamientos, roces. Cuando uno de los participantes –periodista– terminó de exponer su método de trabajo y su defensa del periodismo como forma de arte, el tipo pidió la palabra y dijo que lo alegraba que el colega pusiera tanto empeño, pero que estaba siendo un poco exagerado porque, después de todo, la única obligación del periodismo es ser objetivo –dijo eso: ser objetivo– allí donde la ficción exige imaginación fecunda, y que es en la soledad creativa, en la que el autor dialoga con sus fantasmas, donde se ve el verdadero alcance de la palabra arte. El tipo ponía mucho empuje en la palabra «autor» y debía ser, sin duda, un grande en su oficio: alguien que, en su soledad creativa, dialogando con sus fantasmas y en pleno uso de su imaginación fecunda, se había inventado la definición del periodismo: un oficio de grises y notarios. Lo contrario a todo lo que es.

Para ser periodista hay que ser invisible, tener curiosidad, tener impulsos, tener la fe del pescador –y su paciencia–, y el ascetismo de quien se olvida de sí –de su hambre, de su sed, de sus preocupaciones– para ponerse al servicio de la historia de otro. Vivir en promiscuidad con la inocencia y la sospecha, en pie de guerra con la conmiseración y la piedad. Ser preciso sin ser inflexible y mirar como si se estuviera aprendiendo a ver el mundo. Escribir con la concentración de un monje y la humildad de un aprendiz. Atravesar un campo de correcciones infinitas, buscar palabras donde parece que ya no las hubiera. Llegar, después de días, a un texto vivo, sin ripios, sin tics, sin autoplagios, que dude, que diga lo que tiene que decir –que cuente el cuento–, que sea inolvidable. Un texto que deje, en quien lo lea, el rastro que dejan, también, el miedo o el amor, una enfermedad o una catástrofe.

Atrévanse: llamen a eso un oficio menor.

Atrévanse.

Suplemento Babelia, El País, *España, 2010.*

SALVAME

Yo no tengo dios, pero, si tuviera, le pediría: salvame.

Salvame de pronunciar, alguna vez, las frases «porque mi libro», «según mi obra» o «como ya escribí yo en 1998».

Salvame de estar pendiente de lo que digan de mí, preocupada por lo que dejen de decir, horrorizada cuando no digan nada.

Salvame de la humillación de transformarme en mi tema preferido, del oprobio de no darme cuenta, de la vergüenza de que nadie se atreva a advertírmelo.

Salvame de pensar, alguna vez, que en nombre de mi nombre puedo decir cualquier cosa, defender cualquier cosa, ofender a quien sea.

Salvame de creer que un anecdotario personal (mío: de cosas que me hayan sucedido a mí) puede ser el tema excluyente de una conferencia de dos horas o de un seminario de una semana.

Salvame de esperar que lo que escribo –o digo– le importe a mucha gente.

Salvame de traer a colación, en todas las conversaciones de café, en cada sobremesa con amigos, lo que yo escribí, lo que yo hice.

Salvame de traer a colación, en todas las conversaciones de café, en cada sobremesa con amigos, lo que dicen los demás de lo que yo escribí, lo que dicen los demás de lo que yo hice.

Salvame de creer que nadie lo hace mejor que yo. Salvame de la ira contra quienes lo hacen mejor que yo: salvame de odiarlos secretamente y de decir, en público, que son resentidos, mediocres y plagiarios.

Salvame de creer que, si no estoy invitada, entonces la cena, el congreso, el encuentro no son importantes.

Salvame de la confusión de suponer que me recordarán por siempre.

Salvame de la tentación de pensar que lo que escribiré mañana será mejor que lo que escribí ayer. Salvame de la catástrofe de no darme cuenta de que ya nunca más podré escribir algo mejor que lo que escribí ayer (dame la astucia para entenderlo, el valor para vivir con eso y el temple de bestia que se necesita para no volver a intentarlo).

(Salvame de pronunciar, alguna vez, las frases «solo iré si me dan un pasaje en primera clase» y «solo iré si voy con mi marido». Salvame de creer, alguna vez, que mi editor debe ser también mi enfermero, mi mayordomo, mi terapeuta, alguien que tiene la obligación de ir a buscarme al aeropuerto, pasearme por una ciudad desconocida un domingo de sol y atender a mis más íntimos trances en la convicción de que hasta mis más íntimos trances son sagrados.)

Salvame de perder la curiosidad por nada que no sea yo, mi, mío, para mí, por mí, de mí, conmigo, en mí, contra mí, según yo.

Salvame de copiarme a mí misma, de usar siempre el camino que conozco. Salvame de no querer tomar el riesgo, o de tomarlo sin estar dispuesta a que el riesgo me aniquile.

Salvame de la adulación. Salvame de escuchar solo lo que me hace bien, y de despreciar todo lo que no me alaba.

Salvame de necesitar la mirada de los otros.

Salvame de ambicionar el camino de los otros.

No me salves de mí.

De todo lo demás: salvame.

Revista Sábado, El Mercurio, *Chile, julio de 2011.*

TODOS JUNTOS AHORA

El tipo, presentador muy conocido de un canal de noticias argentino, mira a cámara y, en un tono amigable y cómplice, apenas después de las imágenes de una tormenta que se ha llevado varios techos en una localidad del interior, dice: «Agradecemos a Juan Carlos que nos mandó estas imágenes impactantes. Manden sus imágenes, sus videos, sus comentarios. Todos ustedes son, pueden ser periodistas: periodistas ciudadanos.»

Es probable que ser periodista no sea tan difícil como ser físico nuclear, oftalmólogo o profesor de biología. Un periodista es, apenas, alguien que va, mira, organiza el caos aparente y se lo cuenta a quien no ha estado ahí. Para eso, recoge mucho más material del que podrá publicar, contrasta datos, plantea estrategias de acceso, edita, selecciona, duda, vuelve sobre sus pasos y, después, permanece sentado frente a su computadora pasándolo tan bien o tan mal como se lo permitan preguntas tales como ¿logré contar el cuento, está equilibrado, empieza bien, termina mejor, estoy siendo arbitrario, estoy copiando a alguien, me estoy repitiendo a mí mismo? Etcétera. Y aun cuando todos los pasos de ese proceso salgan bien, el resultado no será bueno si el periodista no tiene lo que más importa: una mirada, su punto de apoyo para mover el mundo. Investigar una vacuna para el dengue debe ser mucho más difícil, pero ¿todos podemos ser periodistas? Yo levanto el ruedo de un pantalón y nadie me llama, por eso, diseñadora de modas.

El señor Juan Carlos, que mandó esas impactantes imágenes, no es un periodista (ni creo que quiera serlo). El señor Juan Carlos es un señor que estaba en el lugar indicado en el momento justo, y su aporte espontáneo es valioso (muchos de esos aportes espontáneos ayudaron a resolver crímenes o a descubrir corrupciones), pero decir que es periodista es como decir que meter un pollo en el horno transforma a una persona en chef. ¿El acceso a una herramienta es lo único que se necesita para dominar un oficio? Tener papel y lápiz nunca transformó a nadie en escritor. Tener un piano en casa nunca transformó a nadie en pianista. Sospecho que lo que hace que alguien sea director de cine, pintor, pianista, escritor o chef es otra cosa. Es algo que va más allá de la calidad con que haga lo que hace y que tiene que ver con cómo eso que hace forma parte inseparable de su vida, en cuanto eso que hace le da sentido a todo y permite que el mundo cobre solidez y no se transforme en una bruma líquida, inasible.

Sin embargo, dicen, todos somos periodistas. Como si ser periodistas consistiera tan solo en acercar un poco de información a la fogata global. Hay quienes proponen, incluso, que los lectores intervengan en el proceso previo a la escritura, sugiriéndole al autor cómo investigar el tema, y también después, sugiriéndole al autor cómo escribirlo. Lo contrario –investigar o escribir sin participación de los lectores– sería, desde ahora, un acto elitista.

Qué raro, porque cuando leí *Lolita* no me pareció que Nabokov estuviera cometiendo un acto elitista; cuando leí *Honrarás a tu padre,* de Gay Talese, tampoco; y me pasa lo mismo cuando miro un cuadro de Caravaggio, leo un poema de Idea Vilariño, un libro de no ficción de Juan Villoro o de Martín Caparrós: no encuentro elitismo, sino genialidad, talento, inspiración. «El texto que usted escribe debe probarme que me desea. Esa prueba existe: es la escritura», decía Roland Barthes en *El placer del texto.* No suena tan fácil.

Es posible que los mismos consultores que convencieron a los dueños de los periódicos de que los lectores ya no leen los hayan convencido ahora de que deben anunciar al mundo que lo que los periódicos hacen es algo que, al fin y al cabo, podía hacer cualquiera: solo había que tener con qué. Bien mirado, tiene su lógica: la misma estrategia paradójica que construye medios gráficos para lectores que no leen les dice ahora –a esos no-lectores– que después de todo ellos siempre pudieron ser Capote o Wolfe o Caparrós, solo que, qué bobos, no se habían dado cuenta. Y ahora tienen permiso para serlo (eso, dar permiso, no es elitista) porque ser o no ser periodista no dependía de saber investigar ni de tener una mirada, sino del acceso a la herramienta: internet, el teléfono celular, la camarita.

Claro que no todos los periodistas son buenos, que no todos los lectores son simples recolectores de la realidad y que gente torpe y talentosa hay en todos los ámbitos, pero está más o menos claro que no es de eso de lo que estoy hablando aquí. Estoy hablando de que decir que todos podemos ser periodistas –solo porque se ha facilitado el acceso a algunas herramientas que los periodistas usan– podría ser un argumento engañoso: una forma de la demagogia. El equivalente a decir, por ejemplo, que todos podemos ser filósofos. Después de todo, que yo sepa, para ser filósofo nunca hizo falta mucho más que un cerebro. Y sin embargo.

Revista Sábado, El Mercurio, *Chile, mayo de 2012.*

EL ESTADO DE LAS COSAS

Del 10 al 12 de octubre de 2012, en Ciudad de México, se reunió un grupo de noventa y dos periodistas, en su mayoría latinoamericanos, durante un encuentro llamado Nuevos Cronistas de Indias organizado por la Fundación Nuevo Periodismo Iberoamericano. En el cierre, el escritor y periodista argentino Martín Caparrós resumió lo sucedido durante esos días con un texto en el que puede leerse este párrafo: «Hubo, también –hubo sobre todo–, cruces, propuestas, contactos, más trabajo de redes (...). Somos privilegiados. Hemos decidido hacer el trabajo que nos gusta y, a veces, incluso lo logramos. Hacemos lo que queremos porque hemos decidido tomar el riesgo de hacer lo que queremos.» Cruces, propuestas, contactos, proyectos, privilegio: esas eran las palabras con las que concluía un encuentro dedicado al género que, de este lado del océano –América Latina–, define a piezas periodísticas que utilizan, para contar historias reales, herramientas estilísticas de la ficción. Un género que, después de sobrevivir durante mucho tiempo en un puñado de revistas empeñosas (*El Malpensante, Gatopardo, SoHo, Etiqueta Negra,* poco más), y de recibir la más plena indiferencia por parte de los medios grandes, atraviesa, desde hace cinco o seis años, un momento mejor, con páginas web, revistas y libros que lo publican, académicos que lo estudian y seminarios que lo analizan. En el encuentro mexicano se habló de la historia de la crónica, de los temas de los que de-

111

bería ocuparse y no se ocupa la crónica, de los temas de los que sí se ocupa y de los que haría mejor en dejar de ocuparse, de para qué sirve la crónica, de si sirve la crónica, de los problemas financieros de la crónica. El mayor de los peligros mentados fue que el género, cuya naturaleza es marginal, se volviera un género de moda. La palabra «crisis» no fue, en absoluto, el centro de la discusión.

Y pienso en octubre en México y recuerdo –inevitablemente– septiembre en Madrid. Todavía hacía calor. Terminaba en el Thyssen una muestra de Edward Hopper, había huelgas de metro, se moría Santiago Carrillo, renunciaba Esperanza Aguirre, y aún quedaban algunos medios de comunicación grandes –ahora ya no– que no habían hecho despidos masivos de personal. En esos días hablé con unos veinte periodistas de distintas edades y medios y todos –todos– antes o después me hicieron la misma pregunta: «¿Cómo ves el futuro de la profesión, qué piensas de la crisis que atraviesa?» Pero no había más que mirarles la cara para entender que no necesitaban la respuesta porque ellos ya tenían la suya: no le veían, a esto, futuro de ningún color, y pensaban que la crisis era, sin dudas, terminal.

Son tiempos raros. Los medios buscan la manera de enfrentarse al mundo digital, a las exigencias de velocidad y a la caída de las ventas y, como una forma de solución a esos –y otros– problemas, los periodistas deben salir a la calle a hacer diez artículos por día munidos de grabadora, tablet, teléfono móvil y cámara de fotos (aun cuando es obvio que nadie puede tener una estupenda prosa y, además, sacar estupendas fotos y, además, escribir estupendas frases de ciento cuarenta caracteres y, además, tener un estupendo blog) mientras, al mismo tiempo, se promueve la idea del periodismo ciudadano, que consiste en decirle a todo el mundo que eso que los periodistas hacen lo puede hacer cualquiera. Hace unos meses, en una entrevista con el diario colombiano *El Espectador,* el escritor y periodista Juan Cruz Ruiz decía: «Hay un riesgo enorme de creer que las redes sociales son el periodismo. (...) Todo se puede comunicar, pero todo lo que se comunica no es periodismo. (...) El perio-

dismo actual bueno es el periodismo bueno del pasado.» El encuentro de México estaba centrado en un género periodístico
que, más que nunca, parece un género del pasado. Una crónica
es, por definición, lo opuesto a la noticia, y un cronista es, por
definición, alguien que llega tarde, que se toma tiempo para ver
y más tiempo para contar eso que vio. La crónica no es ni el
único género que necesita el periodismo ni, mucho menos, su
género mejor. Pero, pensando en octubre en México y en septiembre en Madrid, me pregunté por ese contraste raro: a un
lado del mar un grupo de periodistas se reúne para discutir con
entusiasmo acerca de eso que su precámbrico oficio hasta hace
poco no tenía –porvenir– mientras, al otro lado del mar, un
grupo de periodistas se pregunta con angustia acerca de eso que
su oficio ultra moderno parece no tener: porvenir. Y no pude
llegar a ninguna conclusión, pero pensé que, quizás, haya alguna pista para desentrañar tamaño intríngulis en el hecho de
que, para los periodistas latinoamericanos, el futuro incierto y
la crisis no son una consecuencia del avance de lo digital ni de
los cambios de rumbo de los medios, sino algo con lo que han
convivido siempre: para ellos, la precariedad no es una consecuencia de los nuevos usos, sino algo que siempre estuvo allí.
Creo que no sería aventurado decir que la mayor parte de los
periodistas que se reunieron en México tiene más de un trabajo.
A veces, cinco. A veces, diez. Y creo que tampoco sería aventurado decir que durante los últimos años esos periodistas han hecho lo que hicieron –dirigir revistas de crónicas, escribir crónicas– con lo único que tenían a mano: la tozudez y la convicción
de que dar cuenta de una realidad compleja valía la pena. Y que
lo han hecho con la complicidad de sus editores y, otras veces, a
pesar de ellos; con la complicidad de los grandes medios y, otras
veces, a pesar de ellos; con buenas compensaciones económicas
y, otras veces, a pesar de sus cuentas bancarias. Y todo indica
que lo seguirán haciendo, ahora y siempre, más allá de modas,
intereses, indiferencias, crisis, porque, de hecho, lo vienen haciendo desde hace años, con antigua insistencia carpintera, y a
pesar de modas, intereses, indiferencias, crisis.

Daniel Titinger es un periodista peruano. Fue, durante dos años, editor de una revista de crónicas en su país, llamada *Etiqueta Negra,* donde cobraba un sueldo de trecientos dólares. Para poder seguir en la revista trabajaba, al mismo tiempo, como relacionista público de una empresa de energía. Titinger, que ahora trabaja en un grupo de publicaciones masivas y sigue escribiendo crónicas como y cuando puede, decía, hace un año: «Yo tengo un trabajo que implica doce horas al día, y aun así quiero seguir contando historias. Escribir una crónica te provoca estrés, no duermes, te obsesionas, pero es lo que te hace feliz. Y no escribes por dinero ni por fama. Escribes para no estar triste.» Lo decía Atticus Finch en la novela *Matar a un ruiseñor,* de Harper Lee: «Uno es valiente cuando, sabiendo que la batalla está perdida de antemano, lo intenta a pesar de todo y lucha hasta el final, pase lo que pase. Uno vence raras veces, pero alguna vez vence.» Quizás esa fue la forma que algunos periodistas latinoamericanos encontraron para hacer lo que hacen: saber que lo mejor que pueden esperar es el peor de los escenarios posibles y, aun así, ejercer la insistencia hasta el final. Y entonces, alguna vez, vencer.

Suplemento Babelia, El País, *España, 2012.*

MÚSICA Y PERIODISMO

La sala no es muy grande y está en penumbras. Unas veinte personas permanecen en silencio. No toman notas: miran. No cuchichean: miran. Un dedo de luz galáctica brota de un proyector y se estrella en la pantalla, que tiembla como un párpado flojo. Allí, en la pantalla, un hombre joven y otro no tan joven tocan el piano. O mejor: el hombre joven toca una sonata de Beethoven y, cada tanto, el hombre no tan joven lo interrumpe y dice cosas como esta: «El primer sonido es importante: es el que rompe el silencio, y debe quedar muy claro cuándo termina el silencio y cuándo comienzas tú.» Entonces el hombre joven vuelve a tocar y la primera nota ya no es una nota, sino una sustancia venida de otro mundo que se clava en las encías de las paredes mudas y las hace añicos.

En la sala no muy grande y en penumbras todos continúan en silencio. No toman notas: miran. No cuchichean: miran. En la pantalla, el pianista joven arremete con otro pasaje y el no tan joven interrumpe y dice: «Ten cuidado: debes obtener un sonido que no sea solo color, sino también sustancia.» Entonces el pianista joven vuelve a tocar y las notas son pequeños ríos radiactivos que se hinchan bajo sus dedos: mundos con respiración y muerte y luz y oscuridades.

En la sala no muy grande y en penumbras todos continúan en silencio cuando el pianista joven emprende un crescendo y el no tan joven le dice que no, que así no, que debe «tener el coraje de hacer el crescendo como si fueras a saltar y, en el último momento, como en el precipicio, no saltas». Pero entonces, en la sala en penumbras, un hombre se remueve, incómodo, y murmura algo que es claramente una queja y dice que no entiende:

—No entiendo —dice.

Porque él es periodista y está allí –dice– para hacer un seminario de escritura creativa y periodismo, y no entiende –dice– qué tiene que ver *esto* con el periodismo, donde *esto* quiere decir la música: eso que sucede en la pantalla: una clase magistral del músico argentino Daniel Barenboim. Una clase que el hombre no entiende.

—No entiendo cómo algo de todo esto puede servirme para escribir mejor —dice, y se levanta, dos grados por encima de la indignación; y empieza a irse, enfurecido por la pérdida de tiempo; y se va, iracundo porque a quién se le ocurrió; y desaparece, embravecido porque esto es periodismo: porque esto es periodismo y entonces ritmo y entonces tono y entonces forma no aportan, a lo que se dice, nada. Porque esto es periodismo y no hay diferencia entre romper el silencio de una página con una sustancia gris o con un tajo inolvidable. Porque esto es periodismo y tampoco hay relación entre el coraje necesario para tocar un crescendo y el que hace falta para guiar a un lector hacia el centro donde, como una angustia lejana, como una enfermedad antigua, late la semilla de una historia. Porque esto es periodismo y, entonces, da lo mismo escribir un texto herido –un río de sustancia radiactiva– o unos cuantos párrafos retráctiles: viscosos. Porque esto es periodismo y no hay por qué tomarse todo ese trabajo si se puede –con menos sudor, con menos riesgo– ser un notario.

No un periodista: un funcionario de la prosa.

Suplemento Babelia, El País, *España, 2008.*

POESÍA EN EL TELÉFONO

Voy por la casa, miro cosas. Todo me parece exquisito y banal. Esas tarjetas de viajero frecuente que no me sirven para nada –de Iberia, de Avianca, de LATAM, de Aeroméxico–, esa ropa y esos accesorios que ahora no tengo dónde usar: el suéter de angora color tiza, los especímenes de insuperable charol y tacos altos, la pequeña cartera roja como una perla de sangre. Reviso sin amargura. Solo miro. Me siento vacía y limpia. Todo está ahí y yo no estoy en ninguna parte. Esta tarde fui al médico. Me dijo: «Sos muy sana.» Hubo sol aunque hizo frío, el médico me ungió de salud: fue un día bueno. Pero a las seis de la tarde se tornó majestuoso. Yo llevaba mucho tiempo recordando brumosamente el comienzo de la *Ilíada* tal como lo recitaba, en tono medido y emocionante, mi profesor de griego en la universidad. Marilena De Chiara es una traductora y profesora italiana que reside en Barcelona. Lee y traduce griego antiguo y, antes de ir al médico, cometí una imprudencia. Le hice llegar a través de su pareja, el escritor Jorge Carrión, un pedido tímido: si podía grabarme los primeros versos de la *Ilíada* en el idioma original. Era una petición extraña, por fetichista. Pero, cuando regresé a mi casa, encontré tres mensajes suyos. Era una lectura métrica, en griego, de los primeros versos del proemio de la *Ilíada*. Y seguía, a eso, la lectura de los mismos versos en italiano según la traducción realizada por Vincenzo Monti en 1810 (y la explicación, corta y precisa, de por qué los había grabado). Y seguía, a eso, la lectura métrica, en griego, de los primeros versos de la *Odisea*. Y seguía, a eso, la lectura de los mismos versos en inglés según la traducción realizada por Alexander Pop en 1725 (y la explicación, corta y precisa, de por qué los había grabado). Y seguía, a eso, la lectura en italiano de parte del canto 26 de la *Divina Comedia* del Dante (y la explicación, corta y precisa, de por qué lo había grabado). Era una artesanía imponente: del griego al italiano y al inglés, la voz de Marilena De Chiara, con una pronunciación honda y lacustre, trabaja sobre los versos extrayendo cosas que estaban más allá de su significado. Escuché las grabaciones muchísimas veces. Y ahora soy una persona gigante. Por eso vago por la casa mirando cosas: porque no sé qué hacer con todo esto. Podría ofrecer pedazos. Dilapidar. A veces me preguntan: «¿Suele leer poesía?» Es como si me preguntaran: «¿Suele respirar?» Leo poesía todos los días pero solo a veces, cuando un verso se incrusta y se expande en el cuerpo, me produce esta sensación colosal: la de no estar ahí, la de ser la perfecta otra cosa. La poesía, cuando acontece, es el fuego. Yo había pasado buena parte de la mañana leyendo poemas de Kay Ryan («Pueden oír el cielo, pero piensan que está hervido o quebrado»); de Herberto Hélder («Por más leve que sea una tetera o una taza, / todos los objetos están locos»); de Mary Oliver («Todo lo que estaba roto se / olvidó de estar roto»), y escuchando una conversación entre el crítico literario norteamericano Michael Silverblatt y la poeta canadiense Anne Carson. Él habla como si fuera a caer dormido y enarbola teorías extensas –preciosas– que solo a veces toman la forma de preguntas. Eso suele irritarme pero esta vez me pareció encantador. Carson permanece simple y altiva, distante, indulgente. Usa botas tejanas rojas, el pelo lacio sin decoraciones. Es una mujer helada, una vestal plebeya en la que se adivina un desprecio lleno de sentido del humor. Responde corto, dice sí, qué bien, bingo (sí, dice «bingo»). Es la más inteligente entre nosotros, y lo sabe. Hace poesía inmóvil, con la actitud de una grulla. Y al final del día que era un buen día, la voz de Marilena De Chiara leyendo con su cadencia bruñida versos de siglos pa-

118

sados hizo que los poemas de la mañana, la imagen de Anne Carson como un galgo quieto, la *Ilíada* y la *Odisea* y la *Divina Comedia,* se amalgamaran en un haz de lava. Y por un momento entendí. ¿Qué? Todo. Entre otras cosas, que hay que escribir para que cada palabra soporte el peso de las que no están. Para vaciar la página de peso. Mañana voy a olvidarlo, pero ahora el mundo es un sitio extraordinario. Y la poesía mi maestro, mi ajenjo en este apocalipsis.

Publicado originalmente en El País Semanal, *de España, el 5 de septiembre de 2021.*

119

LISTAS

A veces hago listas. Hice esta:

Cuidar un jardín ayuda a escribir.

Mirar por la ventana ayuda a escribir.

Viajar a un sitio en el que no se ha estado antes ayuda a escribir.

Conducir por la ruta un día de verano ayuda a escribir.

Escuchar a Miguel Bosé, a veces, ayuda a escribir.

Ducharse un día de semana a las cuatro de la tarde ayuda a escribir. Ir al cine un día de semana, a las dos de la tarde, ayuda a escribir.

No tener nada que hacer no ayuda a escribir.

Estar un poco infeliz, a veces, ayuda a escribir.

Correr ayuda a escribir.

Escuchar a Gravenhurst y a Calexico ayuda a escribir. Escuchar una –una– canción de Chavela Vargas puede ayudar a escribir.

Ir a una fiesta no ayuda a escribir, pero levantarse al día siguiente a las tres de la tarde, comer un sándwich de jamón crudo y empezar la jornada cuando los demás la terminan ayuda a escribir.

Hacer doscientos abdominales ayuda a escribir.

Tener miedo no ayuda a escribir.

Que haya viento no ayuda a escribir.

Que no haya nadie en la casa ayuda a escribir.

Leer a Idea Vilariño ayuda a escribir. Leer a Claudio Bertoni ayuda a escribir. Leer la introducción a *Cantos de marineros en las pampas,* de Fogwill, ayuda a escribir.

Leer listas («vi a los sobrevivientes de una batalla, enviando tarjetas postales, vi en un escaparate de Mirzapur una baraja española, vi las sombras oblicuas de unos helechos en el suelo de un invernáculo, vi tigres, émbolos, bisontes, marejadas y ejércitos, vi todas las hormigas que hay en la tierra, vi un astrolabio persa», listaba Borges en *El Aleph)* ayuda a escribir.

Leer *El libro de la almohada,* de Sei Shōnagon, ayuda a escribir.

Limpiar la casa ayuda a escribir. Preparar dulces ayuda a escribir.

Que sea domingo –o feriado– no ayuda a escribir.

Realizar tareas manuales –pintar, lijar, construir algo pequeño con clavos y madera– ayuda a escribir. Levantar un ruedo ayuda a escribir. Comprar una planta y cambiarla de maceta una tarde sin brisa ayuda a escribir.

Mirar fotos viejas no ayuda a escribir, pero volver a la casa de la infancia ayuda a escribir.

Leer este fragmento del escritor norteamericano Barry Hannah ayuda a escribir: «Yo venía de malgastar la mitad de mi vida inoculando poesía en mujeres no aptas para la poesía. Yo, que nunca amé salvo demasiado. Yo, que golpeé contra las paredes del tiempo y del espacio las horas suficientes, así que no tengo que mentir. Pero había algo en ella que hablaba de exactamente las cosas: de exactamente las cosas. Daba esperanza. Daba sudor helado. Era cruda como el amor. Cruda como el amor.»

Leer la carta en la que el fotógrafo chileno Sergio Larraín le da a su sobrino consejos para tomar fotografías y en la que dice, entre otras cosas, «uno se demora mucho en ver» ayuda a escribir.

Viajar no siempre ayuda a escribir. Regresar no ayuda a escribir. Pero moverse ayuda a escribir.

Mirar fotos de André Kertész ayuda a escribir. Mirar fotos

de Alessandra Sanguinetti, en especial su trabajo llamado *Las aventuras de Guille y Belinda y el enigmático significado de sus sueños,* ayuda a escribir.

La voz en off de Bruno Ganz, repitiendo «Cuando el niño era niño», en la película *Ángeles sobre Berlín (El cielo sobre Berlín),* de Wim Wenders, ayuda a escribir.

Escuchar canciones infantiles (de María Elena Walsh) ayuda a escribir.

Pensar en otra cosa ayuda a escribir.

Exagerar ayuda a escribir.

No darle importancia ayuda a escribir.

Escribir ayuda a escribir.

Por lo demás, ya dijo Faulkner: 99 % de talento, 99 % de disciplina, 99 % de trabajo.

Revista Sábado, El Mercurio, *Chile, enero de 2012.*

LEER PARA ESCRIBIR

No importa decir dónde, no importa decir cuándo. Importa decir que fue hace un tiempo, que fue mientras dictaba un taller de periodismo, y que fue así: en un momento, a colación de no sé qué cosa, menté esta frase: «Todas las familias felices se parecen, pero las infelices lo son cada una a su manera.» Y alguien dijo: «¡Qué buen aforismo!», y varios –quizás todos, no quiero recordar– coincidieron. Entonces, empecé a preguntarles qué leían.

El «aforismo» es uno de los arranques más famosos de la literatura (el comienzo de *Anna Karénina,* de Lev Tolstói); los participantes del taller, periodistas en ejercicio; y las respuestas a mi pregunta –qué leen– estas: revistas, el diario, libros de periodismo de investigación. No me asombró, porque suelen ser parecidas en casi todas partes, pero yo, por las dudas, siempre insisto. ¿Saben quién es Richard Ford? No. ¿Dostoievski? Sí (pero no lo han leído). ¿Houellebecq, que podría interesarles por retorcido? No (y suelen no saber quién es). ¿El diario de Pavese, cuando eran jóvenes y morían de amor? Ni idea. ¿Contemporáneos absolutos: Proulx, Tyler, Franzen, Moore? Lo mismo podrían ser marcas de antiinflamatorios. Los más enterados conocen a Bukowski, a Salinger, a Cheever, y los presumen como si los hubieran descubierto. Y es raro porque, si uno escribe, el más perogrullesco de los axiomas manda que es porque ha empezado por leer. Y es más raro aún porque, si uno escribe, es, en general, porque siente el impulso insolente, y al mismo tiempo incontenible, de replicar el virus implantado –en uno– por los libros que leyó. Puede fallar, claro. Y, de hecho, falla. Porque muchos periodistas (al menos de los que hacen periodismo escrito: quizás los periodistas de televisión lean muchísimo) no leen. O leen el diario, las revistas, los libros de periodismo de investigación. Pero no novelas, pero no cuentos, pero no poesía. Y ese malentendido (que es posible escribir buen periodismo leyendo solo periodismo) ha logrado traficarse con éxito y aceptarse como natural, al punto que casi ningún programa de estudios de la carrera incluye un plan de lecturas de ficción o de poesía (y, a decir verdad, tampoco un plan de análisis de otros lenguajes narrativos –de ficción o no ficción– como el cómic, el cine, el documental, la música, la dramaturgia, la pintura o la fotografía, cuando es tan evidente que ningún oficio creativo es endogámico: que, por decir algo, los artistas plásticos, además de mirar las pinturas que pintan otros, leen novelas; o que los músicos, además de escuchar los discos que graban otros, van al cine; o que los escritores de ficción, además de leer los libros de ficción que escriben otros, asisten a muestras de fotografía). Muy por el contrario, los planes de estudio suelen incluir el análisis de la obra de autores de no ficción, como Truman Capote, Rodolfo Walsh, Martín Caparrós, Ryszard Kapuściński, asumiendo que ellos han construido su obra nutriéndose *solo* de lecturas del periódico, las revistas y los libros de investigación. La mala noticia –¿de verdad hay que decirlo, no es tan obvio?– es que no se llega a escribir como ellos leyendo *solo* el periódico, las revistas, los libros de investigación. Claro que tampoco se llega a escribir como ellos *solo* leyendo cuentos, novelas o poesía, pero por algo se empieza y no está mal empezar por la parte inexcusable del asunto. Leer ficción, entre otras cosas, adiestra el oído, desarrolla el sentido del ritmo, ayuda a encontrar un estilo propio, produce humildad y omnipotencia –y, por tanto, ganas de escribir–, y un etcétera largo en el que no es menor el hecho de que fortalece el buen gusto y sirve para no creer que uno ha inventado el paraguas cuando el paraguas lo han inventado otros cien años ha. Por supuesto que leer el periódico –y las revistas y los libros de investigación– es bueno, pero, así como un director de cine documental no prescindiría de conocer la obra de Wes Anderson, o Miloš Forman, o Stanley Kubrick (porque, además, ¿qué suerte de malsana indiferencia haría que alguien dedicado al cine –documental o no– no sintiera ningún interés por la obra de directores como esos?), no parece buena idea creer que, para ser periodista, con leer periodismo es suficiente.

Lo que sé, que no es mucho, lo aprendí –entre otras cosas– leyendo a autores de ficción y de poesía, exponiéndome a la economía de recursos de Idea Vilariño, a la parquedad asesina de Lorrie Moore, a la severidad marcial de Fogwill, a la sensualidad desencantada de Scott Fitzgerald, a la hemorragia argumental de John Irving, a la tristeza tenue de Ethan Canin, a los rulos barrocos de Bryce Echenique, a la crudeza desencajada de A. M. Homes. Quizás por eso siempre me resulta difícil comprobar que muy pocos periodistas pueden decir quién fue John Steinbeck, quién es Jeffrey Eugenides, o qué novela comienza con la frase «Pueden llamarme Ishmael». Y quizás por eso, cada vez, me pregunto qué suerte de malsana indiferencia hace que alguien dedicado a escribir –ficción o no ficción– no sienta ningún interés por la obra de autores como esos. Querer escribir y no querer leer no solo es un contrasentido. Querer escribir y no querer leer es una aberración. Es, sin salvar ninguna distancia, como ser periodista y no tener curiosidad.

Revista Sábado, El Mercurio, *Chile, febrero de 2012.*

LOS EDITORES QUE SABEMOS CONSEGUIR

En el mes de diciembre de 2010, la revista colombiana *El Malpensante* publicó una columna firmada por la editora chilena Andrea Palet, titulada «Brevísimo manual para jóvenes editores». La columna era, a la vez, una clase magistral, una declaración de principios y un repaso implacable del oficio de editor. En uno de sus primeros párrafos decía: «El trabajo conjunto con un autor –el corte, pulido, escarmenado y musicalización de un original, la paternidad de las ideas, la organización de un conocimiento para transmitirlo por escrito– es de una intensidad y una intimidad tales que, como los secretos de familia, se resiente al ser expuesto a la luz del día.» Releyéndola por vez número mil pensé que, si bien podrían escribirse varios volúmenes en torno a las desesperantes actitudes de nosotros, los periodistas –el exceso de ego, la pereza, el engreimiento, etcétera–, podría hacerse lo mismo en torno a las desesperantes actitudes de nosotros, los editores, e imaginé esta improbable –pero, sobre todo, incompleta– clasificación:

– El editor épico: «Quiero que vayas y me cuentes una historia sobre la miseria humana, sobre la lucha del hombre contra la máquina, sobre la suciedad del alma y la búsqueda de la purificación.» «Pero... es una nota sobre una fábrica de lavarropas.» «No importa. Igual.»

– El editor que no sabe lo que quiere: «Lo veo como una gran historia sobre São Paulo, un *spaghetti western* en portugués.

126

Pero también podría ser la pequeña historia de una sola persona. ¿Y si lo hacés de todo Brasil? Conozco a un tipo que vive en Recife. Labura en una ONG de chicos de la calle. ¿O era con los grupos de samba en Bahía? Vos llamalo. Seguro que te da una mano.» Lo que uno se pregunta es: ¿una mano con qué?

– El editor que habría querido escribir el artículo: «Acá poné una metáfora. Lo que dice este personaje intercalalo con una descripción del ambiente. Sacá las esdrújulas, que no me gustan. Y las frases: que no sean tan cortas.»

– El editor que, para todo, necesita tomarse un café con el autor: «Tu texto tiene muchas comas. ¿Tomamos un café y lo conversamos?»

– El editor que, más que encargar una nota, encarga una teoría: «El hastío vital, ¿no? La fatiga, la frustración. El conflicto que subyace en las relaciones de hombres y mujeres.» «¿Pimpinela? ¿Te parece?» «Sí, totalmente.»

– El editor que quiere que el periodista fracase: «Antes de empezar, leé lo que escribió Tom Wolfe sobre eso. Nadie jamás va a poder escribir algo parecido. Pero, bueno..., hacé lo que puedas.»

– El editor que escribió hace años sobre el tema y cree que el mundo no se ha movido desde entonces: «¿Por qué no hablaste con Fulano? Ah, ¿se murió? ¿Y Zutano? ¿Se mudó a Suecia? Entonces tendrías que verlo a Mengano. ¿Preso? No te puedo creer.»

– El exagerado: «¿Esta información está chequeada?» «¿Qué información?» «Acá, donde dice *En el Jardín Botánico de Buenos Aires hay cientos de gatos.* ¿Estamos seguros de que son cientos y no miles, hay un organismo que pueda respaldar la cifra, tenemos tres fuentes que lo avalen?»

– El bipolar: «Hola. Sí, soy yo. Te llamaba porque estuve pensando y ya no me parece tan interesante el tema que me propusiste. Sí, ya sé que te dije que sí y que estaba muy entusiasmado, pero ahora lo veo medio remanido. ¿Cómo que ya empezaste? ¿Cuándo? ¿Dos meses atrás? ¿Hace tanto tiempo que no hablamos?»

– El dubitativo: «Me gustó tu nota, pero tiene un problema, no sé...» «¿No se entiende, no está bien escrita, no tiene información?» «No, de hecho es clara, está bien escrita, bien investigada. Pero es como si no fuera lo que yo esperaba. O a lo mejor el problema es que es exactamente lo que yo esperaba. ¿Será eso? ¿Vos qué decís?»

Y están, también, los grandes editores. Los que no hacen –nunca– ninguna de todas esas cosas. Los que te piden lo imposible, porque saben que volverás con algo mejor de lo que imaginaron, y esa idea los llena de entusiasmo y de gozo. Los que te enseñan a arrojarte, una y otra vez, jadeando como un sabueso enfermo, tras los pasos del texto perfecto aunque sepan –porque ya estuvieron allí y volvieron para *no* contarlo– que ese es un grial que siempre quedará más lejos. Te hacen sentir menos solo, pero infinitamente más aterrado (porque descubrís, con ellos, que hay muchas maneras de no hacerlo bien, y que hacerlo bien es tan difícil). Son generosos, porque ya hicieron lo suyo (y no necesitan demostrarle nada a nadie), y nobles, porque quieren que brilles: quieren que te vaya bien. Sus palabras operan en vos como una epifanía (y por eso son cuidadosos con lo que te dicen y no trafican comentarios ofensivos disfrazados de comentarios ingeniosos), y esperan que tomes riesgos: que intentes rechinantes piruetas en el aire (mientras ellos, llenos de orgullo, te miran danzar en el círculo de fuego). Y un día –esa es su mejor marca– desaparecen. Y si hicieron bien su trabajo, pasarán los años y llegarás a creer que hiciste todo –todo– solo. Y olvidarás sus nombres, y olvidarás también lo que te hicieron: lo que te ayudaron a hacer. Andrea Palet lo escribió así: «Sé una digna sombra. La cualidad número uno del editor respetable es la capacidad de quedarse inmensamente callado. Responsabilidad, tacto, oído y un punto de vista personal son indispensables también, pero, precisamente porque cuesta mucho, saber quedarse callado tiene un punto de decencia o nobleza añadido, si es que le atribuimos nobleza a la dificultad. Es duro ser una sombra, y ni siquiera eso te lo van a agradecer, pero si eres editor es porque te gustan los libros, leerlos, tocarlos, rodearte de ellos, pensarlos, crearlos: bien, esa y no otra ha de ser tu callada recompensa.»

Sé –cuando te toque– una digna sombra. Amén.

Revista Sábado, El Mercurio, *Chile, marzo de 2013.*

ATERRADOR

Hay días así.

Los largos días en los que no sucede nada.

En los que caminás por la casa abriendo y cerrando cajones sin ver –ese minucioso paisaje de hilos y botones, de tenedores, de pelusas, de camisetas bien dobladas– lo que hay adentro.

Los largos días en los que nadie te escribe –aunque te escriban todos–; los largos días en los que nadie te llama por teléfono –aunque te llamen tantos.

Los largos días en los que pensás en tus amigos –que te rompieron el corazón–, en los amores que tuviste –a los que les rompiste el corazón–, en el amor que tenés. Y que quizás te esté rompiendo el corazón. Y nada te conmueve.

Pero todo lo que te toca te destroza: el aire celeste de un día tibio, la calma aparente del mundo, el saludo del chino en el supermercado, la pregunta: «¿Cuánto va a llevar?», la pregunta: «¿Vamos al cine?»

Mirás la pantalla de tu teléfono celular durante quince minutos, te preguntás: «¿Cuándo terminará esto?» Mirás las marquesinas de las tiendas durante un largo viaje en taxi mientras pensás profundamente en otra cosa, aunque no sabés en qué. En el supermercado, das vueltas por el sector de los lácteos, sin entender qué hacés ahí (no comés lácteos), y sin poder irte.

Hay días así.

Los largos días en los que no sucede nada.

Leés el poema tremendo de Claudio Bertoni —«piensas que despertar te va a aliviar / y no te alivia / piensas que dormir te va a aliviar / y no te alivia / piensas que el desayuno te va a aliviar / y no te alivia / piensas que el pensamiento te va a aliviar / y no te alivia»— y leer el poema no te alivia.

Pensás en tu padre —que te contaba historias— y en tu madre —que no te contaba nada—, y aunque tu padre está lejos, y aunque tu madre está muerta, nada te conmueve.

No hay buen ni mal humor. Solo vos, como una caja vacía.

Mirás largamente por la ventana y tenés la sensación de que hacés eso por primera vez, de que podrías hacer eso —solo eso— por siempre.

Te envuelve una cáscara brumosa, las escaras terminales de un desánimo molecular.

Hasta que esa cosa insalubre, dañina, ese calambre, ese pálido fuego llega.

Quizás le sucedió a Alejandro Zambra cuando escribió el comienzo perfecto de su novela *Bonsái:* «Al final ella muere y él se queda solo, aunque en realidad se había quedado solo varios años antes de la muerte de ella, de Emilia. Pongamos que ella se llama o se llamaba Emilia y que él se llama, se llamaba y se sigue llamando Julio. Julio y Emilia. Al final Emilia muere y Julio no muere. El resto es literatura.»

Quizás le sucedió a Melville, cuando escribió el comienzo perfecto de su novela *Moby Dick:* «Pueden llamarme Ishmael.»

Quizás le pasó a Héctor Viel Temperley, cuando escribió el primer verso perfecto de su poema *Crawl:* «Vengo de comulgar y estoy en éxtasis / aunque comulgué como un ahogado.»

Un comienzo. Algo que llega desde un sitio al que nunca se puede ir a buscar nada porque no se sabe dónde está. Un sitio vedado del que, cada tanto, se desprende una frase como un trance —un trance como una voz— y te muestra la diferencia entre ella y todo lo demás —entre su voz y todas las demás— y olvi-

131

dás tus berridos de dolor mudo y el pánico acolchado de todos esos días y el aire vuelve a ser el aire, y el tiempo vuelve a ser el tiempo, y todo vuelve a estar en orden.

Es aterrador.

Revista Sábado, El Mercurio, *Chile, mayo de 2011.*

ACERCA DE ESCRIBIR

–No disfruto –dice la chica, entre la sonrisa sicótica y la desesperación–. Cuando escribo: no disfruto. Lo paso mal, me trabo, no sé para dónde ir.

–¿Y por qué pensás que tendrías que disfrutar? –le pregunto.

–Bueno, la gente que escribe dice que lo pasa bien.

Hay, con la escritura, un equívoco inexplicable: la idea de que es –o debería ser– una experiencia fabulosa. Quizás porque las herramientas para hacerlo –las palabras– están más o menos al alcance de todos, escribir parece mucho más fácil que tocar la trompeta. La frase «Yo, con mi vida, tendría que escribir un libro» no encuentra su correlato en otras artes: «Yo, con mi vida, tendría que componer un madrigal.» La escritura parece fácil (y, en algún sentido, lo es: solo se trata de elegir palabras y de combinarlas para producir un efecto inconfundible) y, como parece fácil, se supone que es algo que deberíamos disfrutar (como tomar helados o tendernos al sol). Por eso, cuando un periodista se sienta por primera vez a escribir un artículo de varias páginas –con un clima, una voz propia, una mirada: eso que llamamos periodismo narrativo– y descubre que tiene ochenta veces más material del que puede usar y cinco estructuras posibles allí donde solo tendrá fuerzas para llevar adelante una, se desbarranca por la pendiente de la desesperación y comprende que ha sido estafado hasta las rótulas. Que todas esas películas en las que los periodistas teclean el artículo de la portada del domingo en la media hora que les queda libre entre un martini y un revolcón son la más abyecta mentira. La realidad es bastante más mediocre: la primavera agita sus alas ahí afuera y, adentro, sumergido en dos metros de papeles, el periodista es arrojado al vértigo primero, el pánico después, al aburrimiento más tarde y, de allí, al parque más cercano, donde, golpeándose el pecho, preguntará al sol, al cielo y a las nubes: «¿Por qué, por qué, por qué no disfruto?»

Pasarlo mal cuando se escribe no es la regla (mucha gente siente enorme placer al hacerlo y lo hace rápido y asquerosamente bien), pero, en todo caso, sucede, y no estaría de más dedicar algún tiempo a hablar del asunto para desactivar toda expectativa acerca de que escribir buen periodismo sea el arte de combinar una Mac Air con un par de horas libres. En todo caso, pasarlo mal no es la regla, pero pasarlo bien tampoco: cada quien debería encontrar su método, el punto justo de presión, encierro, asfixia o ausencia de todas esas cosas en el que la producción fluya mejor. Pero, yendo más allá, el punto es que no importa. Disfrutar o no disfrutar: no importa. Disfrutar no debería ser la aspiración de alguien que escribe. Uno escribe para ordenar el mundo, o para desordenarlo, o para entenderlo, o porque si no lo hace le da tos, o porque, como decía Fogwill, «es más fácil que evitar la sensación de sinsentido de no hacerlo». Pero no escribe para disfrutar. Disfrutar es un verbo que se lleva mejor con otras actividades. A mí, lo dije muchas veces, no me gusta escribir. Me gusta, a veces, el resultado. El periodista colombiano Alberto Salcedo Ramos acaba de publicar, con enorme éxito en su país, un libro fabuloso llamado *La eterna parranda* (Aguilar), que recopila algunas de sus mejores crónicas. Una de ellas es la que da título a la antología: un extenso perfil del cantante de vallenatos Diomedes Díaz que le tomó años investigar y semanas escribir. Después del encierro salvaje que se impuso para terminar ese texto, Alberto Salcedo Ramos, respondiendo a una consulta por otra cuestión, me escribió un mail espeluznante –no porque contara nada espeluznante, sino por el espeluznante sentimiento de identificación que provocaba al leerlo– dándome algunos detalles muy discretos acerca de cómo había transcurrido ese encierro. El mail terminaba así: «Ahora me siento feliz de haberlo hecho, pero hace tres días me consumía la angustia. Por eso siempre cito esta frase de una escritora venezolana cuyo nombre no recuerdo ahora: odio escribir, pero amo haber escrito.» Otro periodista, el peruano Daniel Titinger, autor de un libro llamado *Dios es peruano* (Planeta, 2006), respondiendo a una pregunta acerca de cómo armaba la estructura de sus textos, me decía, entre otras cosas, esto: «Luego de investigar tengo (...) que pasarlo al papel. Y aquí empiezan los problemas, porque te confieso que no me gusta escribir. Odio escribir. Siento que escribir es como correr una maratón: se sufre demasiado mientras se corre, pero llegar a la meta es lo más hermoso que hay en la vida. Escribo, entonces, para terminar de escribir.»

En enero de 2011 la revista dominical del diario *El País,* de España, convocó a varios escritores para que respondieran a la pregunta «Por qué escribo». «Escribo –respondió el español Juan José Millás– por las mismas razones que leo, porque no me encuentro bien.» Pocas veces una respuesta ha sido más salvaje, más honesta, más noble, más sincera.

Revista Sábado, El Mercurio, *Chile, septiembre de 2011.*

HIELO AZUL

A una hora irrelevante del día salí a caminar. Hacía semanas que estaba dándole vueltas a una pieza suelta sin saber qué hacer con ella, dónde engarzarla.

En *El hilo fantasma (El hilo invisible),* la película de Paul Thomas Anderson, el protagonista, un diseñador de alta costura en la Inglaterra de los años cincuenta, guarda un trozo de encaje holandés durante mucho tiempo hasta que encuentra una mujer a la que ese trozo de tela le encaja y, recién entonces, diseña un vestido para ella. Yo no encontraba a mi mujer: sabía que la pieza que guardaba era relevante, pero no qué quería decir, ni a qué texto ponérsela.

Se trata de un video del pianista canadiense Glenn Gould, ese hombre cuya grabación de las *Variaciones Goldberg,* de Bach, en 1955, supuso una disrupción en la música clásica. En el video, Gould parece ensayar. No hay nada improvisado en la toma, cuya procedencia no encuentro –¿quién la hizo, para qué?–, y sin embargo exuda algo absolutamente espontáneo.

El día en que salí a caminar era martes, un martes de mi primera semana de soledad en casi un año: el hombre con quien vivo había salido de viaje, se había ido lejos. Yo estaba feliz, desconcertada, amable y paciente conmigo misma. Entré a una verdulería y compré melón, papaya, tomates, uvas. Al salir, vi la nuca. Era una nuca extraordinaria. Parecía una razón de ser. Exudaba algo atávico, altivo y sabio. El hombre

—era la nuca de un hombre– caminaba con naturalidad paseando todo eso, ese montón de belleza, por mi barrio. Pensé de inmediato en el video. Gould toca la *Partita n.º 2 en do menor*, de Bach. Viste lo que parece un albornoz. No se le ven los pies pero lo imagino en pantuflas (seguro que no). Está encorvado sobre el piano –tenía teorías acerca de la musculatura de los hombros y su relación con el apoyo en el teclado– y tararea. A Bach: lo tararea. De pronto, como si se hubiera quemado, como si hubiera caído en la cuenta de estar haciendo algo malo, prohibido o demasiado colosal, se levanta y camina hacia la ventana. Es como si el piano lo hubiera expulsado o lo hubiera mordido. Como si no aguantara la genialidad: Bach, el piano, él. Se detiene ante la ventana. No se le ve el rostro, pero es evidente que está metido dentro de sí. Es una superficie cromada: nada sale, nada entra. Una criatura invencible. Entonces, sin dejar de tararear, vuelve al piano y continúa tocando como si nunca se hubiera detenido. Hay, en ese intervalo ante la ventana, en ese arrebato –pensado o no, actuado o no–, algo más grande que la música. Gould se aleja del piano pero es el piano. Músculo y madera. ¿Qué hace falta para hacer lo que hace? ¿Cuánta perseverancia es necesaria para que el talento fluya así, oxígeno o sangre, encarnado, ostentoso y sin ostentación?

Hay un libro del cineasta norteamericano David Lynch: *Atrapa el pez dorado*. Además de hacer cine, Lynch pinta. En ese libro habla de lo que hay que hacer antes de pintar un cuadro: preparar los materiales, fabricar un bastidor. Para todo eso hace falta tiempo, dice Lynch, disponibilidad, ausencia de interrupciones: «Si sabes que dentro de media hora tendrás que estar en alguna otra parte, no hay manera de conseguirlo. Por tanto, la vida artística significa libertad de tener tiempo para que pasen las cosas buenas.» En su libro *El acontecimiento*, Annie Ernaux escribe: «Y el verdadero fin de mi vida es quizá solo ese: que mi cuerpo, mis sensaciones y mis pensamientos se vuelvan escritura.» «El objetivo del arte –decía Gould– no es la descarga momentánea de una secreción de adrenalina, sino la

137

construcción paciente, que dura una vida entera, de un estado de quietud y maravilla».

Esa tarde, después de escribir esto, me quedé mirando por la ventana. Había diamantes por todas partes. Las horas del día estaban disponibles para mí, una tras otra, como hermosos cubos de hielo azul. Toda esa ausencia de interrupciones, toda esa soledad vehemente. Sentí incomodidad, inquietud, deslumbramiento, envidia.

Publicado originalmente en El País Semanal, *de España, el 7 de febrero de 2021.*

SOBRE ALGUNAS MENTIRAS DEL PERIODISMO LATINOAMERICANO

Voy a empezar diciendo la única verdad que van a escuchar de mí esta mañana: yo soy periodista, pero no sé nada de periodismo. Y cuando digo nada, es nada: no tengo idea de la semiótica de géneros contemporáneos, de los problemas metodológicos para el análisis de la comunicación o de la etnografía de las audiencias. Además, me encanta poder decirlo acá, me aburre hasta las muelas Hunter Thompson. Y tengo pecados peores: consumo más literatura que periodismo, más cine de ficción que documentales y más historietas que libros de investigación.

Pero, por alguna confusión inexplicable, los amigos de *El Malpensante* me han pedido que reflexione, en el festejo de su décimo aniversario, acerca de algunas mentiras, paradojas y ambigüedades del periodismo gráfico. No solo eso: me han pedido, además, que no me limite a emitir quejidos sobre el estado de las cosas, sino que intente encontrar algún porqué. Y aquí empiezan todos mis problemas, porque si hay algo que el ejercicio de la profesión me ha enseñado es que un periodista debe cuidarse muy bien de buscar una respuesta única y tranquilizadora a la pregunta del porqué.

No soy comunicóloga, ensayista, socióloga, filósofa, pensadora, historiadora, opinadora, ni teoricista ambulante y, sobre todo, llegué hasta acá sin haber estudiado periodismo. De hecho, no pisé jamás un instituto, escuela, taller, curso, seminario o posgrado que tenga que ver con el tema.

Aclarado el punto, decidí aceptar la invitación porque los autodidactas tendemos a pensar que los demás siempre tienen razón (porque estudiaron) y, más allá de que todos ustedes harían bien en sospechar de la solidez intelectual de las personas supuestamente probas que nos sentamos aquí a emitir opinión, elegí hablar de un puñado de las muchas mentiras que ofrece el periodismo latinoamericano.

Primero, de la que encierran estos párrafos: la superstición de que solo se puede ser periodista estudiando la carrera en una universidad. Después, de la paradoja del supuesto auge de la crónica latinoamericana unida a la idea, aceptada como cierta, de que los lectores ya no leen. Y por último, más que una mentira, un estado de cosas: ¿por qué quienes escribimos crónicas elegimos, de todo el espectro posible, casi exclusivamente las que tienen como protagonistas a niños desnutridos con moscas en los ojos, y despreciamos aquellas con final feliz o las que involucran a mundos de clases más altas?

Ejerzo el periodismo desde 1992, año en que conseguí mi primer empleo como redactora en la revista *Página/30,* una publicación mensual del periódico argentino *Página/12.* Yo era una joven egresada de una facultad de no diremos qué, escritora compulsiva de ficción, cuando pasé por ese periódico donde no conocía a nadie y dejé, en recepción, un cuento corto por ver si podían publicarlo en un suplemento en el que solían aparecer relatos de lectores tan ignotos como yo. Cuatro días después mi cuento aparecía publicado, pero no en ese suplemento de ignotos, sino en la contratapa del periódico, un sitio donde firmaban Juan Gelman, Osvaldo Soriano, Rodrigo Fresán, Juan Forn y el mismo director del diario, Jorge Lanata: el hombre que había leído mi cuento, le había gustado y había decidido publicarlo ahí.

Yo no sabía quién era él, y él no sabía quién era yo.

Pero hizo lo que los editores suelen hacer: leyó, le gustó, publicó.

140

Seis meses después me ofreció un puesto de redactora en la revista *Página/30*. Y así fue como empecé a ser periodista.

El mismo día de mi desembarco, el editor de la revista me encargó una nota: una investigación de diez páginas sobre el caos del tránsito en la ciudad de Buenos Aires.

Yo jamás había escrito un artículo, pero había leído toneladas de periodismo y de literatura, y había estado haciendo un saqueo cabal de todo eso, preparándome, sin saberlo, para cuando llegara la ocasión. Me había educado devorando hasta los huesos suplementos culturales, cabalgando de entusiasmo entre páginas que me hablaban de rock, de mitología, de historia, de escritores suicidas, de poetas angustiadas, de la vida como nadador de Lord Byron, de los amish, de los swingers. Yo, lo confieso, le debo mi educación en periodismo al periodismo bien hecho que hicieron los demás: canibalizándolos, me inventé mi voz y mi manera. Aprendí de muchos –de Homero Alsina Thevenet, de Elvio Gandolfo, de Rodrigo Fresán– y, sobre todo, de las crónicas de Martín Caparrós: leyéndolo, sin conocerlo, descubrí que se puede contar una historia real con el ritmo y la sensualidad de una buena novela. De modo que, si bien yo no era periodista, creía saber cómo contar esa historia del caos de tránsito en la ciudad de Buenos Aires.

El editor de *Pagina/30* me dio dos órdenes: la primera, que quería la nota del tránsito en dos semanas; la segunda, que leyera *Crash,* un libro de J. G. Ballard que, me dijo, me iba a ayudar a lograr *el tono.* Yo compré un grabador, hice un listado de personas a quienes entrevistar, pasé tres días en el archivo del diario investigando carpetas referidas a autopistas, ruidos molestos, accidentes de tránsito y urbanismo y, por supuesto, no leí *Crash.* Ya lo había leído a los trece años. *Crash* es un libro que cuenta una historia de autitos chocadores, de gente que disfruta de chocarlos a propósito y de lamerse después las mutuas cicatrices. Yo me pregunté en qué podía ayudarme ese libro a escribir una nota sobre el caos del tránsito en Buenos Aires, y me respondí que en nada. Entonces hice lo que mejor me sale: no le hice caso. Dos semanas después entregué la nota, el hombre la leyó, dijo: «Muy bien, te felicito: se ve que leer a Ballard te ayudó, lograste el tono.»

Desde aquel primer trabajo y hasta ahora pasé por una buena cantidad de diarios y revistas, menores y mayores, y sigo portando una virginidad con la que ya he decidido quedarme: la de no haber asistido, jamás y como alumna, a ningún sitio donde se enseñe periodismo. Soy, como las mejores vírgenes, tozuda. Y a lo mejor, como las mejores vírgenes, soy también un poco fatalista, y siento que ya estoy vieja para emprender otro camino. Y a lo mejor también, como las mejores vírgenes, soy un poco cobarde y pienso que quizás duele, y entonces mejor no. Y acá me tienen. Una autodidacta absoluta, un dinosaurio: una periodista salvaje.

Para ser del todo sincera, en algún momento sentí que podía faltarme un poco de educación sistemática y lo intenté: me inscribí en un par de cursos, unos cinco años atrás, pero no me aceptaron. Supongo que, precisamente, por esa falta de mérito en materia de posgrados, tesis, seminarios, másters, etcétera. Mi destino es morir virgen de estas cosas: morir sin escuchar a nadie dar lecciones.

Pero creo que voy camino a ser leyenda, porque la superstición extendida es que nadie puede ser periodista sin haber hecho una musculosa carrera en la universidad, salpimentada con una pasantía en un diario importante, un buen taller y cinco seminarios. De hecho, cuando algunos estudiantes de periodismo me preguntan dónde estudié y respondo «en ninguna parte», el rostro les refleja una mezcla de horror y desilusión. Como si estuvieran, de pronto, frente al Pingüino de Batman, un bicho que los fascina pero les despierta repugnancia. Supongo que haber creado ese mito —que solo se puede ser periodista si se sigue el circuito universidad, posgrado, máster, curso, seminario, etcétera— es muy conveniente para universidades e institutos, y no digo que no sea, incluso, necesario para intercambios de todo tipo: de conocimiento, de información, de flujos y de tarjetas personales. Pero me atrevo a sospechar que no es la única forma de hacerlo, sobre todo si tenemos en cuenta que la carrera de periodismo es una cosa nueva, y que quienes enseñan en la universidad y dan talleres y seminarios no aprendieron lo que saben, a su vez, en talleres ni seminarios, sino en periódicos y revistas, saqueando, como yo, a otros que lo hacían mejor que ellos.

En todo caso, una cosa sí sé, y es que la universidad no salva a ningún periodista gráfico del peor de los pecados: cometer textos aburridos, monótonos, sin climas ni matices, limitarse a ser un periodista preciso y serio, alguien que encuentra respuestas perfectas a todos los porqués, y que jamás se permite la gloriosa lujuria de la duda.

Y si no sé cómo se aprende lo que se aprende, sí sé, en cambio, que enseña más cosas acerca de cómo escribir cualquier novela de John Irving o la historieta *Maus,* de Art Spiegelman, que cinco talleres de escritura periodística donde se analice concienzudamente la obra de Gay Talese.

Dicho esto, pasemos a nuestra segunda mentira o paradoja: el auge de la crónica del que se habla tanto en estos días.

Empecé a escribir estas páginas el sábado 30 de septiembre, a las tres y veinte de la tarde. Salvo cinco breves interrupciones para hacer té y comer galletitas, podríamos decir que estuve ahí, sentada, hasta las doce de la noche. Un total de nueve horas que son, de todos modos, seis menos de las que suelo dedicar a una nota cuando estoy en plena faena de escritura: escribir un artículo me lleva de veinte días a un mes y medio, con jornadas de doce, quince o dieciséis horas. Eso, sin contar la etapa de investigación previa. Conozco a otros cronistas que trabajan como yo. Que, después de meses de reporteo, bajan las persianas, desconectan el teléfono y se entumecen sobre el teclado de una computadora para salir tres días después a comprar pan, sabiendo que el asunto recién comienza.

La crónica es un género que necesita tiempo para producirse, tiempo para escribirse y mucho espacio para publicarse: ninguna crónica que lleva meses de trabajo puede publicarse en media página.

Es raro, entonces, que se hable, como se habla, del auge de la crónica latinoamericana.

Principalmente porque pocos medios gráficos, salvo las honrosas excepciones que todos conocemos, están dispuestos a pagarle a un periodista para que ocupe dos o tres meses de su vida investigando y escribiendo sobre un tema. Siguiendo porque los editores suelen funcionar con un combustible que se llama urgencia y con el que la crónica suele no llevarse bien. Y finalmente, y quizás sobre todo, porque pocos medios están dispuestos a dedicarle espacio a un texto largo ya que, se supone –lo dicen los editores, lo vocean los anunciantes, lo repiten todos–, los lectores ya no leen.

Y sin embargo, sin medios donde publicarla, sin medios dispuestos a pagarla y sin editores dispuestos a darles a los periodistas el tiempo necesario para escribirla, se habla hoy de un auge arrasador de la crónica latinoamericana.

Después del misterio de la Santísima Trinidad, este debe ser el segundo más difícil de resolver.

Años atrás, en medios argentinos, yo publicaba crónicas de cincuenta mil caracteres, el equivalente a doce o catorce páginas de una revista. Hoy, como mucho, se aceptan diez mil, distribuidos en seis páginas con muchas fotos porque, ya lo he dicho, los editores han decretado que los lectores ya no leen.

Tiendo a pensar que, para decir eso, se basan en las encuestas que les acercan los muchachos del marketing. Los muchachos del marketing son unas personas que se dedican, entre otras cosas, a hacer encuestas con grupos supuestamente representativos de lectores. Los he visto: juntan en una piecita a señores y señoras con los cuales ninguno de ustedes ni yo se iría a tomar un café y les preguntan si leen, si no leen y qué les gustaría leer. A lo que los señores y señoras reponden sí, no, Paulo Coelho, y después de un rato y de mucha elaboración los muchachos del marketing dictaminan que los lectores ya no leen y que lo que hacen ahora los lectores, en cambio, es mirar televisión. Enterados de este fenómeno, los editores encontraron un recurso genial para lograr que la gente siga leyendo: llegar a los

144

kioscos disfrazados de televisor. Así, decidieron empezar a publicar textos muy cortos adornados con recuadros, infografías, mapas, instrucciones de uso, cuadros comparativos, biografías express, columnas de especialistas, dibujos y muchas fotos (algunas en blanco y negro para que se note que todavía tienen alguna intención seria). La idea de fondo es lograr, por la vía del disimulo, que el lector no se entere de que lo que tiene entre manos es una inmunda, asquerosa, deleznable revista, y no la pantalla de un televisor.

Y es raro, porque si hay algo que uno debe hacer para dedicarse a un oficio como este –editar diarios y revistas– es creer en él. Yo encuentro ciertas diferencias entre la vocación necesaria para gerenciar una fábrica de condones y la que se necesita para editar una revista o un periódico. El hecho de que tantos editores hayan decidido que los lectores no leen, pero insistan en hacer periódicos y revistas –objetos que solo están hechos para ser leídos–, es, al menos, desconcertante. ¿Para qué insistir en la fabricación de algo que está destinado al fracaso? ¿Por qué no venden sus diarios y sus revistas y se compran canales de televisión?

Las malas noticias empiezan a la hora de revisar las ventas. Si para diarios y revistas era muy normal vender trecientos mil ejemplares o un par de millones hace unas décadas, aun publicando notas largas con mucho texto sin recuadritos ni tantas fotos, hoy se puede considerar que cualquier cosa es un suceso editorial si vende apenas veinticinco mil.

Si bien es cierto que el lenguaje de las imágenes y la irrupción de internet les han quitado lectores a los diarios, y que nada garantiza que publicar textos largos aumente las ventas, no parece que aplicar el método televisivo les esté ayudando mucho.

Por otra parte, tiendo a pensar que los lectores severos nunca fuimos multitud. Que así como yo era, en 1984, probablemente una de las únicas egresadas del Colegio Nacional Normal Superior de Junín, la ciudad donde nací, que había leído varios cientos de libros y consumía decenas de suplementos literarios e historietas, revistas y periódicos por mes, hoy debe suceder lo mismo: los lectores severos nunca fuimos multitud, pero siempre estuvimos ahí.

La diferencia es que ahora los editores han perdido la fe y son pocos los que conservan vivo el ánimo, no solo de no subestimar a sus lectores, sino de mostrarles un mundo sorprendente y desconocido bajo la forma de una gran nota, bien escrita y desplegada. Y la diferencia podría estribar también en que ahora, además, los editores son, antes que editores, administradores. Personas más ocupadas en ir a almuerzos con anunciantes y en saltar de reunión en reunión que seres entregados a concebir, allí donde no hay nada, una idea: un periódico, una revista. (Por no hablar, claro, de la extraña costumbre que hace que, cuando un periodista escribe muy bien, se lo emponzoñe con la tentación de pagarle siete veces más y hacerlo editor, lo cual lleva a que en los puestos de editores de toda Latinoamérica haya una enorme cantidad de estupendos periodistas frustrados que nunca vuelven a escribir una letra, y que quizás no son buenos en su puesto por el hecho obvio de que no tienen por qué ser, además de buenos periodistas, buenos editores, si tenemos en cuenta que las cualidades que se necesitan para una y otra cosa son tan distintas como las que se necesitan para saber cortar el pelo y teñir en una peluquería.)

Dicho esto, y reconociéndome incapaz de llegar aquí a alguna conclusión, creo yo que en estos tiempos el despertar de una vocación periodística debe ser infinitamente difícil. Pienso en mí teniendo ahora quince, dieciséis o veinte años, leyendo la mayoría de estos diarios, de estas revistas: ¿habría querido ser esto que soy, habría aspirado a contar historias si toda posibilidad de publicación se agotara en notas de tres páginas, estrelladas de recuadritos de colores con el aspecto de manga japonés?

Mi bendita ignorancia me dice, una vez más, que no lo sé, y mi estúpido optimismo me dice que esta tendencia a la subestimación de los lectores terminará cayendo por su propio peso, que alguna vez algunos editores recordarán que lo que publican no es un catálogo de avisos, sino unos artículos que aspiran a contar el mundo en que vivimos, y que entonces volverán a sentar su trasero en una silla doce, quince, dieciséis horas por día, tal como hasta ahora seguimos haciéndolo los pocos privilegiados que podemos publicar crónicas aquí y allá, en el puñado de revistas que son las que, quizás, justifican el mito del auge de la crónica, gracias a que, todavía y por suerte, un puñado de buenos editores confía en la potencia de un texto bien escrito.

Pasando a la última de las ambigüedades, paradojas o mentiras que nos ocupan, hay un chiste más o menos viejo que pregunta cuál es la diferencia entre una hermosa mujer rubia desnuda y una hermosa mujer negra desnuda: la respuesta es que la rubia sale en *Playboy* y la negra sale en *National Geographic*.

Más allá del chiste, que es un resumen bastante exacto de un estado de cosas, nadie puede dudar que la crónica latinoamericana tiene oficio y músculo entrenado para contar lo freak, lo marginal, lo pobre, lo violento, lo asesino, lo suicida (yo misma podría poner una banderita arriba de cada uno de esos temas: a todos los he pasado por la pluma y a algunos, incluso, varias veces), pero en cambio tiene cierto déficit a la hora de contar historias que no rimen con catástrofe y tragedia. Puede ser que las buenas historias con final feliz no abunden y que contar historias de violencia dispare la adrenalina que todo periodista lleva dentro. Puede ser que sumergirnos en mundos marginados nos produzca más curiosidad que hacerlo en otros, de acceso más fácil. Que hablar de los niños desnutridos sea, incluso, una prioridad razonable.

Pero también es cierto que hay una confusión que los mismos periodistas alimentamos y que ha contribuido a sobrevaluar el rol del periodismo de investigación o de denuncia, al punto de transformarlo en el único periodismo serio posible. Esa confusión reza que el periodismo equivale a alguna forma de la justicia cuando, en realidad, los periodistas no somos la

147

justicia, ni la secretaría de bienestar social, ni la asociación de ayuda a la mujer golpeada, ni la Cruz Roja, ni la línea de asistencia al suicida. Contamos historias y si, como consecuencia, alguna vez ganan los buenos, salud y aleluya, pero no lo hacemos para eso, o no solo para eso.

Por otra parte, es probable que tanto a periodistas como a editores nos dé un poco de vergüenza y culpa poner el foco en historias amables, precisamente porque nos sentimos más en deuda con los desnutridos, los marginados, etcétera, y porque, en el fondo, estamos convencidos de que, después de todo, aquellos son temas menores, aptos más bien para periodistas ñoños que escriben artículos repletos de moralejas o insoportables historias de superación humana.

Y, finalmente, a diferencia de las historias de niños muertos, asesinos seriales, mujeres violadas y padres enamorados de sus hijos, los temas amables casi no consiguen premios. Muchos concursos de periodismo escrito son el equivalente a los grandes premios fotográficos en los que la foto ganadora siempre es tomada en África o en el país bombardeado de turno, e involucra a un chico desnutrido, moscas, un perro flaco, la tierra resquebrajada y alguna señora aullando de dolor. Si en sus países de origen nadie da un peso por los niños con moscas en los ojos y las señoras que aúllan de dolor, es impresionante lo alto que cotizan en la bolsa de los premios.

Es probable, entonces, que la crónica latinoamericana no esté contando la realidad completa, sino siempre el mismo lado B: el costado que es tragedia. La negra desnuda de *National Geographic*.

Y si no hay ahí una mentira, hay, probablemente, una omisión.

Para terminar, quisiera reseñar una mentira menor en la que no creí nunca: la que reza que, para llegar a ciertos lugares, en el periodismo y en todo lo demás, hay que tener contactos: ser el hijo del dueño del diario.

148

Ahí donde todos dicen eso yo digo que el trabajo cabal, hecho a conciencia, con esfuerzo y muchas horas de vuelo frente a la computadora, termina, antes o después, en manos del editor que estaba buscando.

Era el año 2004, y yo estaba en un lugar lejano. España o Croacia. En todo caso, lejos. Un día de tantos llamé a mi casa, y atendió el hombre con el que vivo hace once años. Le dije las cuestiones que son siempre ciertas –que lo extraño, que no sé qué fui a buscar al otro lado del mundo– y él me dio tres noticias fabulosas: la primera, que le pasaba lo mismo; la segunda, que estaban destrozando el piso de mi casa para cambiar un caño roto (la buena noticia, en este caso, era que yo no estaba ahí para ver eso); y la tercera, que el editor de una revista colombiana quería mi autorización para publicar un texto que yo había escrito en una revista de Buenos Aires llamada *Lamujerdemivida*.

La revista colombiana se llamaba *El Malpensante*.

Yo la conocía, pero la miraba de lejos, con cierto respeto reverente. Sabía que publicaban buenas firmas, sabía de la excelencia de los textos y sabía que era, sin dudas, uno de los lugares en los que yo quería escribir cuando fuera grande. Alguna vez, incluso, había mandado un mail presentándome y proponiendo alguna nota, pero jamás me respondieron.

Hasta aquel día en que, estando yo tan lejos, aquel editor leyó mi artículo en una revista argentina, le gustó, y quiso publicarlo en la suya.

Yo no lo conocía y él nunca había escuchado hablar de mí.

Pero hizo lo que hace un editor: leyó, le gustó, publicó.

De modo que, habiendo tenido esta suerte no una, sino dos veces, no puedo sino creer que, si bien es probable que ser el hijo del director del diario ayude mucho, el trabajo, antes o después, se defiende solo.

Por eso, a los buenos periodistas que aún no hemos leído, a los que están empezando, a los que no tienen tíos o amigos en el mundo editorial ni dinero para pagarse una carrera, a los que no encuentran sitio donde publicar sus crónicas, vendría bien recordarles eso: que siempre habrá un buen editor acechando en las sombras.

Que siempre, si saben esperar, encontrarán su propio *Malpensante*. O *El Malpensante,* antes o después, los encontrará a ustedes.

Leído en el Festival Malpensante, Bogotá, Colombia, 2006. Publicado en El Malpensante, *Colombia, el mismo año.*

¿CÓMO / PARA / QUÉ?

De asesinos de púberes y de asesinos púberes, de dictadores, de bibliotecas de dictadores, de poetas muy ocultos, de escritores muy visibles, de estrellas del porno, del carnaval bajo sus diversas formas, de señores que miden cincuenta centímetros, de señores que miden dos metros y medio, de sicarios, de narcos y de políticos, de formas de la religión popular, de músicos de rock y de pop, de pastores evangélicos, de migrantes que nunca llegan a su tierra prometida, de mafiosos, de casadas con la mafia, de pandilleros, de gente con oficios raros, de estafadores simpáticos, de asesinos a sueldo, de drogas, de ovnis, de las FARC, de marionetas y ventrílocuos, de pueblos de frontera, de gente que muere en pueblos de frontera, de genios olvidados, de presos, de prostitutas, de secuestrados, de secuestradores, de fiscales amenazados, de tragedias revisitadas, de viajes, de pueblos perdidos, de escritores y cantantes populares que por obra y arte del paso del tiempo se han transformado en escritores y cantantes de culto, de mutilados, de combatientes, de excombatientes, de futuros combatientes, de pobres, de expobres, de futuros pobres, de gente con dios pero sin tierra y sin empleo y sin casa y sin casi nada más.

Una cabalgata superficial, arbitraria y generalizadora por algunas de las revistas que la publican (*Etiqueta Negra, SoHo, Marcapasos, El Malpensante, Gatopardo,* entre otras) dice que de todas esas cosas —de situaciones injustas y brutales, de diferencia social, de vidas de famosos y de freaks, de mundos enigmáticos y desconocidos– se ocupa la crónica latinoamericana actual.

La misma cabalgata, superficial, arbitraria y generalizadora, dice que, por el contrario, la crónica latinoamericana actual no se ocupa demasiado de las ciencias duras, de los descubrimientos científicos, de la música clásica, de los escritores –cuando no son malditos ni han sufrido una catástrofe toxicológica–, de las personas jóvenes –cuando no se han muerto de maneras trágicas ni forman parte de una tribu urbana– y que no ha encontrado una forma del todo interesante para hablar de asuntos de negocios, de historias con final feliz, de arquitectura, de arte, de cualquier deporte que no sea el fútbol o el boxeo y que, en particular, suele mostrarse desinteresada o indiferente o impedida –o todas esas cosas– para contar historias relacionadas con las clases altas: historias de los que tienen riqueza, historias de los que tienen poder, historias de los que tienen millones, historias de los que tienen, además de todo eso, una historia para contar.

Y no digo artículos livianos: digo crónicas. Y no digo artículos laudatorios y complacientes: digo crónicas. Y no digo artículos pusilánimes en los que señoras de varios quilates muestran su colección de cuadros sin que nadie les pregunte por sus impuestos: digo crónicas. Digo mirar con carácter, digo contar un mundo, digo tratar de entender.

Latinoamérica es una de las partes del planeta donde la diferencia entre los que tienen mucho y los que no tienen nada es grosera. Donde señores gastan en tres días lo que una familia gastaría en dos años para vestirse, educarse y comer. Donde nunca habremos hablado lo suficiente de los que se mueren intentando cruzar el río, de las mulas que revientan como sapos en aviones rumbo a Madrid, de las putas de trece años y de los niños que son bestias a los ocho.

Pero el mundo de las clases altas forma parte de este sitio en que vivimos y, mientras no apliquemos allí la mirada que ya demostramos que podemos aplicar a los raros y a los que tienen poco –una mirada de carácter, una mirada que aspira a contar

152

un mundo, una mirada que trata de entender–, seguiremos despejando solo una equis, una parte de la ecuación.

Podría decirse que el mundo de los ricos está profusamente contado. Que todas las semanas hay alguna revista *Hola* o *Caras* o como sea que se llame el órgano oficial del jet set de cada país mostrando una boda real y la preñez de una millonaria con hijitos marca Dior.

Pero eso no es contar el mundo de los ricos. Que la millonaria estrene embarazo y casa en Punta del Este no dice, de la millonaria, nada, salvo eso: que se preñó, que tiene casa en Punta del Este. No habla de su visión del mundo, de sus manías, de sus miserias, de sus recuerdos, de sus mejores navidades y sus peores orgasmos. Nenas riquísimas y empresarios a todo mercedes benz aparecen en esas páginas mostrando lo que tienen para no mostrar lo que son, y devienen una raza que no huele, que no piensa, que no siente, que no sufre: un olimpo de cera: una raza invisible.

Lo que digo es otra cosa: digo contar, que quiere decir mirar, y digo que, si contar la miseria sin pietismo es desafío, contar la riqueza sin –a priori– condena moral es lo exactamente ídem.

Y me pregunto, entonces, por qué no contamos la riqueza: ¿no lo hacemos porque no tenemos los recursos; no lo hacemos porque elegimos no hacerlo; no lo hacemos porque no nos interesa; no lo hacemos porque no sabemos cómo hacerlo, o no lo hacemos porque, ante la posibilidad de equivocarnos (ante la posibilidad de que se pueda pensar que simpatizamos, que nos dejamos seducir por ese mundo), preferimos seguir contando ese otro mucho más marginal, mucho más violento, mucho menos poderoso y, paradójicamente, mucho más seguro: para nuestras prosas, para nuestros prestigios, para nuestro batallar de cronistas actuales y latinoamericanos?

Reírnos, sin embargo, nos sale bien: a nosotros, los cronistas, reírnos, burlarnos nos sale bien. Hojear esas revistas en las redacciones, en las peluquerías y los depiladeros. Reír, burlar: nos sale político y nos sale correcto: nos sale bien.

Abrazamos enfermos contagiosos, cruzamos selvas lúbricas

para visitar aldeas de pobres campesinos, compartimos comidas con criminales jubilados, pero si unas manos de nunca haber lavado platos nos ponen delante un vino de quinientos dólares no tenemos nada que pensar: el único camino posible, a la hora de escribir, será aplicar la risa de colmillo. Por muchas cosas, pero quizás, también, por esto: para quedar a salvo, para que quede claro que nosotros no.

Tenemos, los cronistas actuales y latinoamericanos, oficio y músculo para contar lo freak, lo marginal, lo pobre, lo violento. Lo dije, en otra charla, hace unos años: yo misma podría poner una banderita arriba de cada uno de esos temas: a todos los he pasado por la pluma y a algunos, incluso, varias veces. Pero nos cuesta contar historias que no rimen con catástrofe y tragedia.

Es probable que en el mundo de las clases altas pasen cosas que puedan parecernos poco interesantes. Que entrar a una favela o entrevistar a un mafioso disparen más adrenalina que recorrer viñedos o casas de campo o mansiones señoriales o yates de dos cuadras. Es probable, también, que una mamacita del mercado de Sonora sea mucho más accesible –y esté mucho más desprevenida– que la señora Encarnación Azcuénaga Echebarren, dueña del mayor emporio inmobiliario del país, con un batallón de abogados prestos a aplastarnos como a insectos.

Pero esto, aunque suene aterrador, también es verdad: la mamacita y la señora de Echebarren, los campesinos pobres y los polistas ricos, los migrantes mojados y los que levantaron un emporio de sequísimos millones, los que viven en pueblos de frontera y los que se podrían comprar el pueblo entero: todos tienen una historia para contar. Todos tienen sus miserias y sus esplendores, sus penas y sus pensamientos culposos, sus ambiciones –medidas o desmedidas–, sus peores cumpleaños y el día en que ya nada volvió a ser como era antes.

Y entonces me pregunto, otra vez, por qué no contamos la riqueza: ¿no lo hacemos porque no tenemos los recursos para hacerlo; no lo hacemos porque elegimos no hacerlo; no lo hacemos porque no nos interesa? ¿O no lo hacemos porque no nos queremos salpicar?

154

Durante los últimos tiempos hice diversas incursiones, con mejor y peor suerte, en algunos de esos mundos elevados.

Estuve a la vera de canchas de polo en medio de fincas muy privadas, sentada a metros del césped, al borde de mesas coronadas por mantel de hilo y buen champagne, mientras señores ricos de todo el planeta jugaban contra los mejores polistas argentinos pagados para la ocasión. Escuché historias de gente que es amiga de gente que yo solo veo en las películas. Supe de nenes de diez años que viajaron por tres días a Londres en compañía del hijo de un sultán asiático y llevaron diez mil dólares cash por si las moscas: por si McDonald's llegaba a estar muy caro. Entré en vestidores que son la frontera final del buen gusto, anduve en autos con choferes carísimos, miré a los ojos a personas que miraron a los ojos a príncipes y princesas, fui a fiestas en las que tocaron, para diez, músicos a los que admiré toda la vida.

Y antes, durante y después también hice estas cosas: caminé por el parque de un hospital con un señor que vive allí desde hace cincuenta años, que no tiene dedos ni cara ni pies por causa y culpa de la lepra; escuché a una mujer con cáncer que jura que no va a hacer su tratamiento porque es la mejor forma que encontró de morir rápido y barato, cansada como está de vivir en una casa miserable con un hijo adicto a todo y un marido brutal; me senté en el patio de una cárcel con una chica joven y violada que me contó cómo acuchilló a su hija recién nacida, gestada en aquella violación, y la metió, después, en una caja de zapatos; vi cómo un equipo de forenses desenterró de tumbas al ras de la tierra huesos de desaparecidos por la dictadura militar argentina y me fui con ellos, y con los huesos, a almorzar chorizos en una parrilla cualquiera de las afueras de la ciudad de La Plata.

A veces, cuando vuelvo a casa después de todas esas excursiones, me pregunto cosas. Me pregunto cómo se escribe sobre alguien que, tan solo vendiendo sus camisas, podría pagar la vida de familias que solo son dueñas del aire que respiran. Me pregunto cómo se escribe sobre alguien que trae, cada año, a diez amiguitos desde Europa todo pago para la fiesta de cumpleaños de su hijo menor.

A veces me ayuda recordar esta frase de un libro que se llama *El país del agua,* de un tipo que se llama Graham Swift, y que dice así: «Y no olvides –solía decirme mi padre– por mucho que llegues a saber de las personas, y por malas que parezcan ser, que todas y cada una de ellas guardan en el fondo de su corazón algunos buenos sentimientos, y que todas y cada una de ellas fueron alguna vez un pequeño recién nacido que mamó la leche de su madre.»

Otras veces busco pero no tengo respuestas.

Y otras veces me digo que se escribe, sobre eso, igual que sobre todo lo demás: igual que sobre los leprosos y sobre la mamita cuchillera y sobre la mujer con cáncer: que se escribe entendiendo. Que se escribe tratando de entender.

Pero entre todos los temas de los que se ocupa la crónica latinoamericana actual hay uno del que se ocupa mucho: de sí misma. Transformada en auge, boom, tendencia, ha regresado desde donde fuere que se hubiese ido y ahora reflexionamos y debatimos sobre la crónica al punto que ya casi no hay, en el continente, periodistas de política, periodistas de espectáculos, redactores de necrológicas o críticos de cine: solo hay cronistas. Convencidos, además, de que ser cronistas no solamente es distinto, sino que es mejor que ser periodistas. Y, ya que somos tantos y estamos tan convencidos, habría que aprovechar para, al menos, hacerse otras preguntas.

Preguntarse, por ejemplo, no sólo de qué se ocupa la crónica latinoamericana actual, sino para qué queremos saber de qué se ocupa la crónica latinoamericana actual y qué vamos a hacer con eso una vez que lo sepamos. Preguntarse, también, cómo se ocupa de lo que se ocupa la crónica latinoamericana actual que, de a ratos, parece convencida de que su mejor conquista ha sido obtener el derecho a escribir en primera persona y utiliza, como si fueran nuevos, trucos descubiertos cuarenta años atrás por tipos llamados Truman, por tipos llamados Tom, por tipos llamados Norman.

Preguntarse, también, para qué se ocupa la crónica latinoamericana actual de las cosas que se ocupa: para qué contamos lo que contamos, para qué miramos lo que miramos, para qué decimos lo que decimos. ¿Para denunciar, para señalar, para decir *señores, creemos en estas cosas,* para ser chistosos, para que nos antologicen, para ganarnos el pan de cada día, para viajar, para demostrar que pudimos, para decir miren, soy valiente, soy intrépido, soy cronista, soy actual, soy latinoamericano?

Yo no tengo respuestas para todas esas cosas pero puedo dar las que tengo para mí, que nunca son claras y que no siempre son las mismas. Yo diría, por mí, que en el qué y en el cómo intento –sin que me salga bien ni demasiado seguido– provocarme cierto grado, si se puede alto, de incomodidad. Yo diría, por mí, que hago lo que hago porque me gusta. Que hago lo que hago para saciar una curiosidad monstruosa. Y que hago lo que hago para tratar de entender.

Para entender cómo se vive sin pies ni manos ni cara encerrado en un hospital durante medio siglo por obra y gracia de una sociedad, de la que formo parte, que dictaminó que así es como se curan esas cosas.

Para entender cómo se mata lo que se acaba de parir por causa de, entre otras cosas, una sociedad, de la que formo parte, que penaliza con ímpetu todas las variantes del aborto.

Para entender cómo alguien que podría pagar la vida de varias familias enteras vendiendo tan solo sus camisas no lo hace.

Para entender a pesar de mí.

Para entender *sobre todo* a pesar de mí.

Para entender, sí, hasta que duela.

Leído en la Fiesta del Libro de Quito, Ecuador, 2008.

VIAJAR, CONTAR, VIAJAR

Se viaja.

Se viaja para ver las pirámides de Egipto. Para pasar diez días todo incluido en un resort del Caribe. Para comer, para ver aves y hongos, animales. Para tomar vinos y fotos de la naturaleza. Para bucear, para contemplar la tierra desde la luna. Se viaja para conocer las rutas del jamón y las góndolas venecianas, y los mejores museos y las peores catedrales. Se viaja para implementar algunos –o todos– los ritos del turista: diez días siete noches catorce países de Europa; veinte jornadas flotando en un crucero.

Se viaja para decir yo estuve ahí, yo vi, yo sé, yo fui, yo caminé, yo pisé la calle que pisaron todos.

Y también están los viajes de los que no hacen ninguna de todas esas cosas –los viajes de los viajeros–; y los viajes inútiles: los viajes de los que viajan para contar.

Primero, lo que no es.

Una crónica de viajes no es un folleto turístico pero más largo; ni una publicidad de hotel pero mejor escrita; ni un puñado de adjetivos previsibles –encantador, mágico, asombroso– apiñados en torno a las montañas, la puesta de sol, el mar, el puente, el río.

Una crónica de viajes no se hace en los ratos libres entre el almuerzo y la siesta, ni se resuelve con una caminata por el centro histórico, ni se consigue desde una piscina cinco estrellas.

Hacer crónicas de viajes es un trabajo extenuante y vertiginoso: el cronista enfrentado al espacio –desmesurado– y al tiempo –finito– de su viaje, viviendo en una patria en la que, a cada paso, debe tomar la única decisión que importa: qué mirar.

No hay un decálogo del buen cronista, pero, si lo hubiera, diría que es alguien que entra en iglesias y mezquitas, en bares y en cementerios, en clubes y en las casas, que habla poco, que escucha mucho, que lo mira todo –carteles y colegios, la gente por la calle, los perros, el clima y las comidas– y que, después de mirar, hace que eso signifique: que descubre, en aquello que miraron tantos, una cosa nueva; que cuenta Nueva York –París o Tokio– como si fueran *terra incognita*.

En su crónica sobre Hong Kong, incluida en *Larga distancia* (Planeta), el escritor y periodista argentino Martín Caparrós dice: «Los periodistas solían hablar del Rolls Royce rosa de la señora Chan, que hacía juego con su armiño rosáceo y su perrito de aguas sonrosadas, o del edificio más alto y bamboleante del planeta o de los siete mil cristales de Murano de la araña de aquel centro comercial –y no terminaban de darse cuenta de que el monumento estaba en otra parte (...). En el bar del aeropuerto de Hong Kong, a la entrada, a mano derecha según se llega de la revisación, hay un menú de bronce: allí, los precios de las coca colas y sandwiches del bar grabados en el bronce, inscriptos en el bronce por desafiar al tiempo, son un monumento discreto y orgulloso al triunfo del capitalismo más salvaje.»

Se puede ser Caparrós –y ver eso– o ir al bar, consultar el menú, pedir un sándwich, comer de cara al cartelito, no preguntarse –no ver– nada.

«Solo había eso, lo que contemplaba; y aunque más allá hubiese montañas y glaciares y albatros e indios, no había aquí nada de que hablar, nada que me retuviese –escribe Paul Theroux sobre su viaje a la Patagonia–. Tan solo la paradoja patagónica. Flores diminutas en un vasto espacio. Para permanecer aquí había que ser miniaturista o, si no, estar interesado en enormes espacios vacíos. No existía una zona intermedia de estudio. Una de dos: la enormidad del desierto o de una pequeñísima flor. En la Patagonia era preciso elegir entre lo minúsculo o lo desmesurado.»

Se puede ser Theroux, y ver la enormidad y lo minúsculo, o estar allí, parado, y escribir, otra vez, sobre la inmensidad y la leyenda de la tierra patagónica: lugar común por el que pasó la media humanidad.

Viajar para contar es, sobre todo, eso: ver lo que está pero que nadie ve.

Clifford Geertz, en *Works and Lives,* dice que una narrativa de viaje siempre propone: «Fui aquí, fui allá; vi este fenómeno extraño y aquel otro; me sorprendí, me aburrí, me entusiasmé, me desilusioné; no me podía quedar quieto y una vez, en el Amazonas... Todo esto con el subtexto: ¿no te habría gustado estar allí conmigo? ¿O piensas que podrías hacer lo mismo?»

Una crónica de viajes es, también, una provocación: ¿podrías haber hecho lo que hice, ver lo que vi, volver para contarlo?

Y para los profetas de lo nuevo, los cyberlotodos, los que aseguran que cualquiera munido de celular y su bloggito puede contar el mundo: la crónica de viaje es el ejemplo de que no todos pueden hacerlo.

Donde *hacerlo* quiere decir hacerlo bien.

Viajaron y contaron Marco Polo y Colón, Kerouac y Hudson, Darwin y José Martí, Kapuściński y Stevenson, Rimbaud y Hugo Pratt, que hizo viajar al Corto Maltés, que viajó después con muchos otros. Y sin embargo, años después de todos esos viajes, tantos viajan aún para contar, con la intacta fe de ser primeros.

La diferencia es que ahora, en un planeta conectado a golpes de *mouse,* en una tierra cubierta y descubierta, viajar para contar es toda una inocencia: una experiencia jurásica. Un anacronismo.

Por eso habría que hacerle honor. Porque no hay muchos, en este mundo impío, que puedan –y quieran– seguir haciendo lo que casi nadie: ejercer lo que ya no se usa, insistir en lo que no es en absoluto necesario.

Prólogo del libro Travesías inolvidables *(Aguilar-El Mercurio, 2009), que reúne las mejores crónicas de viaje de la* Revista Domingo, *del diario chileno* El Mercurio.

¿ESTO ES ÁFRICA?

Mi abuela se llamaba Ana, pero le decíamos Any. Medía un metro setenta y cinco, era delgada, tenía la belleza de un diablo, el carácter de un dios alemán, y solía decir que lo que ella siempre había querido no era vivir allí donde vivía, en un pueblo llamado Junín en el noroeste de la provincia de Buenos Aires, Argentina, sino en el África y como monja misionera. Cuando yo le preguntaba por qué no lo había hecho, me respondía:

–Porque me casé.

Mi padre se llama Reinaldo. Mide un metro ochenta y siete, es ingeniero químico, delgado, tiene la belleza de un diablo, y su carácter, y solía decir que lo que él siempre había querido no era vivir allí donde vivía, en un pueblo llamado Junín, en el noroeste de la provincia, etcétera, sino en el África y como buscador de diamantes. Cuando yo le preguntaba por qué no lo había hecho, me respondía:

–Porque me casé.

Mi tío se llama Antonio, mide un metro setenta, fue visitador médico, está retirado, y solía decir que lo que él siempre había querido no era vivir allí donde vivía, un pueblo llamado Junín, etcétera, sino en el África y como enfermero. Cuando yo le preguntaba por qué no lo había hecho, me contestaba:

–Porque me casé.

De modo que crecí rodeada de adultos para quienes el

África era un continente incompatible con el matrimonio y una tierra prometida por todos los motivos equivocados: un vergel de hostilidad donde saciar la sed de experiencias extremas; un sitio donde la vida era brutal, violenta, insegura y, por todo eso, interesante; un lugar épico donde nadie tenía que amasar ravioles ni llevar a los chicos al colegio: una suerte de tratamiento de shock contra el espíritu burgués.

Es probable que yo haya leído demasiado joven aquel poema de Kavafis, «La ciudad», que dice, entre otras cosas, «La vida que aquí perdiste / la has destruido en toda la tierra». Sea por lo que fuere, jamás usé paraísos imposibles ni añoranzas por lo que no sucedió. Pero, claro, la infección era inevitable: también yo llevo el ansia del África en las venas. Y si nunca pensé en vivir allí ni en hacerme monja ni en buscar diamantes, sí quise ir a Uganda porque crecí escuchando historias sobre el terror legendario de Idi Amin; y a Etiopía porque por allí pasó Rimbaud; y a Tánger porque allí Paul Bowles escribió una de las frases más perfectas y aterradoras de la literatura en una novela perfecta y aterradora llamada *El cielo protector;* y a todas partes para conocer ese paisaje de dunas rubias y llanuras rojas y selvas aberrantes y ciudades escabrosas y mercados pútridos y aldeas calcinadas y atardeceres en los que el sol —decían— era un bubón de fuego lastimando los bordes del mundo.

Pero pasaron los años y, aunque viajé mucho, jamás fui al África.

Entonces, el 25 de febrero de 2010, sonó el teléfono en la casa donde vivo, en Buenos Aires, y, al otro lado de la línea, mi editor de *El País Semanal,* desde Madrid, me propuso hacer el último reportaje de la serie «Testigos del horror», que había empezado en 2009 con un texto de Mario Vargas Llosa sobre el Congo. El viaje, me dijo, se haría con el fotógrafo Juan Carlos Tomasi y el coordinador Javier Sancho, ambos miembros de la ONG Médicos Sin Fronteras. Había dos destinos posibles y en evaluacion: Pakistán, donde el tema serían los refugiados, y Zimbabue, donde el tema sería la epidemia de HIV que llevaba años infectando a más del 20% de la población. Dije, por supuesto, que sí, y esa misma tarde me llamó Javier Sancho para darme detalles acerca de lo que podíamos esperar en cada sitio. Todavía conservo el papel donde anoté a las apuradas: «Pakistan, refugiados, riesgo de secuestro» y «Zimbabue, HIV, dictadura». Pocos días después me llamó nuevamente y me dijo que era imposible conseguir visas para Pakistán, de modo que iríamos a Zimbabue. Así fue como, después de dos generaciones de Guerrieros que no lo habían logrado, llegué al África. Para ser más exactos, a un país que llevaba treinta años bajo una dictadura que había cometido, en los ochenta, delicadezas tales como matar a 20.000 civiles mutilándolos de a poco o, en su defecto, haciéndolos cavar sus propias tumbas delante de mamá, papá y los niños.

Para decirlo rápido, Zimbabue, antes Rodesia, se había independizado de los ingleses en 1980 después de una guerra de guerrillas. Uno de sus líderes, Robert Mugabe, había asumido el poder y dirigido una nación que tuvo, hasta entrados los noventa, los mejores hospitales, carreteras, y los más altos niveles de educación y esperanza de vida de África. Pero la participación en la guerra del Congo para apoyar a Kabila le costó a Mugabe millones, y siguieron a eso una crisis feroz, represión ídem, corrupción febril, elecciones fraudulentas, una política de reforma agraria que consistió en expropiar las tierras a los colonos blancos para, en teoría, devolverlas al campesinado pobre, pero que terminó, en la práctica, con hectáreas distribuidas entre funcionarios del gobierno. En veinte años, Zimbabue dejó de ser el país más próspero del continente para ser el más pobre del mundo, con una expectativa de vida de treinta y siete años, un ingreso anual de 340 dólares por cabeza y una inflación del 98% diario. En 2008, durante una crisis económica terminal, con un 90% de desempleo, el billete de un millón de dólares zimbauenses equivalía a un dólar americano y apenas alcanzaba para comprar un pan. Del folklore

164

asociado a las dictaduras, el país tenía todos los síntomas, y mientras se acumulaban las denuncias de arrestos de periodistas, fotógrafos y miembros de la oposición, el presidente celebraba su cumpleaños número ochenta y cinco con una fiesta en la que se consumían 3.000 patos, 7.500 langostas y 2.000 botellas de champagne. En medio de todas esas cosas, el motivo de nuestro viaje –contar la historia de una epidemia que afectaba a dos millones y medio de personas, mataba a 2.500 por día y había producido 1.300.000 huérfanos– parecía una inocentada. Mis amigos no pensaban lo mismo. Uno de ellos, un escritor gringo que había estado en Zimbabue dos veces, no paraba de enviarme mails con frases como: «Oh, mi dios, no vayas. Oh, mi dios, ni se te ocurra decirle a nadie que sos periodista. Oh, mi dios, ni se te ocurra salir a la calle con reloj. Oh, mi dios.» Como sea, yo había leído mucho sobre Zimbabue y la situación, en 2010, parecía más serena, de modo que cuando, en el asiento 15J del vuelo 990 de Air France que despegó de París hacia Johannesburgo a las 23.20 del 2 del mayo de 2010, leí, en *El País Semanal* de ese día, que Harare, la capital de Zimbabue, había sido señalada, por un estudio que evaluaba niveles de criminalidad, contaminación, seguridad, trabajo, como la peor ciudad del mundo, no hice mucho caso y me dormí.

Llegamos a Bulawayo, la segunda urbe del país, el lunes 3 con Javier Sancho. En el aeropuerto –un galpón de chapas, el retrato descolorido de Mugabe en la pared del fondo– hicimos los que los latinos y africanos suelen hacer cuando entran en la Unión Europea: mentir. Dijimos que éramos profesores y que estábamos ahí para ver monos, pajaritos y las cataratas Victoria. Yo, para lograr cierta empatía tercermundista, no usé mi pasaporte de la Comunidad, sino el argentino, y esperé que no descubrieran el grabador que había escondido en unas medias. Un policía abrió la maleta, la miró sin curiosidad, me preguntó qué llevaba en una bolsa –medicamentos y sánguches de queso, le dije, sin mentirle– y nos dejó pasar. Hacía rato que sabíamos que, en algún punto entre Johannesburgo y Bulawayo, a Javier

Sancho le habían robado el ordenador de su maleta, pero, si vimos en eso una señal de mal augurio, tuvimos el buen gusto de no decirnos nada. Afuera, el aire era tan suave que era azul. Un chofer nos llevó a las oficinas de Médicos Sin Fronteras en un barrio de casas rodeadas por muros de hormigón, alambres de púas y buganvillas. Los médicos nos dieron agua, la bienvenida, y tres hojas de word que advertían que tomar fotos era una ocupación de riesgo incluso para los turistas, y que en el último mes un hombre había sido detenido en Harare por retratar prisioneros en un tribunal. Yo había leído esa misma historia en reportes que databan de 2004, de 2005, de 2008, pero las advertencias parecían razonables: no conozco ninguna dictadura que adore a los fotógrafos. Nos fuimos, después, a un Holliday Inn desvencijado que, al parecer, era el único sitio que podía garantizar seguridad, energía eléctrica y agua. Juan Carlos Tomasi se nos unió al día siguiente, recién llegado desde Barcelona, en la casa pobre y limpísima donde Lesley Moyo, una viuda de cuarenta años portadora de HIV y con dos de tres hijos contagiados, contaba su historia. Vivía con una cuñada, también enferma, vendía tomates en el mercado, ganaba un dólar por jornada y, aunque todos estaban en tratamiento con el antirretroviral que conseguían gratis, ese día Nkulumane, su hija de doce años, volaba de fiebre sin que nadie pudiera hacer nada —ni por eso ni por el hongo flamígero que le brotaba en la cabeza— porque no había medicamentos disponibles para las enfermedades asociadas. En la casa no había baño ni agua ni luz, ni más cama que una sola para esa familia de cinco. Sin embargo, vivían en una prolijidad severa: los zapatos estaban alineados en repisas altas, las tres o cuatro cacerolas brillosas y dispuestas en estantes, y el aire embalsamado por un aroma a hierbas.

La escena se iba a hacer rutina: en todos los días que siguieron, en casas de un despojo marcial, escuchamos decenas de historias de madres viudas a las que se les morían los hijos de a racimos en medio de agonías humillantes; de abuelas que criaban nietos huérfanos; de chicos de ocho, de diez, de doce años,

166

que tomaban medicamentos con efectos secundarios monstruosos en condiciones alimentarias que habrían matado a cualquier argentinito clasemediero. Variaba solo la cantidad de muertos: los más afortunados tenían, apenas, uno o dos.

El resultado de ese viaje fue publicado el 26 de junio de 2010 en *El País Semanal,* aunque por falta de espacio quedaron fuera algunas cosas, como un párrafo que hablaba del frasco de antirretrovirales vacío, arrojado con la naturalidad con que se arroja un frasco de aspirinas, que encontramos en un sendero del cementerio de Bulawayo y que, entonces y ahora, me pareció una metáfora grosera; o como el párrafo que contaba nuestro encuentro con Claudius Berenga.

En Tsholotsho, una ciudad a cuatro horas de Bulawayo, los miembros de Médicos Sin Fronteras nos recibieron con una noticia difícil: «Las autoridades del pueblo no están felices con su presencia», nos dijeron. La policía iba a estar atenta y vigilando, pero, aun así, teníamos que presentarnos ante el director del hospital, Claudius Berenga. Claudius Berenga era bajito, redondo, y usaba una camisa azul. Nos hizo pasar a su despacho y nos indicó un sofá en el que, al sentarnos, quedamos sumergidos medio metro por debajo del nivel de Claudius. Nos descerrajó un discurso acerca de quién mandaba allí, y nos preguntó cuáles eran nuestras intenciones. Le dijimos que trabajábamos en un artículo sobre el HIV. Nos extendió un papel donde pidió que escribiéramos nuestros nombres y nuestros documentos. Cuando se lo devolvimos, leyó todo en voz alta, estampó sellos y firmas, habló con alguien por teléfono en un inglés horrible, colgó, se puso de pie y ordenó: «Asegúrense de hacer solo lo que vinieron a hacer. Antes de irse pasen a verme. Quiero asegurarme de que se hayan ido.» Después desapareció y nosotros, claro, jamás volvimos a buscarlo.

No sé si fueron diez o doce días. Sé que Bulawayo era una ciudad cementicia y silenciosa que a veces se quedaba sin luz. Sé que cenábamos siempre lo mismo –pollo con papas fritas– en el restaurante del hotel mientras Javier Sancho y Juan Carlos Tomasi recordaban viajes por sitios pestilentes o miraban partidos de fútbol que transcurrían lejos de allí. Y sé que, durante muchos días, no dejé de hacerme la pregunta: «¿Esto es África?» Había, en esa pregunta, no desilusión sino sorpresa. Porque el paisaje, árido y achaparrado, no era distinto al paisaje árido y achaparrado de algunas provincias argentinas; porque las personas, miserables y enfermas, no eran distintas a las personas miserables y enfermas de varias provincias argentinas; y porque el miedo reptante y escamoso que se percibía cuando se pronunciaba la palabra «Mugabe» era el mismo miedo reptante y escamoso que se percibía cuando se pronunciaba, durante la dictadura militar de los setenta, la palabra «Videla» en la Argentina. Y también porque en nuestro hotel desvencijado había sala de internet, una piscina, desayuno opíparo y, aunque el teléfono de la habitación fue un artefacto inútil cuando intenté llamar al hombre con quien vivo el día de nuestro aniversario número quince –lo cual me hizo sospechar que, definitivamente, África era incompatible con el matrimonio–, había una cama mullida, una ducha y un televisor en el que podía ver noticias sobre el volcán islandés que, por esos días, azotaba los cielos de Europa. Y porque el clima no era el infierno que me habían prometido sino una manta primaveral, delicada como un vestido de Dior. Por eso, por todas esas cosas, me preguntaba: ¿esto es África?

Hasta que una mañana, mientras desayunaba leyendo el diario, atendida por tres mozos que se peleaban para ofrecerme la próxima taza de café, recordé la tarde del día anterior, cuando habíamos regresado del campo entre una multitud de sombras que atravesaban poblados sin luz para llegar a casas miserables en las que se iban a dormir sin cena y donde se despertaban sin trabajo, y entendí que, en realidad, yo estaba teniendo una experiencia africana extrema y radical: yo comía bien, yo dormía en una cama, yo me duchaba, yo no tenía sed ni sida ni dependía, para vivir, de que una ONG me diera, gratis, medicamentos que costaban, por mes, lo que yo podría ganar en cinco años. Esa mañana, en el desayuno, entendí que estaba teniendo una experiencia africana extrema y radical: que lo estaba pasando razonablemente bien mientras casi todos los demás vivían en el infierno.

Y esto, que es una coda.

En las afueras de Tsholotsho hay una mujer llamada Jeannette Sibanda. Viuda, de sesenta y dos años, sin ingresos, con tres hijos muertos por causa del HIV, tiene a su cargo a Mandla, un nieto de nueve, HIV positivo, huérfano desde los siete meses. En el texto que escribí para *El País* su historia ocupaba apenas dos líneas en un párrafo en el que se resumían, también, otras historias. Pero una foto en la que se la veía con su nieto, dormido sobre el piso de tierra, tuvo gran despliegue. El 29 de junio de 2010, tres días después de la publicación, recibí un mail de Juan Carlos Tomasi que, desde Barcelona, me anunciaba que un español, que tenía interés en contactar a Jeannette Sibanda, iba a escribirme. El jueves 1 de julio recibí este e-mail:

Estimada Leila Guerriero:

Me ha producido una tremenda impresión, al mismo tiempo que una sensación de ternura, la situación de Jeannette y su nieto Mandla. Llevo varios días intentando hacer una gestión que sé no es nada fácil. Mi intento es saber si de alguna forma yo puedo enviar ayuda, de cualquier tipo, incluida la económica. Si usted tiene algún dato acerca de la manera en que mi ayuda pueda llegar hasta ellos, se lo agradecería enormemente.

Le pasé lo que tenía: un contacto de Médicos Sin Fronteras en Tsholotsho. Siguieron, a ese, varios mensajes –uno del 5 de julio, otro del 12, otro del 15– en los que me ponía al tanto de sus avances trabajosos: le costaba conseguir más noticias de Jeannette Sibanda, tenía noticias contradictorias acerca de Jeannette Sibanda, había podido averiguar que Jeannette Sibanda tenía cuatro vacas, una cabra y una hija que vivía en Sudáfrica. El 16 de julio me escribió esto:

Estimada Leila:
Ya ha habido personas que se han puesto en contacto con Jean-
nette y con su nieto Mandla. Hemos sentido una enorme tristeza al
conocer que la hija de Jeannette volvió de Sudáfrica a Zimbabue
con otro niño, más pequeño que Mandla, pero fallecieron, tanto
ella como ese pequeñito. Me gustaría «investigar» la posibilidad de
que vinieran a un hospital en España.

Siguieron días, semanas, meses. Cada tanto, el hombre escribía para contarme que la familia de Jeannette Sibanda comía
una vez al día, pero que Mandla comía dos, que Jeannette tenía
otra nieta de diecisiete años que tenía, a su vez, un hijo de dos
meses. Finalmente, el 18 de diciembre, me llegó este mensaje:

Estimada Leila:
Me complace comunicarle que los envíos a Tsholotsho, para la
familia de Mandla (el dinero para que pueda ir al colegio y una
ayuda para la familia en la alimentación), están saliendo después
de superados los problemas que se plantearon en principio. Creo
que también les llegó un paquete que les envié. Le mando un salu-
do muy afectuoso.

De modo que, si Mandla sobrevive al HIV, si no lo matan
el cólera ni la violencia de Estado, si no lo aniquilan para ro-
barle el celular o los medicamentos contra el sida, tendrá salud,
educación, comida y, probablemente, futuro.

Haber sido un modesto eslabón en esa cadena no me da
orgullo, sino vértigo. Y aunque sospecho que esta debería ser
una historia con final feliz, no pocas veces me he preguntado
por qué Mandla y no Nkaniyso, de diecisiete, que vive con su
abuela en una choza y que come una sola vez al día; por qué
Mandla y no Nkulumane, de doce, a quien su hermano despre-
cia al grito de «sidosa, tendrías que estar muerta»; por qué
Mandla y no Ayanda Moyo, de cuatro, con HIV, parálisis, re-
traso del crecimiento y a cargo de su abuela que cría a dos nietos más; por qué Mandla y no Robert Sinyonka, de siete; ni

Mxolishi Tshuma, de seis; ni Humutso, de nueve. Todos huérfanos, todos enfermos, todos pobres.

Y me respondo que, quizás, por el mismo motivo por el que yo reduje la vida de Jeannette Sibanda a dos líneas y decidí extenderme en la de otros. Que quizás la experiencia africana más radical y absoluta sea esa: la crueldad de decir quién, de entre todos los condenados vivos, será el que sobrevive. La crueldad de ser, otra vez y todavía, el otro, el blanco: el que decide porque puede decidir.

Leído en el Instituto Cervantes de Madrid, en el marco de la muestra «Testigos del olvido», en el año 2011.

LO QUE HAY QUE TENER

Un día, en un taller para periodistas, en una ciudad de América Latina, pedí a quienes asistían que pergeñaran un texto corto bajo el título «Instrucciones para escribir». Las «instrucciones» debían ir dirigidas a periodistas novatos, más jóvenes que ellos. Traducido: les pedí que hicieran lo que yo no creo que deba hacerse: dar instrucciones precisas; imponer a otros el método que a uno le sienta bien. Lo hice para probar cuestiones que ahora no vienen al caso y, también, para ver si a alguno se le ocurría, simplemente, contravenir la consigna y escribir lo que me sigue pareciendo más sensato: «La única instrucción posible es que no hay instrucción.» Pero no hubo sorpresas. Todos, con mayor o menor grado de candidez y de calidad, escribieron instrucciones a veces ingeniosas, a menudo épicas, siempre pretenciosas. De todos modos, eso no importa. Importa que ayer, acomodando papeles, encontré uno de esos trabajos. El texto, escrito bajo la forma de un decálogo, decía, entre otras cosas: «Si no puedes dar con un buen arranque para tu crónica... púdrete. Si no puedes dar con el tono preciso para tu crónica... púdrete.» Y seguía así hasta terminar con esta frase: «Si no puedes escribir bien... púdrete.» Y me pregunté lo mismo que, supongo, debo haberme preguntado la primera vez que lo leí: por qué una persona elige, de la enorme cantidad de cosas que podría decirle a un colega novato, esa: «Púdrete.»

Conozco varias historias tremebundas de periodistas vapuleados (a veces al punto del trauma) por editores –o profesores– que les han dicho cosas horribles acerca de sus trabajos. Me atrevería a presumir que esos mismos editores –y profesores– condenarían encendidamente a un padre que le dijera a su hijo «Sos un imbécil», o «Pedazo de inútil», o «No servís para nada». Me atrevería a decir, también, que esa relación de maltrato parece, a veces, aceptada y hasta celebrada por algunos de esos periodistas vapuleados (que a su vez, seguramente, condenarían a un padre que le dijera, a su hijo «Sos un imbécil», etcétera), quizás porque están convencidos de que aquella frase –la letra con sangre entra– es encomiable y veraz. Yo solo diré lo que creo: que lo único que ese tipo de trato produce en la psiquis de una persona es daño. El peor de todos, el hijo deforme de la perversión: el daño ejercido desde el poder. Eso, en mi diccionario, es el equivalente doméstico del terrorismo de Estado. Moby Dick reventando de un mordiscón el cráneo de un recién nacido.

En mayo pasado estuve en la Fundación Tomás Eloy Martínez, de Buenos Aires, asistiendo a la presentación del libro *El oro y la oscuridad,* del periodista colombiano Alberto Salcedo Ramos, que el sello Libros del Náufrago publicó en Argentina (así como Lolita Editores lo hizo en Chile). El lugar estaba repleto, sobre todo de periodistas jóvenes. Hacia el final del encuentro, uno de ellos le preguntó a Alberto Salcedo Ramos cómo se hacía para vivir de escribir crónicas: cómo se hacía *económicamente* para vivir de escribir crónicas. Y Alberto Salcedo Ramos, que ganó cinco veces el premio de periodismo Simón Bolívar (además del premio Rey de España y el Ortega y Gasset, entre otros); que es autor de un libro llamado *La eterna parranda* que fue un suceso en su país; que publica desde hace más de dos décadas en las mejores revistas de América Latina; que ha sido maestro de muchos talleres de la Fundación Nuevo Periodismo Latinoamericano, respondió: «Mira, hermano, cuando los muchachos como tú me hacen esa pregunta yo respondo siempre lo mismo. Cuando me preguntan: "¿Dónde está el dinero?", yo pregunto: "¿Dónde está tu crónica?"» Al-

173

berto Salcedo Ramos no dijo: «Escribe algo decente y ya verás como consigues que te paguen, imbécil»; no dijo: «Si tienes que preguntar eso es porque nunca te ganarás la vida escribiendo crónicas, estúpido.» Dijo «trabajen». Dijo «escriban». Dijo lo más generoso que alguien como él puede decirle a otra persona; dijo: «Si yo lo hice, ustedes también pueden hacerlo.»

Estaba pensando en esas cosas cuando, de pronto, recordé otro papel que no puedo encontrar, pero que sé que atesoro en algún sitio (y «atesorar» es la palabra). Una noche, hace ya dos o tres años, fui a un encuentro con estudiantes de periodismo de una institución llamada TEA (Taller Escuela Agencia), en Buenos Aires. Al terminar la charla se acercó una mujer de unos cincuenta años y me hizo señas, indicando que quería decirme algo. Me aparté del grupo en el que estaba y le pregunté cómo podía ayudarla. Ella me entregó un papel doblado en cuatro partes y me dijo: «Tome, pero no lo abra hasta no llegar a su casa.» No recuerdo las palabras exactas, pero sí que hizo mucho hincapié en que era importantísimo que no mirara el papel antes de llegar a mi casa. Le aseguré que así sería, y la mujer se fue. Era rubia, parecía completamente cuerda y, también, completamente pobre. Esa noche, carcomida por la curiosidad y a pesar de sentir que hacía algo terriblemente incorrecto, desplegué el papel apenas subí a un taxi. Y allí, con letra redonda, infantil y clarísima, decía esto: «Señora Guerriero, yo quisiera ir a su taller porque a mí me cuesta mucho redactar.» Había un nombre y un número de teléfono. ¿Qué es lo que hace falta para decirle, a alguien así: «Púdrete»? Estoy segura de que no es coraje.

Revista Sábado, El Mercurio, *Chile, julio de 2013.*

LA VIDA DE LOS OTROS

«Nací en la ciudad de Junín, provincia de Buenos Aires, Argentina, y, hasta los veintiún años, quise ser escritora de ficción. Escribí cuentos –a veces poemas– a lo largo de toda mi infancia y de la mayor parte de mi adolescencia, en cuadernos y hojas sueltas, a mano y en mi cuarto o en un cuarto que mi padre llamaba "el escritorio" y que él nunca usaba.

Dejé de jugar –a los indios y cowboys, a las escondidas– cuando cumplí doce, pero la revelación torturante de que algún día tendría que dejar de hacerlo me asaltó mucho antes. Desde entonces no he vuelto a jugar a nada, ni siquiera a los naipes, al pool, a la ruleta.

Aprendí a leer a los seis años, pero desde mucho antes mi padre me leía a Horacio Quiroga, a Bradbury y a Poe, especialmente aquel poema donde el cuervo presagia: "Nunca más." Esas lecturas me despertaron un gusto que conservo por las tierras calientes, las selvas y los animales peligrosos; un gusto que no conservo por las prosas barrocas y el género de la ciencia ficción; y una conciencia exacerbada del paso del tiempo y de la imposibilidad de volver atrás. No solo por causa de eso, pero seguramente también por causa de eso, leer a Bécquer y a Rimbaud siendo muy niña hizo que, durante la adolescencia, desarrollara cierta fe romántica en torno a la idea del dolor y de la pérdida, fe que abandoné más temprano que tarde por falta de vocación.

175

Aprendí a conducir a los doce años, y a manejar armas desde mucho antes: desde que mis padres nos llevaban, a mi hermano y a mí, a cazar liebres, patos y perdices mientras nos educaban en la convicción, que yo conservo, de que nada me impide matar aquello que voy a comer.

Conocí el mar a los trece años, y esa densidad oscura y furiosa que se enervaba contra la costa argentina no se parecía en nada al agua inmensa y azul que yo esperaba encontrar. Desde entonces me he preservado de las expectativas cargadas de ilusión en torno a cosas o personas que no conozco, o en relación con hechos que están fuera de mi control.

Aprendí con el Corto Maltés, el personaje de Hugo Pratt, la elegancia del desprendimiento; la certeza de que existe el coraje absoluto; la religión de los viajes.

Me fui de casa de mis padres y del pueblo en que nací a los diecisiete años, embebida en la más burguesa de las metas: hacer una carrera universitaria en la ciudad de Buenos Aires. Estudié una profesión que jamás ejercí. Compré mi primera máquina de escribir, pequeña y portátil, a los veinte años, y todavía me pregunto cómo pude hacer alguna cosa con ese artefacto precario. Esas preguntas retrospectivas me persiguen, también, relacionadas con otros hechos: el de haber cargado una mochila de 20 kilos durante horas en una caminata a través de la selva; el de haber gastado, en un mes de vacaciones, apenas 400 dólares; el de haber pasado siete días sin dormir. Las respuestas no siempre son las mismas, pero todas me confirman que uno siempre es otro, el mismo.

No supe que quería ser periodista hasta que lo fui y, desde entonces, ya no quise ser otra cosa. Profeso una fe que dice que el periodismo bien hecho es una forma del arte y que, aunque es probable que me muera sin volver a poner un pie en la ficción, nadie podrá convencerme de que habré perdido mi tiempo. Aunque no me gusta el acto de escribir –encerrarme durante días a luchar contra un texto moliéndome los ojos y la espalda, sin mirar mails ni atender el teléfono–, a veces me gusta el resultado. Me ejercito con idéntica severidad en la disciplina del cuerpo, con un placer antiguo y salvaje al que no encuentro explicación. El oficio que practico me enseñó a escuchar mucho y a hablar poco, a olvidarme de mí y a entender que todas las personas son su propio tema favorito.

De todas las cosas que hice, que hago, que haré, viajar es la más irrenunciable. Sé que no es cierto –a los veinticinco años había tomado, apenas, cuatro aviones–, pero a veces creo que lo hago desde siempre. Tenía dieciséis años cuando un hombre que me triplicaba en edad me preguntó, con una rabia que solo pude entender años más tarde, cuál era el sentido de esos viajes: "¿Para qué viajás?", me preguntó: "¿Para mirar paisajes?" Nadie me ha hecho, desde entonces, una pregunta más perturbadora, y a nada, como a esa pregunta, he intentado encontrarle empeñosamente una respuesta.

Sé que no viajo para ver paisajes, para visitar museos, para admirarme ante pirámides de miles de años. Viajo para leer, para perderme. Para ejercitarme en la improvisación y el ascetismo. Viajo para no volver atrás, para no llegar a ninguna parte, para habituarme a perder y a despedir: lugares, cosas, gente. Viajo para recordar que no es bueno sentirse seguro ni aun seguro, a salvo ni aun a salvo. Viajo para moverme, que es la única forma de vida que respeto.»

Cada vez que trato de escribir sobre la vida de los otros –y descubrir allí los dulces nudos de la emoción, el viento de la furia, los páramos de la pena– intento recordar ese texto, ese mapa de lo que soy que escribí hace un tiempo. Recordar la terrible dificultad, la inevitable incompletud que se produce al decidir cuáles son las cosas –los detalles, los hechos, los recuerdos– que cuentan una vida. Es un buen ejercicio de modestia. Un gran antídoto contra la arbitrariedad.

Revista Sábado, El Mercurio, *Chile, noviembre de 2012.*

NACIDO PARA SER PRIVADO

La mujer es periodista, y estaba a punto de escribir sobre otra cosa. Estaba a punto de escribir acerca de algo que últimamente la obsesiona: los procesos creativos. Ha leído, hace meses, una frase de Paul Auster en una entrevista de la revista argentina *Ñ* en la que el escritor norteamericano decía: «Alguien se convierte en artista, particularmente en escritor, porque no está del todo integrado. Algo está mal entre nosotros, sufrimos por algo, es como si el mundo no fuera suficiente, entonces sentís que tenés que crear cosas e incorporarlas al mundo. Una persona saludable estaría contenta con tomar la vida como viene y disfrutar la belleza de estar vivo. No se tiene que preocupar por crear nada. Otros, como yo, estamos atormentados, tenemos una enfermedad, y la única manera de soportarla es haciendo arte.» De alguna forma retorcida y feroz la mujer no ha podido dejar de pensar en eso, y estaba dispuesta a escribir sobre el tema cuando sucedió otra cosa. Fue después de un encuentro con un grupo de periodistas, una clase y/o conversación acerca del oficio durante la que muchos colegas preguntaron con curiosidad, opinaron con ingenio, cuestionaron con ímpetu e hicieron, cómo no, preguntas relacionadas con la ética: si hay que escribir teniendo en cuenta el impacto que eso pudiera tener en el entrevistado; si hay que proteger a los entrevistados de sus propias palabras. Las respuestas de la mujer a todas esas cosas fueron, como siempre, diversas versiones de lo mismo: que nadie es un ser escindido –periodista por un lado, persona por otro– y que, entonces, no solo no hay reglas fijas que puedan aplicarse idénticas en todos los casos, sino que cada uno llevará a las arenas del oficio sus convicciones y sus miserias privadas. Para plantear un cierre ordenado, hacia el final del encuentro la mujer leyó un texto informal acerca de algunas cosas que convendría tener en cuenta a la hora de abordar los temas, investigarlos y escribirlos, con la única intención de organizar el proceso, identificar riesgos posibles y señalar problemas recurrentes, aclarando que no se trataba de un manual de uso, sino de una suerte de punteo más o menos desprolijo, pero basado en la práctica y pergeñado a lo largo de años. Al terminar la lectura, algunos de los periodistas preguntaron si la mujer podría enviarles el texto por correo, pero la mujer respondió que no porque, justamente, no se trataba de congelar esa serie de frases en una regla fija, sino de alentar a que cada uno buscara su método, y el hecho de darle a eso el status de guía práctica podía hacer sentir, a quien no pudiera seguirla, un inútil. «Cada uno –dijo la mujer–, debe encontrar su manera. Yo solo puedo contarles cómo lo hago yo.» El encuentro terminó y todos contentos.

Días más tarde la mujer recibió el correo de una colega que, desde España, la felicitaba por «los consejos para periodistas» que la había visto leer en un video disponible en la web. La mujer no entendió, pero, curiosa, hizo clic en el link que le enviaba la colega. Y, cliqueado que hubo, se vio a sí misma leyendo aquella lista informal en aquel encuentro ante todos aquellos periodistas. Alguien había estado en esa sala, había escuchado la lectura, había presenciado los argumentos por los cuales la mujer se había negado a difundirla, había grabado todo subrepticiamente y lo había subido a la web. Y ese alguien había sido un periodista: la única clase de gente que había estado allí. Siempre –siempre– se llevarán a las arenas del oficio el ramillete de convicciones y miserias privadas.

Que los conceptos de lo público y lo privado están cambiando en esta era no es un secreto a voces: es una evidencia.

Pero si un cocinero o un taxista pueden vivir más o menos despreocupados del asunto, el tal asunto es parte esencial de la herramienta de un periodista. *Primum non nocere,* «lo primero es no dañar», les dicen en sus primeras clases a los estudiantes de medicina, una idea que podría parecer una perogrullada, pero que es una bomba de mil megatones de sentido común. Primero, entonces, no dañar: no hacer público lo que ha nacido para ser privado.

Después de ver el video, la mujer se dijo que si un periodista era capaz de hacer eso con un tema de tan poca relevancia pública –una conversación entre colegas–, ¿qué no sería capaz de hacer apenas encontrara un tema más jugoso y qué cosas no se ahorraría con tal de mostrar esos jugos al mundo?

Hay una película de 1977, dirigida por Ingmar Bergman y llamada *El huevo de la serpiente.* La película funciona, en verdad, como metáfora de la aparición del nazismo en Alemania. La cáscara del huevo de una víbora es transparente, de modo que cualquiera puede ver el embrión inofensivo creciendo a través. El nazismo, dice Bergman, estuvo allí todo el tiempo, creciendo, alimentándose, y cuando al fin salió del huevo y se tragó vivo al mundo occidental, ya era tarde. Todos lo vieron, nadie hizo nada con él. Desde hace tiempo la mujer ya no piensa en los procesos creativos ni en Paul Auster sino, obsesivamente, en eso. En eso.

Revista Sábado, El Mercurio, *Chile, junio de 2012.*

TENEMOS QUE HABLAR DE PETTY

Lo siento: voy a hablar de algo que hice. Necesito hacerlo para poder hablar de Petty. Hace poco escribí un libro que cuenta la historia de un hombre que participó en una competencia de baile, el Festival Nacional de Malambo de Laborde. El malambo es un baile folklórico argentino y consiste en un zapateo asesino y sostenido en el que un hombre muestra su destreza y su aguante. Laborde es un pueblo chico, al sur de la provincia de Córdoba. El festival existe desde 1966, y es el más prestigioso y desconocido del país. Tiene varias particularidades: los participantes –todos muy jóvenes, todos hijos de familias muy pobres– deben entrenarse como atletas, puesto que el desgaste que impone el baile es atroz; el título que se otorga es el de campeón (título raro para disciplina artística, como si dijéramos Campeón Nacional de Novela); quien gana la competencia no puede volver a presentarse en otra, de modo que el malambo que lo consagra es, también, el último de su vida; y, por último, el festival no es organizado por ningún organismo de gobierno, sino por los mismos vecinos del pueblo: la fonoaudióloga, el panadero, la bibliotecaria. Durante tres años, desde 2011 y hasta 2013, fui a Laborde para contar la historia de esa competencia y de uno de sus participantes, Rodolfo González Alcántara, oriundo de La Pampa. Finalmente, el 11 de enero de 2014, volví para presentar el libro. Eran las seis de la tarde y estábamos, con Cecilia Lorenc Valcarce, ex jefa de prensa

181

del festival, y Rodolfo González Alcántara, protagonista de la historia, sentados a una mesa, en una sala repleta de gente: vecinos, campeones de años anteriores, la intendenta. Yo me había preparado para todo, y eso incluía cosas no necesariamente buenas, porque la mirada de un periodista no suele dejar conforme a todo el mundo. La charla transcurrió con fluidez y, hacia el final, se dio paso a las preguntas del público. Una mujer mayor levantó la mano. Le alcanzaron un micrófono y habló. «Leí su libro –dijo, con esos modos educados y regios con los que algunas mujeres grandes saben demostrar refinamiento y autoridad–. Allí usted se pregunta por qué a un pueblo conservador como el nuestro se le ocurrió organizar la competencia de un baile que representa rebeldía y transgresión.» Yo dije «Sí», y por dentro me dije «Sonamos». En efecto, el libro dice que el pueblo es conservador, y que sus habitantes portan costumbres reñidas con las anárquicas y levantiscas olas que representan el gaucho y el malambo. La mujer siguió: «Yo soy la sobrina del hombre que fundó este festival.»

Y entonces supe –supe– que algo muy malo iba a ocurrir.

«Un día de 1966 –siguió la mujer– mi tío dijo: "Vamos a hacer un festival, y va a ser de malambo." Yo le dije: "Pero, tío, eso es muy antiguo. Tiene que ser de rock." Él insistió: "Tiene que ser de malambo." Y lo hizo. Más de cuarenta años después, acá estamos. Yo diría que Laborde es un pueblo conservador que se atrevió a soñar. Ese sueño la trajo a usted hasta acá. Y usted, en su libro, cuenta la historia de nosotros, los comunes. Y a nosotros los comunes nunca nos mira nadie, nadie nos da importancia. Pero usted nos miró y quiso contar nuestra historia. Y por eso creo que usted se merece todo nuestro agradecimiento.» Hubo un silencio estruendoso. Yo me quedé de una pieza. En la primera fila, una mujer empezó a llorar. Rodolfo González Alcántara tenía los ojos enrojecidos. Cecilia Lorenc Valcarce, a mi lado, respiraba con agitación. Alguien amagó un aplauso y no hizo falta más para que todos aplaudieran hasta levantar las sillas del piso. Cuando la presentación terminó, pregunté quién era la mujer. «Petty», me dijeron. «Es profesora de historia, fue directora del colegio.» Conversé con muchas personas esa tarde, pero no pude dejar de pensar en ella. Ahí había una historia y yo temblaba de ganas de contarla. No porque Petty fuera la sobrina del fundador del festival, que también, sino porque esa habitante de pampas remotas había hecho una elección léxica que me erizó el instinto. Petty no había dicho: «Usted contó la historia de personas comunes.» Petty se había tomado el trabajo de decir: «Usted contó la historia de nosotros los comunes.» Nosotros los comunes. Soy altamente sensible a esas cosas: cuando alguien elige, del arcón de frases posibles, no la que tiene más a mano, sino la más eficaz, y trata, con eso, de transmitir una potencia, algo dentro de mí repica y se despierta. Nosotros los comunes: esa elección léxica hablaba de una estética, de una ética, de mundos vistos y leídos, de saberes. ¿Cómo es la vida de una mujer así en un pueblo como ese? ¿Qué cosas le quedaron sin hacer, qué cosas hizo, qué libertades soñó –si las soñó– y no pudo? Como el pueblo tiene radio propia, pregunté si la habían entrevistado. Una chica me dijo que no: «La tenemos acá, entonces a nadie le parece muy interesante.» Es cierto: es arduo encontrar interés en cosas que tenemos cerca. Y más cierto aún es que no todas las cosas que tenemos cerca son interesantes. Pero, si no estamos atentos, desaparecerán, ante nuestros ojos bien cerrados, mundos enteros.

Revista Sábado, El Mercurio, *Chile, febrero de 2014.*

LA NECESIDAD DE LA INDECENCIA

Entre 1978 y 1979, el antropólogo británico Nigel Barley pasó dieciocho meses con la etnia de los dowayo, en Camerún, y escribió, acerca de esa experiencia, un libro tan bueno como desopilante llamado *El antropólogo inocente* (que publicó Anagrama en 1989 y que va por la edición número veinticinco). El primer capítulo termina, en el momento en que Barley se dispone a conseguir dinero para viajar y hacer el trabajo de campo, con esta frase: «comencé a aprender el arte de arrastrarse para recaudar fondos». Apenas después, describe su llegada a Camerún como una orgía de funcionarios corruptos e ineficaces. Más adelante, presenta al jefe de los dowayo como alguien que no ha «tocado una azada en su vida». Ya internado en la narración, al hablar de las habilidades de los integrantes de la etnia, dice: «sabían menos de los animales de la estepa africana que yo. Como rastreadores, distinguían las huellas de motocicleta de las humanas, pero esa era la cima de su conocimiento (...). Gran parte de los animales de caza se habían extinguido debido al uso de trampas. En lo que se refiere a vivir "en armonía con la naturaleza" a los dowayo les quedaba mucho camino por recorrer. Con frecuencia me reprochaban el no haber traído una ametralladora de la tierra de los blancos para poder así erradicar las patéticas manadas de antílopes que todavía existen en su territorio». Los dowayo arrojan al río el pesticida que el Estado les provee (para fumigar el algodón que cultivan) con el fin

184

de matar y recoger cómodamente los peces envenenados: «Es maravilloso. Lo echas y lo matas todo, peces pequeños y peces grandes, a lo largo de kilómetros», le dicen a Barley. Perdón, pero yo me partí de risa. Y, como una cosa lleva a la otra, me pregunté qué haría un periodista si tuviera que escribir, hoy, un artículo sobre los dowayo. Probablemente, omitiría contar lo del veneno, el río y los peces (porque se supone que personas como los dowayo nacen con El Manual del Buen Ecologista incrustado en el ADN); se abstendría de hacer cualquier comentario acerca de la haraganería del jefe de la tribu (ante el temor de que alguien pudiera entenderlo como discriminatorio), y ni se le ocurriría deslizar sospechas sobre los funcionarios cameruneses (porque sin dudas lo acusarían de racista). Como una cosa lleva a la otra, recordé algo que dijo en 2012 el periodista norteamericano Jon Lee Anderson, en una entrevista con el periódico argentino *La Nación:* que escribir acerca de las víctimas es difícil porque «nos generan muchas reacciones de piedad, misericordia y pena. Lo peor, creo, es que inconscientemente sentimos que son inferiores a nosotros. (...) Y tal vez para compensar esa horrible sensación, las llenamos de virtudes. Pero la verdad es que ser víctima no es ninguna virtud. (...) supongamos que debemos contar la historia de una mujer violada. Ella me da mucha pena, pero eso no la hace buena. ¿O qué ocurriría si esa mujer violada es una persona moralmente compleja y cuestionable? ¿Entonces ya deja de ser una víctima, solo porque no puedo mostrarla como alguien virtuoso?». Y, como una cosa lleva a la otra, recordé una columna publicada en febrero de 2013 en *El País Semanal,* del escritor Javier Marías: «Un atento lector, en carta publicada aquí hace dos semanas, confesaba haberse llevado "una sorpresa desagradable" por mi utilización en un artículo del término "discapacitados", y me sugería que lo "retire" de mi vocabulario. Le agradezco el consejo, y que me proponga en su lugar "personas con discapacidad" o "funcionalmente diversas". Pues no, lo lamento, (...) lo que molesta en general no son las palabras, sino lo denominado por ellas. (...) Y, lo siento mucho, pero en español quien no ve nada es un

185

ciego, y quien no oye nada es un sordo. Lo triste o malo no son los vocablos, sino el hecho de que alguien carezca de visión o de oído.» No hay, para un periodista, ponzoña peor que el barro fofo donde chapotean el eufemismo y la corrección política y, sin embargo, ese barro abunda. Todos los días se leen toneladas de artículos que ni miran a las cosas a los ojos ni las llaman por su nombre; que no producen incomodidad, duda, inquietud, preguntas, nada. Pienso, finalmente, en Fogwill. Escritor, argentino. Murió en 2010. Alfaguara acaba de publicar un libro suyo, póstumo, que lleva el título menos fogwilliano del mundo (pero es su culpa: se lo puso él): *La gran ventana de los sueños.* Fogwill. Un alma sin molde, una rabia viva. En 1983 escribió un artículo llamado «El aborto es cosa de hombres»: «El embrión y el feto humano es eso: protoplasma humano. Como los bebés y los abuelitos, carecen de medios para autoabastecerse. Como los paralíticos, no pueden moverse. Como los inmigrantes clandestinos de Bolivia y de Chile, carecen de identidad para las leyes nacionales. Pero son humanos.» No puedo leer eso sin sentirme arrasada de indignación divina, profundamente incómoda: conmigo, con Fogwill, con cosas en las que creo. Hace algunas semanas, su hijo mayor me dijo que una vez se encontraron con un amigo al que se le acababa de morir el padre y Fogwill lo saludó así: «Uy, el huerfanito.» Decir que Fogwill era políticamente incorrecto es insultarlo. Es como decir, de un asesino serial, que tiene un problema de conducta. No pensaba al sesgo ni en diagonal ni en contra. Pensaba en picado. Sin opción a eyectarse antes de chocar. Extraño a Fogwill. Extraño su profunda indecencia. Los demás, todos los demás, nos hemos vuelto tan decentes que damos asco.

Revista Sábado, El Mercurio, *Chile, mayo de 2013.*

EL PERIODISMO CULTURAL NO EXISTE,
O LOS CALCETINES DEL PIANISTA

La primera cosa en la que pensé cuando me invitaron a dar esta conferencia fue en aquella frase del director de cine François Truffaut que decía no haber conocido a nadie que, de niño, haya querido ser crítico de cine. La segunda cosa en la que pensé fue en que, tan difícil como encontrar a alguien que, de niño, haya querido ser crítico de cine es encontrar a alguien que, de niño, haya querido ser periodista cultural. La tercera cosa en la que pensé fue una frase, y esa frase fue: «El periodismo cultural no existe.» La cuarta cosa en la que pensé fue un comentario a todo lo anterior. Ese comentario fue: qué suerte.

Me pidieron que hablara, aquí, de la conexión entre los géneros periodísticos narrativos y la información cultural. Eso, traducido, quiere decir que debería preguntarme acerca de la pertinencia de emplear recursos tales como la creación de escenas, el uso del suspenso o el flujo de conciencia para escribir sobre el último premio Planeta, las virtudes del kindle o la muerte de un escritor. O, puesto de otro modo, que debería preguntarme si la calidad y el empeño que ponemos a la hora de escribir sobre aquellos temas que podrían clasificarse como culturales son la misma calidad y el mismo empeño que ponemos a la hora de escribir sobre los ovnis, las FARC, Ciudad Juárez o los migrantes que nunca llegan a su tierra prometida.

187

Lo primero que hice fue pensar en aquellas cuatro frases. Lo segundo que hice fue pensar en mi colección de recortes. Pero de eso voy a hablarles después.

Desde 1991 y hasta hoy, en suplementos y revistas de intereses más y menos amplios, he escrito sobre cuestiones relacionadas con todo aquello que podría llamarse cultura: la obra y la vida de escritores, fotógrafos, dibujantes, poetas, cineastas, la crisis editorial, la relación entre los ríos y la literatura. Pero, a pesar de eso y quizás porque he escrito también sobre envenenadoras, suicidas, matarifes, millonarios, proxenetas, jamás me vi a mí misma como una periodista cultural, ni pensé que escribir sobre un cineasta requiriera aptitudes radicalmente distintas a las que requiere hacerlo sobre un asesino.

A lo mejor es porque vengo de un país donde siempre estuvo todo mezclado. Un país donde escritores como el argentino Roberto Arlt o el cubano José Martí enviaban a periódicos como *El Mundo* o *La Nación* crónicas que hablaban tanto de Somerseth Maugham como de la muerte de Jesse James o de la construcción del Puente de Brooklyn. Un país donde un cuentista y traductor llamado Rodolfo Walsh escribió un libro llamado *Operación Masacre* donde contaba una matanza de civiles por parte del Estado, pero que, antes y después, despachaba artículos sobre Ambrose Bierce, la literatura policial o una colonia de japoneses en la provincia de Misiones. Un país donde periodistas como Martín Caparrós o Tomás Eloy Martínez escribieron sobre el fútbol, las series de televisión, la ecología, la economía, los delirios guerreros de Bush, la vida de Saint-John Perse o una masacre de obreros en la Patagonia. A lo mejor por eso pienso que el periodismo cultural no existe y que los mejores periodistas culturales son aquellos que pueden escribir sobre cualquier cosa.

En su columna del mes de enero de 2011, publicada en la revista colombiana *El Malpensante* y titulada «Brevísimo manual para jóvenes editores», la editora chilena Andrea Palet decía: «Supongo que sabes quién es Andrew Wylie (...). Supongo que lees sesenta, ochenta, cien libros al año. Supongo que se entiende la idea. La única herramienta del editor es su cabeza, pero debe estar bien amueblada, y eso no se consigue únicamente con literatura, sino con una curiosidad interminable.» Supongo, parafraseando a Palet, que se entiende la idea. Supongo que un periodista que trabaja en el área cultural escuchó hablar de Andy Warhol, no necesita que nadie le explique la diferencia entre Tom Wolfe y Tobias Wolff, y sabe que Roberto Gómez Bolaños *no es* el autor de una novela llamada *Los detectives salvajes*. Subiendo en el grado de sofisticación, ese periodista podrá saber o no quiénes son Louise Bourgeois o Péter Esterházy, pero no debería ignorar quién es, por decir algo, Octavio Paz (aunque un periodista deportivo tampoco debería ignorar quién es Octavio Paz, así como un periodista cultural no debería ignorar qué es el Barça) y, ante todo, debería entender que su única herramienta es una cabeza bien amueblada, amoblamiento que no se consigue a fuerza de literatura, sino de una curiosidad interminable. Lo que quiero decir es que, quizás, el periodismo cultural pueda definirse por cierta temática, pero que, como todo periodismo, debería tener la intención, modesta y desmesurada, de mostrarle al lector un universo desconocido. Y que, como todo periodismo, no debería estar hecho para cambiar el mundo, pero tampoco para producir indiferencia.

Por eso quiero hablarles de mi colección de recortes.

Pero antes quisiera recordar lo que el ensayista mexicano Gabriel Zaid escribió, en 2006, en un artículo llamado «Periodismo cultural». Allí Zaid se preguntaba: «¿Qué es un acontecimiento cultural? ¿De qué debería informar el periodismo cultural? Lo dijo Ezra Pound: la noticia está en el poema, en lo que sucede en el poema (...). Pero informar sobre este acontecer requiere un reportero capaz de entender lo que sucede en un poema, en un cuadro, en una sonata; de igual manera que informar sobre un acto político requiere un reportero capaz de entender el juego político: qué está pasando, qué sentido tiene, a qué juegan Fulano y Mengano, por qué hacen esto y no aquello. Los mejores periódicos tienen reporteros y analistas capaces de relatar y analizar estos acontecimientos, situándolos en su contexto político, legal, histórico. Pero sus periodistas culturales no informan sobre lo que dijo el piano maravillosamente (o no) (...). Informan sobre los calcetines del pianista.»

Yo, con el perdón de Zaid, creo que, en efecto, todo buen periodista debe ser capaz de entender lo que dijo el piano, pero también de entender cuándo es necesario informar sobre los calcetines del pianista.

Preguntarle a la cineasta argentina Lucrecia Martel por un accidente automovilístico del que conserva un recuerdo dulcísimo me ayudó a establecer un nexo entre su vida cotidiana y cierta recurrencia con la doble naturaleza de las cosas que aparece en su cine, pero fue porque hablamos de su abuela, que le contaba cuentos de horror, y de su madre, que la dejaba ir al colegio disfrazada de cowboy, como empecé a entender el imaginario, tan crudo como infantil, con el que construye su obra. Ir en el asiento del acompañante del auto de la artista plástica Marta Minujín, ver cómo rozaba espejos retrovisores de otros autos y avanzaba entre frenazos mientras llamaba por teléfono a su taller diciendo «ya llego, ya llego, búsquenme un lugar para estacionar», convencida, además, de que lo estaba haciendo impecablemente bien, me permitió ver cómo, incluso en esas circunstancias, permanecía enajenada, metida en el mundo lúcido, pero autista y fragmentado, desde el que trabaja.

¿Qué sería del perfil que el periodista colombiano Alberto Salcedo Ramos escribió de Emiliano Zuleta, cantante y compositor de vallenatos, sin los párrafos de arranque que insinúan que, pese a los recaudos de la familia, sus amigos le pasaban alcohol de contrabando, para terminar con esta frase majestuosa de Zuleta: «A mí el cuerpo siempre me ha pedido que le dé ron, música y mujer. Y a un cuerpo que ha sido tan servicial y voluntarioso, yo no podría negarle lo que me pide»; qué sería del perfil de Plácido Domingo que hizo el argentino Roberto Herrscher sin la escena en la que Domingo toma a su nieta de la mano y le dice, la noche de su cumpleaños número setenta que se festeja en el Teatro Real de Madrid con la presencia de su española majestad, «¿Quieres venir conmigo a ver a la Reina?».

Si bien es verdad que un periodista debe informar sobre lo que el piano dijo, la diferencia entre un texto anodino y un texto superior reside en la capacidad de ese periodista para entender cuándo es momento de abrir el cuadro y enfocar, además del piano, los calcetines del pianista.

Y, sin embargo, la especialización rankea alto en los foros y encuentros en los que se discute el periodismo cultural. ¿Notas mal escritas? Se solucionan con especialización. ¿Notas aburridas? Se desinfectan con especialización. ¿Notas tapadas de lugares comunes? Se destapan con especialización. Y, si me disculpan, yo creo precisamente lo contrario.

Leonardo Faccio es un periodista argentino que vive en Barcelona. Su proximidad con el fútbol es solo geográfica: vive a dos cuadras del Camp Nou. Por lo demás, no es periodista deportivo, ni entusiasta del fútbol, ni lejano fan. Sin embargo, en el año 2010 publicó un perfil de Lionel Messi en la revista peruana *Etiqueta Negra* que resultó ser el mejor perfil de Messi jamás escrito. Con un profesionalismo fuera de escala, todo lo que los periodistas especializados señalaban como un escollo –el mutismo de Messi, su parquedad, su actitud distraída– fue la piedra sobre la que Faccio construyó el perfil: rodeó a Messi con testimonios de familiares, novias y amigos y esparció ráfagas de ese comportamiento monótono y enfurruñado que contradice o comenta los testimonios que consiguió. Meses atrás, una editorial le propuso escribir una biografía de Messi, cosa que Faccio está haciendo aunque siga sin saber un pepino de fútbol. Hace algunos días, desde Barcelona, decía por mail: «Creo que fue justamente esa inmunidad pasional la que, en parte, me ha ayudado para trabajar el perfil de Messi, a centrarme en lo humano, sin importar demasiado si era futbolista o rockero.»

En una columna publicada en el diario *Perfil* en 2008, el escritor y periodista argentino Maximiliano Tomas citaba a la escritora, poeta y periodista española Mercedes Cebrián, quien decía: «Creo en la dispersión como un valor y no como un inconveniente, así que considero que el periodista cultural ha de ser disperso por naturaleza. Ante todo, debe desarrollar una mirada escudriñadora y fijarse en los pequeños detalles, en lo "infraordinario", como diría Georges Perec.» Amelia Castilla, editora del suplemento *Babelia,* periodista formada durante treinta años en las páginas culturales de ese diario, dijo, en una entrevista de 2011 publicada en un diario de La Paz, Bolivia: «Un periodista cultural no debe ser distinto a los de otras áreas (...). Un periodista trabaja de la misma manera en cualquier área, ya sea policial, sucesos o ciudad.»

Un periodista es, más que un especialista, un renacentista modesto, un experto en todas las cosas, pero de a una cosa por vez. Hace unos años entrevisté al pintor argentino Guillermo Kuitca. Yo no era, ni soy, ni seré, una experta en pintura contemporánea, pero me transformé en una experta ocasional: en Kuitca, en sus influencias, en la pintura contemporánea. Pasé días en su taller haciéndole preguntas sobre su obra pero, también, preguntándole cosas como: «¿De qué trabaja tu padre?», o «¿Qué mirás en la televisión?», o «¿Por qué nunca salís de tu casa los domingos a la tarde?». Almorcé con él, lo vi pintar, responder mails, reírse de sí mismo, ir a un museo y, finalmente, escribí el retrato de un hombre que es producto de un pasado, de unos padres, de unos amores, de unas desilusiones, de unos amigos y que, sobre todo, pinta. La gente es mucho más que aquello que hace –un escritor es mucho más que un hombre que escribe–, pero, hundidos en las cenagosas aguas de la especialización, solemos perderlo de vista.

Una mirada capaz de hacer cruces entre diversas disciplinas, relacionar un cuadro con una crisis económica o un gesto artístico con una obsesión, no se cultiva tomando cursos de poesía metafísica, sino abriendo el campo y aprendiendo a mirar. La especialización suele producir textos endogámicos en los que Antonio López es un pintor que acaba de inaugurar una muestra en el Museo Thyssen y nada más, y Damien Hirst un tipo que anda por ahí cortando animales y sumergiéndolos en piscinas repletas de formol y nada más. Miradas ciegas para las que escritores, pintores, músicos o escultores no son personas razonablemente tristes, razonablemente alegres o razonablemente egomaníacas, sino maquetas de sí mismos. Pianistas con los calcetines fuera de cuadro o, lo que es lo mismo, protagonistas de textos que olvidaremos antes de leer.

Lo que me lleva a pensar, una vez más, en mi colección de recortes.

Pero antes quisiera decir que siempre parece más fácil encontrar un costado interesante en un pintor o un escenógrafo que, digamos, en el recital de poesía de las Damas Católicas de Palermo. Siguiendo el mismo argumento uno podría pensar que no se puede escribir nada bueno sobre el Festival Anual de la Langosta en Maine, Estados Unidos, y sin embargo allá fue el escritor y periodista norteamericano David Foster Wallace y escribió un texto sobre esa feria que es, también, una disquisición acerca de lo que sufren, o no, las langostas al ser arrojadas vivas en una olla de agua hirviendo y una exploración de lo que estamos dispuestos a aceptar a cambio de obtener placer. Todo lo que hizo Foster Wallace, además de escribir asquerosamente bien, fue encontrar un punto de vista adecuado. Si Arquímedes dijo: «Denme un punto de apoyo y moveré el mundo», los periodistas deberíamos repetir: «Denme tiempo para encontrar un punto de vista y escribiré un texto.»

El año pasado el suplemento *Babelia*, del diario *El País*, de España, me pidió una nota sobre el idioma español. La indicación era muy general: un texto sobre el español, sus parecidos, su evolución, sus diferencias. Estuve horas repasando páginas de congresos de la lengua e institutos cervantes y lo único que lo-

193

gré fue acomplejarme: todo lo que se podía decir sobre el español ya estaba dicho y por voces bastante más autorizadas que la mía. Estuve un par de días pensando qué podía agregar a todo eso, hasta que volví sobre mis pasos y me di cuenta de que, en todo lo que había leído, flotaba un optimismo arrebatado: varios especialistas repetían, golpeándose los pechos, que el español avanzaba imparable y que, como muestra de eso, en el año 2050 los Estados Unidos serían la primera nación hispanohablante del mundo. Entonces me pregunté: ¿qué es una lengua? ¿Una competencia por ver quién la tiene más larga? ¿Por qué nos pone tan contentos que las palabras se comporten como se comportaron los conquistadores? Y, si una lengua conquista, ¿qué cosas conquista: una forma de pensar o una manera de decir te quiero? Y, en ese universo en el que más, mejor, más lejos parecía la norma, ¿quiénes eran los herederos desinteresados de la lengua? Y me dije: los poetas. Entonces llamé por teléfono al poeta chileno Raúl Zurita que, un día de octubre, me dijo esto: «No hay que pensar tanto en cuántos hablan un idioma, sino de qué hablan en ese idioma. Y de eso, de qué se habla, nadie está diciendo nada.» El fraseo ahogado de Zurita me dio un punto de apoyo y lo que había sido un árido desierto de filología se transformó en el paisaje frondoso de cada una de todas las palabras del idioma. Así, bien, mal o peor, armé un artículo que tenía una estructura de párrafos duros llenos de porcentajes, datos, testimonios, y párrafos más suaves que se interponían como un mantra retórico y se preguntaban cosas como estas: «¿Qué es una lengua? ¿Sus diccionarios, su gramática? ¿Las mamacitas de los mercados que vocean los fríjoles, los frijoles, los fréjoles? ¿Los mensajes de texto? ¿Las tres palabras necesarias para decir "esto me importa" o "no te vayas"?», intentando que las derivas lingüísticas que importan solo a algunos mutaran en el modesto diccionario que nos sucede, todos los días, a todos.

Lo que me lleva a pensar, otra vez, en mi colección de recortes.

Pero quisiera leerles, ahora, el arranque de un texto llamado *El mesías lunático,* firmado por el escritor argentino Alan Pauls, que dice así:

«A mediados de 1976, los hermanos Taviani discutían en su pequeña oficina romana los detalles de la película que tenían entre manos –*Padre padrone*–, cuando la ronca exhalación de un motor que se acercaba, ligeramente desafinado, los obligó a callarse. Se acercaron a la ventana: vieron una vieja Vespa blanca estacionada frente a la oficina y a un hombre alto, extraordinariamente flaco, vestido con unos raídos pantalones de pana, que caminaba hacia ellos con el casco puesto y los trancos largos y ciegos de un sonámbulo. Por un momento, un poco inquietos, los Taviani alentaron la esperanza de que la visita no fuera para ellos. Pero el timbre sonó, sonó una, dos, tres veces, insistente y sonámbulo, y Paolo –el más aplomado de los dos: casi veinticinco años después, Vittorio confiesa que él había propuesto que se quedaran en silencio, fingiendo que no había nadie en la oficina– abrió la puerta, y el hombre entró y les estrechó la mano durante un largo rato, con una gravedad un poco pasada de moda o burlándose, y sin decir una palabra se sentó ante el escritorio, en la silla de Paolo, de modo que Paolo, después de cerrar la puerta, fue hasta el escritorio y se quedó de pie junto a Vittorio –solo había dos sillas en la oficina–, posición en la que tuvo que permanecer los quince minutos que duró la visita del desconocido.

–Soy Nanni Moretti –dijo.

(...) Los Taviani no recuerdan muy bien de qué hablaron. Recuerdan que Moretti habló, habló y habló y que ellos escucharon. Quería trabajar con ellos en su próxima película. De meritorio, de eléctrico: de cualquier cosa. Había hecho un par de cortos en super 8 que podía mostrarles, si querían. Nada demasiado importante: ejercicios.

Ahora empezaba a preparar su primer largometraje, también en super 8.

–Ah, qué bien –suspiró Paolo–. ¿Y de qué va a tratar su película?

–Todavía no lo sé –dijo Moretti–. Solo tengo el título. Se va a llamar *Yo soy un autárquico.*»

El texto tiene un gran arranque, un alto manejo de la intriga, una estupenda presentación de los personajes, una fabulosa puesta en escena de la perplejidad de los Tavianni y del desenfado impune de Moretti. Pero si Alan Pauls hubiera optado por una prosa correcta y previsible quizás hubiera escrito, por ejemplo: «Nanni Moretti conoció a los hermanos Taviani a mediados de 1976. Comenzó a trabajar como ayudante en sus películas y desde entonces su carrera no se detuvo.» No solo suena distinto: es distinto. Desprovisto de su forma, el texto pierde información. Ya no percibimos el carácter tozudo de Moretti, carácter que planta, como una anticipación profética, la idea seminal de que ese hombre absurdo es, también, un genio. Desprovisto de su forma, el texto ya no dice lo que debe decir.

Y, sin embargo, tendemos a pensar que los géneros narrativos son más adecuados para contar la atrocidad que el cine, los muertos vivos que las artes plásticas. Todos parecemos estar de acuerdo en que se puede escribir una gran pieza de periodismo narrativo sobre Ciudad Juárez, pero no tan seguros acerca de la pertinencia de utilizar esas mismas técnicas en un ensayo crítico. Y, sin embargo, hay quienes lo hicieron.

En diciembre de 2007 la revista *El Malpensante* publicó un texto firmado por el escritor colombiano Juan Gabriel Vásquez. Se titula «Diario de un diario» y versa sobre los diarios del escritor peruano Julio Ramón Ribeyro. Allí, Vásquez construyó un diario propio –un diario de su lectura del diario de Ribeyro– para narrar un diario ajeno –el diario de Ribeyro– y, de paso, dar cuenta de la vida y de la obra de Ribeyro y reflexionar acerca de su inserción en el boom de la literatura latinoamericana. Arranca así: «Diciembre de 2007. Durante un vuelo entre Madrid y Barcelona comienzo a leer los diarios de Ribeyro, que Ricardo Cayuela me regaló hace ya varios meses. Nada más empezar, debo cerrar el libro. La primera anotación es del 11 de abril de 1950, y dice: "Tengo unas ganas enormes de abandonarlo todo, de perderlo todo." Todavía no ha cumplido los veintiún años y ya está buscando la salida de emergencia. (...) Nacido en 1929, es quince años menor que Cortázar, dos años menor que García Márquez, un año menor que Fuentes, apenas siete años mayor que Vargas Llosa. Es decir, era un estricto escritor del boom latinoamericano. Y, sin embargo, poco o nada tuvo que ver con el fenómeno narrativo que estos nombres encabezaron. No se piensa en el boom cuando se piensa en Ribeyro. No se piensa en Ribeyro cuando se piensa en el boom.»

«Diario de un diario» tiene todo lo que tiene que tener un buen texto de periodismo narrativo: intriga, clima, tono y una estructura que tiene, a su vez, sentido: el día a día de un escritor que hurga en el día a día de otro.

En abril de 2009, la revista *El Malpensante* reeditó un texto firmado por el periodista y escritor argentino Elvio Gandolfo, escrito originalmente en 1986. Se titula «El caso Benedetti» e intenta responder a una pregunta: por qué Mario Benedetti, a pesar de sus ventas enormes y de la gran popularidad de algunos de sus poemas, rara vez es incluido en antologías de poesía latinoamericana. Para responder a esa pregunta Elvio Gandolfo incorporó en el texto a un personaje claramente ficticio, un álter ego suyo llamado Suárez, un policía. El texto arranca así: «Llovía. Una tierna lluvia de otoño circulaba desde la mañana temprano sobre los vidrios coloreados de la comisaría. Suárez hizo un bollo con un papel inútil y le erró al canasto, como siempre. "Viernes", pensó. Caminó hasta el cesto, levantó el papel, lo tiró cuidadosamente. Volvió al escritorio. La mujer y los hijos de Suárez lo habían dejado solo ese fin de semana. Pensaba con cierto rencor en la casa vacía, las horas aburridas, el sordo odio que le daba mirar televisión, nunca lo bastante intenso como para apagar el aparato antes de tragar un par de horas de estupideces. "Me vendría bien un caso suplementario. Unos pesos", pensó, aunque sabía que lo necesitaba más como forma de pasar el fin de semana que como refuerzo económico. (...) A las tres y media el cabo Gurméndez le avisó que tenía una llamada.

–¿Quién es? –preguntó Suárez, molesto.

–Gonçalves.

–Páselo, páselo –dijo Suárez, mientras manoteaba un cigarrillo. "La vida te da sorpresas", se dijo, divertido. Gonçalves casi nunca llamaba si no era para encargarle un caso extraoficial.

Después de los saludos de rigor, de las bromas, de cierto humor agresivo que usaban los dos desde que se conocieron en el entierro de Ludueña, Suárez le pregunto qué quería: estaba ocupado, pero haría lo que pudiera por él.

–Es un caso delicado, Suárez –dijo la voz parca de Gonçalves, que jamás lo tuteaba–. Hay gente, no puedo decir quién, que quiere averiguar por qué Mario Benedetti, a pesar de sus ventas enormes y de la gran popularidad de algunos de sus poemas, rara vez es incluido en antologías de poesía latinoamericana.»

A partir de ese momento, Suárez se impone la tarea de leer todos los libros de Benedetti y el texto lo sigue, de bar en bar, mientras él revisa, lee, piensa en voz alta, clasifica poemas mediocres, buenos, malos, y llega a un veredicto.

«El caso Benedetti» tiene todo lo que tiene que tener un buen texto de periodismo narrativo: intriga, clima, tono, una estructura que tiene, a su vez, sentido: un sabueso siguiendo las pistas de algo que solo él puede descubrir.

El texto de Juan Gabriel Vásquez pudo ser una buena reseña de un libro de Ribeyro, el texto de Elvio Gandolfo pudo ser un buen ensayo crítico acerca de la ausencia de virtudes en la poesía de Benedetti. Pero eligieron ser lo que son: dos textos de periodismo inclasificable. O solo clafisificable como periodismo estupendo.

Dirán que no siempre se puede, y es verdad: no siempre se puede.

A veces no se puede porque, simplemente, sería una pesadilla abrir el periódico y toparse, cada día, con que todas las notas de la sección Cultura empiezan diciendo cosas como: «La mañana de junio en que el Secretario de Plazas y Paseos firmó la autorización para organizar la Decimonovena Feria de las Orquídeas en el Parque Japonés, llovía.» A veces no se puede por falta de tiempo, por falta de recursos, por falta de espacio. Pero, urja o no el tiempo, azuce o no la falta de recursos, ahorque o no el espacio, a veces el empeño está puesto solo en cumplir burocráticamente con la información, y entonces el periodismo se transforma en una línea de montaje en la que se escribe, se imprime, se archiva y ya.

Dirán, también, que los temas culturales son percibidos como temas menos trascendentes que los que se publican en secciones como Política y Sociedad. No es difícil comprobar ese argumento porque hay indicadores claros: las páginas de Cultura de algunos diarios ni siquiera se publican todos los días, y los grandes premios de periodismo, como el de la Fundación Nuevo Periodismo Iberoamericano, el Ortega y Gasset, el Rey de España, el Lorenzo Natali o el Ulyses, estaban y están orientados a los reportajes duros y todos riman más con Haití que con Alfonso Reyes. En la entrega del año 2003 del premio Cemex FNPI, «El testamento del viejo Mile», el ya mencionado perfil que Alberto Salcedo Ramos hizo sobre el compositor de vallenatos Emiliano Zuleta, llegó a figurar entre los cinco finalistas y se transformó, así, en saludable mosca blanca en un universo de niños rotos por el hambre o desaparecidos por las dictaduras latinoamericanas.

Dicho eso, diré esto: primero, que cuando el periodismo se transforma en una línea de montaje en la que primero se escribe, después se imprime y al final se archiva, es buen momento para empezar a pensar en dedicarse a otra cosa.

Segundo, que hay que aprender a vivir sin necesitar la mirada de los otros y que, sin dudas, es lindo ganar premios, y hasta muy lindo ganar premios, y hasta precioso ganar premios, pero que no escribimos para ganar premios.

Escribimos porque tenemos algo para decir.

Entonces, ahora sí, voy a hablarles de mi colección de recortes.

No sé cuándo empezó, pero debe haber sido hace mucho porque los más viejos están muy rotos. Sea como fuere, la colección de recortes no está hecha *solo* de páginas arrancadas a revistas y suplementos culturales, pero está hecha *sobre todo* de páginas arrancadas a revistas y suplementos culturales.

Hay allí columnas de dos mil caracteres que hablan de escritores muertos a los que nunca leí, artículos de cinco páginas que hablan de escritores vivos a los que admiro, textos de media página que hablan de directores de cine, cantantes pop o artistas plásticos que aún no conozco. Solo por mencionar algunos, entre esos recortes hay un texto del escritor argentino Leopoldo Brizuela, publicado en el suplemento cultural *ADN,* del diario *La Nación,* que habla de Amália Rodrigues, del fado y de Lisboa; un número especial que el suplemento cultural *Ñ,* de *Clarín,* dedicó a la belleza y donde, entre varios textos, hay uno de Juan Villoro sobre los dientes de Ornella Muti; varios artículos de *Radar,* el suplemento cultural de *Página/12,* en los que la argentina María Moreno habla de la crónica latinoamericana, Alan Pauls de la muerte de Fogwill, Rodrigo Fresán de Tim Burton y Juan Forn de las extrañezas de escritores que, hasta entonces, siempre me habían parecido muy normales. Y así de etcétera.

Repaso a menudo mi colección de recortes y sé perfectamente qué es lo que hay ahí. Y lo que hay ahí no es otra cosa que un reservorio de fe y de estremecimiento.

Hoy, por ejemplo, es martes 9 de agosto de 2011 y estoy buscando, en la pila, dos o tres artículos que se publicaron en *Radar.*

El primero que encuentro es del año 2006, titulado «El pintor de niños», firmado por Mariana Enriquez, que habla de un ilustrador llamado Mark Ryden de quien yo no había oído hablar. El artículo dice, entre otras cosas: «Allí hay una inocencia corrompida, una mirada infantil morbosa y una violencia latente que sugiere no solo la extrañeza y la complejidad del cuerpo humano (niños bautizados con sangre humana, nínfulas pálidas con un tajo en el pecho, hundidas en un baño de sangre), sino algo onírico y detallado, a la manera de Dalí, el Bosco, Brueghel. (...) Ryden posee una fascinación infantil con lo asqueroso, como los niños. Sus cuadros insisten en que somos carne, pero carne que además puede leer filosofía.»

El segundo que encuentro es del año 2010, titulado «Crudo como el amor», firmado por Juan Forn, que habla de Barry Hannah, un escritor de quien tampoco había oído hablar. El artículo dice, entre otras cosas: «Barry Hannah escribía tal como corcovea un cable de alto voltaje que se suelta en medio de un huracán. (...) Veinte años anduvo Barry Hannah rodando en llamas por Estados Unidos hasta que desembocó nuevamente en Mississippi, donde algunos lo recibieron como al hijo pródigo y otros como a un demonio devuelto al remitente. (...) En sus últimos quince años de vida logró incluso convertirse en buena persona sin dejar de escribir (un milagro doblemente infrecuente: que un hijo de puta se vuelva buena gente y que conserve intacta su perfidia narrativa). Se sobrepuso a la muerte de un hijo, a un cáncer, a una feroz quimioterapia y al tedio que produce la vida a los alcohólicos recuperados; y así se fue convirtiendo sin proponérselo en uno de esos venerables veteranos del pánico que al Sur norteamericano tanto le gusta idolatrar: aquellos que sobreviven milagrosamente al susurro en el oído de todos sus demonios sin olvidar en el camino el incendiario idioma de sus pesadillas.»

El tercero que encuentro es del año 2009, firmado por Rodrigo Fresán, titulado «Toda esa carne pintada», y describe una muestra de Francis Bacon, un pintor que me interesaba poco, en el Museo del Prado. El artículo dice, entre otras cosas, esto: «Me pregunto si, el próximo abril, todos esos cuadros se dejarán descolgar de todas esas paredes sin resistirse, sin exorcismo previo, sin aferrarse con uñas y dientes, sin lanzar alaridos asustando a majas y a meninas y a reyes y reinas. Van a tener que arrancarlos a golpes, pienso mientras arranca el tren de regreso y me digo que, por suerte, yo ya no estaré aquí para ver la ascendente caída de la Casa Bacon.»

No importa si Mark Ryden es o no un ilustrador interesante, no importa si pude leer o no a Barry Hannah, no importa si soy, o no, una conversa devota de Francis Bacon. No importa el contenido de mi colección de recortes: importa el filamento que la une. La mano de autores que, con premeditación y absoluta alevosía, para bien, para mal y para todo lo contrario, escanciaron el adjetivo asqueroso junto a la palabra niño, dotaron a un cable de una cualidad furiosa, a unos cuantos cuadros de una voluntad demente, e hicieron todo eso no porque no tuvieran nada mejor que hacer, sino porque sintieron, dura como un fuego, arrasadora, la fe, la profunda fe en que tenían algo para decir.

Y quizás de eso, y de ninguna otra cosa, se trata todo esto: de estar enfermos de esa fe y de buscar, desesperadamente, tanto en la paz como en la zozobra, las frases que puedan transformarla en estremecimiento.

Llegamos, entonces, al principio. Y diré, otra vez, que el periodismo cultural no existe. Y diré, otra vez, qué suerte.

Porque lo único que un periodista debería preguntarse a la hora de escribir un texto sobre el aniversario de la muerte de Rulfo no es en qué sección va a publicarlo, sino qué tiene él para decir. Sobre los aniversarios, sobre la muerte, sobre Rulfo.

Yo no necesito leer un solo artículo más sobre la Feria del Libro de Frankfurt, pero siempre necesitaré que Mariana Enriquez me susurre que los cuadros de Ryden insisten en que somos carne, pero carne que puede leer filosofía. No necesito leer un solo artículo más sobre las fotos de Richard Avedon, pero siempre necesitaré que Juan Forn o Rodrigo Fresán me recuerden cuál es el idioma en llamas que braman los demonios.

Yo siempre estaré buscando, como un tigre cebado, como

un lobo en la noche, los rastros de esa fe, las huellas de ese estremecimiento.

En esa fe, y en ese estremecimiento, leo.

En esa fe, y en ese estremecimiento, escribo.

Y esa fe, y ese estremecimiento, son todo lo que tengo para decir.

Leído en el seminario «Nuevas rutas para el periodismo cultural», organizado por la Fundación Nuevo Periodismo Iberoamericano, México, 2011.

DEJAR MORIR

Cada tanto sucede: algún periodista dice –pública o privadamente– estar seguro de que este oficio al que le ha dedicado la vida ya no tiene futuro y que, por culpa de las nuevas tecnologías (se mentan otras culpas, pero esas, las de las nuevas tecnologías, son las que rankean más alto), está herido de muerte. No es poco usual que ese mismo periodista termine diciendo algo así como que se siente muy privilegiado por haber vivido un tiempo en el que el oficio tuvo gran brillo, pero que ahora solo queda esperar el fin, y que no le gustaría estar en la piel de los que vienen detrás. Punto.

Cada vez que leo o escucho algo así me pregunto cosas. Me pregunto, por ejemplo, si yo podría hablar de esa manera de la denigración del cuerpo de un ser al que quise, al que quiero. ¿Podría mirar pasivamente la aniquilación de aquel cuya alegría me alimentó durante años y decir: «Lo siento por quienes no pudieron, pero yo ya bebí»? En verdad, no. Y, con el oficio, tampoco puedo decir: «No importa, yo ya hice lo mío.» En parte porque, claro, yo todavía no hice lo mío, pero, sobre todo, porque lo que hago es lo que más soy y ningún diagnóstico de muerte de aquello que más soy puede dejarme tranquila.

Hace unos meses un colega me escribía, dudoso ante la posibilidad de inscribirse en un taller de periodismo: «No sé si tiene sentido seguir invirtiendo en esto para después no poder publicar en ninguna parte, no tener un solo editor que entienda de lo que le hablo, romperme la cabeza para cobrar dos pesos, y terminar como encargado de prensa de una empresa.» Yo creo que sí tiene sentido. Pero solo si se hace con la convicción de que uno va a publicar en todas partes, va a tener editores que entiendan y no, no va a terminar como encargado de prensa de una empresa. Por otra parte, no soy cándida. Sé que no es el mejor de los mundos posibles. Sé que las redacciones se despueblan –y se despojan– de sus mejores periodistas. Sé que el oficio sigue precarizándose con redacciones en las que cada vez menos gente hace cada vez más cosas (cinco artículos por día, cada uno con sus respectivas fotos, y un blog y dos cuentas de twitter y el facebook oficial); que los editores, como señaló el periodista argentino Martín Caparrós, inventaron aquel oxímoron del lector que no lee; que el entrenamiento para las versiones online de algunos periódicos incluye la exigencia de repetir muchas veces una palabra –la palabra vino en una nota sobre la ruta del vino, por ejemplo– de modo que esa nota rankee bien alto en los buscadores y los anunciantes se sientan atraídos.

Muchos se preguntan si en ese reino –todo cada vez más rápido y todo cada vez más corto– el periodismo que exige ir para ver, que pide tiempo y espacio para contar, tiene sentido. Mi respuesta es que sí, siempre sí, solo sí. Ya lo dije hace unos años: «desprecio las versiones planas del mundo –malos contra buenos, víctimas contra victimarios–, y allí donde otro periodismo golpea la mesa con un puño y dice "qué barbaridad", el periodismo en el que creo toma el riesgo de la duda, pinta sus matices, dice no hay malo sin bueno, dice no hay bueno sin malo. Allí donde otros hablan de la terrible tragedia y del penoso hecho, el periodismo en el que creo nos susurra dos palabras, pero son dos palabras que nos hunden el corazón, que nos dejan helados y que, sobre todo, nos despiertan».

Hay una película mala llamada *Meteoro*. Allí, en mitad de una carrera, el auto de Meteoro, el Mark 5, se avería a metros de la meta. Entonces, en un flashback atribulado, Meteoro recuerda la frase que alguien le ha dicho alguna vez: «Meteoro:

no importa si las carreras de autos cambian. Lo que importa es si vamos a permitir que nos cambien a nosotros.»

Es posible que el periodismo cambie. Que los medios cambien. Que los soportes cambien. Es posible que los periódicos desistan de ser lo que alguna vez fueron: una forma de entender el mundo. Es posible que se transformen en deliveries de morbo, que les dé lo mismo fabricar noticias que refrigeradores. Es posible que eso que llamamos periodismo cambie hasta un punto tal que ya no sea lo que fue. Pero la pregunta no es si el periodismo va a cambiar. La pregunta es si vamos a dejar que eso nos cambie a nosotros. ¿Dejarían morir, sin intentarlo todo, a alguien a quien quisieron mucho? ¿Dirían «no importa, porque yo ya tomé lo que había que tomar»? Dejar morir, o hacer alguna cosa. Mírense: lo que elijan será lo que son.

Revista Sábado, El Mercurio, *Chile, noviembre de 2013.*

LA IMPRESCINDIBLE INVISIBILIDAD DEL SER, O LA LECCIÓN DE HOMERO

Todos los periodistas latinoamericanos somos expertos en perfiles: en su escritura, en su análisis, en su confección. No nos vamos a la cama sin llevarnos el «Frank Sinatra está resfriado» de Gay Talese y supimos qué cosa era el *New Yorker* antes de saber que Santa Claus eran los padres.

Todos menos yo, que confieso que empecé a escribir perfiles sin saber lo que hacía, cuando la definición más sofisticada que podía dar de esa palabra era la de «persona vista de costado», y porque fue lo único que se me ocurrió para evitar una segura humillación.

Era 1992 o 1993. Yo no tenía formación académica en periodismo, escribía en una revista en la que publicaba sobre todo crónicas freaks y artículos de tendencia urbana, y un día como tantos mi editor me pidió que entrevistara a un director de cine. Y me desesperé: no solo porque nunca fui una gran preguntadora, sino porque, además, en esos años tenía una creencia torpe: creía que una entrevista era la transcripción literal de una conversación entre dos personas y sabía que, apenas se conocieran mis preguntas de niña de ocho años, iba a terminar hundida en la vergüenza pública.

La solución que encontré fue fruto de ese terror: pensé que, si construía algo parecido a unos textos que había leído ya ni sé dónde y que contaban la historia de una persona gracias a una sumatoria de voces, material de archivo, referencias a libros y películas, nadie iba a darse cuenta de la necedad de mis preguntas.

Como no sabía hacer perfiles –como no sabía siquiera que esos textos se llamaran así– me inventé un método que me pareció prudente: leí todo lo que pude acerca de la vida y obra del sujeto a entrevistar, hablé con un par de amigos suyos, miré tres películas, lo entrevisté dos veces, lo acompañé durante un día de trabajo y entregué un texto al que llamé, en la intimidad, un «texto integrado». Lo de *integrado* venía, como es notorio, de la *integración* de varios recursos: material de archivo, cierta polifonía de voces, diversidad de recursos.

Poco tiempo después tuve que entrevistar a un músico muy esnob, muy culto, muy enterado, y le propuse tener dos o tres encuentros, ver sus fotos de infancia, hablar con su madre y sus amigos. Semejante exigencia, le expliqué, era necesaria porque yo no quería hacer una entrevista, sino un texto *integrado*. Y entonces el músico –muy esnob, muy culto y muy enterado– me interrumpió y me dijo: «Ah, lo que vos querés hacer es un perfil.»

Desde entonces, hago perfiles.

Que son textos integrados, con otro nombre.

El libro *La Argentina crónica*, publicado en 2007 por la editorial Planeta, reúne trabajos de varios periodistas argentinos que debieron responder, además, estas tres preguntas: cuál es la definición de crónica, cuál es su finalidad y cuáles son sus límites éticos. El periodista Martín Sivak respondió así: «Este cuestionario parte de un equívoco quizás generacional de quienes participamos de este fascículo: la idea de que la crónica, como género salvador, es una etapa o estadío superior de cosas. Me temo que no es así. Y por eso no tengo de la crónica una definición distinta de la de una nota o un reportaje: contar una historia. Supongo, entonces, que tiene la misma finalidad que cualquier otra nota o reportaje.»

Parafraseando a Sivak, me gustaría decir que no creo que

los perfiles sean un estadío superior del periodismo o que tengan una finalidad distinta a la de cualquier nota o reportaje y que esa finalidad es contar una historia. Y si me preguntaran por qué escribo perfiles, diría que por los mismos motivos por los que escribo otras cosas: porque hay cosas que no entiendo y que quiero entender, pero, sobre todo, por un acto de soberbia: porque siento que nadie, salvo yo, puede saciar el monstruo de mi curiosidad una vez que ese monstruo se despierta.

Excepto que se trate de un perfil por encargo, la elección del sujeto a perfilar es el resultado de los gustos –y los traumas– del autor, combinados con la factibilidad de publicar esa historia en algún medio: uno no escribe perfiles para leérselos a la tía, sino para publicarlos en alguna parte.

Yo no sé por qué me interesan las historias que me interesan –una larga lista de mutilados, gigantes, bateristas con síndrome de Down, directores de cine porno, chinos de supermercado, mafiosos, envenenadoras y magos–, aunque creo que todas tienen algo en común: se trata de historias que han sido recorridas hasta el hartazgo por diarios y revistas y en las que, a veces, veo un rayo: la sospecha de que, a pesar de todo, queda todo por decir. Y entonces el monstruo de mi curiosidad se despierta y yo ya no soy yo, sino un pescador en mar espeso, sin caña y sin anzuelo, sin más estrategia que la pura paciencia y los ojos abiertos.

Mucho tiempo después, cuando vuelvo a la orilla, lo que traigo en los brazos es un bicho difícil. Algo que se ríe y tiene la boca rota en un vagido interminable. Que miente y agoniza de sinceridad y se exhibe con ego de monstruo y se esconde con discreción de púber. Un ser cobijado en sedas y un íncubo enredado en secretos como babas; un asesino metálico y una entidad con la fragilidad de un ojo.

Casi siempre me gusta lo que traigo en los brazos. Lo que traigo en los brazos es, casi siempre, algo profundamente vivo.

La pregunta, claro, es cómo se hace.

La respuesta es que no sé, pero que, en todo caso, a mí me sirve aplicar curiosidad, derrochar paciencia y cultivar discreción: preguntar como quien no sabe, esperar como quien tiene tiempo y estar allí como quien no está.

Si nos ponemos prosaicos, hay que decir que todo empieza con una llamada telefónica y alguien que dice sí a una propuesta que incluye entrevistas largas y una inmersión en su vida cotidiana.

Si nos ponemos todavía más prosaicos, hay que decir que siempre pido que el primer encuentro sea en la casa del protagonista del perfil, y que llego puntualísima, sin lista de preguntas, pero con libro y grabador. El libro porque no salgo de casa sin un libro desde que tenía siete años, y el grabador por varios motivos: porque no puedo tomar notas y pensar al mismo tiempo, porque no puedo tomar notas y escuchar al mismo tiempo, porque no puedo tomar notas y mirar a los ojos al mismo tiempo, porque tomar notas mientras otro habla es la representación perfecta de un interrogatorio policial, pero, sobre todo, y como dijo el periodista argentino Martín Caparrós en un encuentro de cronistas reciente, porque no solo importa lo que la gente dice sino cómo lo dice. Porque no es lo mismo citar textualmente que citar el concepto: la frase que la sombra de la frase. Hace algunos años una mujer me contó el momento en que descolgaba el cadáver de su hijo, ahorcado en plena calle, y me dijo esto: «lo bajamos y él se cayó conmigo. Se cayó arriba mío. Y estaba con sus ojitos abiertos, como diciendo mamá perdóneme. Perdóneme». Yo grabé y transcribí textual, aunque también habría podido escribirlo así: «Cuando lo bajamos mi hijo cayó sobre mí. Tenía los ojos abiertos y parecía pedirme perdón.»

La idea es la misma, pero la segunda es su versión embalsamada.

Contra el grabador hay argumentos duros: que el aparato pone a la defensiva y entonces las personas terminan por decir cosas que no sienten, que el aparato produce inhibición y entonces las personas terminan por no decir nada. En cualquiera de los dos casos, parece, la solución sería no usar. Es curioso porque, amparados en este argumento, los fotógrafos podrían decir que, puesto que las cámaras inhiben a sus retratados, van a dejar de tomarles fotos para empezar a hacerles más inexactos pero menos inhibitorios retratos al óleo.

Hacer una entrevista es como torear, pero sin final trágico: tentar al toro y, cuando sale, hacerle honor a ese coraje. Cada uno sabrá cómo lograr esa eficacia, que no es fácil, pero yo estoy más segura con esa cajita noble, corazón de pilas, cuidándome la espalda.

Y si nunca he visto un grabador apurado, aburrido,ególatra, cínico, inseguro, en cambio he visto esto: he visto periodistas que no miran a sus entrevistados a los ojos, que mueven los pies con impaciencia, que se distraen con cosas que pasan en la calle, que preguntan como quien llena un formulario, que interrumpen, que no escuchan, que asienten como muñecos articulados y sonríen como marionetas falsas, que citan cosas que el entrevistado jamás dijo, que citan libros que el entrevistado jamás escribió, que le dicen Alberto a quien se llama Alfredo y que creen que ser cruel es lo mismo que ser inteligente.

Claro que, entre otros incuestionables, Gay Talese y Jon Lee Anderson no usan grabador y dan explicaciones convincentes acerca de su inconveniencia. Tan convincentes que a veces me digo que tienen razón: que usar un grabador es lo peor del mundo.

Pero, para ser sincera, lo que pienso casi siempre es esto: que culpar al grabador es un acto tan lúcido como matar al mensajero.

Un perfil es una carrera de resistencia, en la que no tiene chances el que llega primero, sino el que más tiempo permanece.

Años atrás escribí acerca de un hombre llamado Jorge Busetto, un médico cardiólogo, mujeriego serial, cantante y doble de Freddie Mercury en una banda argentina tributo a Queen.

211

Lo entrevisté en días y lugares diferentes, entrevisté a su madre, su padre, su mujer, sus compañeros de banda y de trabajo, lo acompañé al hospital, al gimnasio, a visitar a su abuela, a pasear, a hacer las compras y a uno de sus recitales. El día del show los músicos llegaron a la casa de Busetto a las ocho de la noche y fueron a cambiarse. Pasaron unos minutos y de pronto Busetto, chaleco de cuero, bigote acentuado por tintura negra, anteojos Ray Ban y pantalones de cuerina rojos, apareció corriendo, alarmadísimo: el baterista estaba encerrado en el baño, víctima de una diarrea fulminante. Y así vestido y sin pensarlo, Busetto salió a la calle a buscar, casa por casa, vecino por vecino, pastillas de carbón para la diarrea. Yo llevaba un mes trabajando en esa historia y ese minuto milagroso ocurrió al final. Y aunque después sería una sola línea del perfil, ese minuto milagroso decía, acerca de las diferencias entre el original y el clon, acerca de los patetismos de esa fama de segunda mano, más que cualquier cosa que yo hubiera podido teorizar en cuatro párrafos.

Pero para poder ver no solo hay que estar: para poder ver, sobre todo, hay que volverse invisible. Aplicar discreción hasta que duela, porque solo cuando empezamos a ser superficies bruñidas en las que los otros ya no nos ven a nosotros, sino a su propia imagen reflejada, algunas cosas empiezan a pasar.

Cuando trabajé un artículo sobre un empresario de la carne, un hombre con un pasado turbio que era, además, candidato a intendente en su distrito, lo vi enfrentarse solo a un grupo de matones, pasar decenas de semáforos en rojo, prometerle dos perros de regalo a su hija pequeña si bajaba diez kilos y echarse chorros de Carolina Herrera importadísimo minutos antes de dar un discurso proselitista en un barrio de pobreza miserable.

Él hizo todas esas cosas, y muchas más, porque, a fuerza de tanto estar, yo había desaparecido: era una zona traslúcida: esa mujer que no está ahí y que, entonces, puede mirarlo todo. Porque un perfil es, más que el arte de hacer preguntas, el arte de mirar.

Hay un mundo de información en una caja de zapatos, sepultada en el fondo de un armario, en la que una niña de quince años llamada Natalia guarda las fotos de cuando era varón y se llamaba Marcos. Hay un universo pavoroso en el espumarajo de cartón con fotos resecas que una mujer presenta como su álbum de casamiento. Hay una historia agazapada en el dormitorio del pastor evangelista que guarda una colección de zapatos digna de Imelda Marcos.

La forma en que la gente da órdenes, pregunta un precio, llena un carro de supermercado, atiende el teléfono, elige su ropa, conduce, hace su trabajo y dispone las cosas en su casa dice, de la gente, mucho más de lo que la gente está dispuesta a decir de sí.

Yo grabo, pero también lleno libretas con frases que reseñan olores, cosas que se ven en los jardines, cantidad de teléfonos y sillas, cuadros que hay, fotos que no, televisores, formas de los muebles. Aunque muchas de esas cosas jamás llegarán a formar parte de una versión definitiva, un perfil es como un iceberg: lo de arriba flota gracias a lo que permanece sumergido.

En el perfil de Laroche, el ladrón de orquídeas que finalmente sería libro, Susan Orlean se toma el trabajo de saber no solo de Laroche, sino de los circuitos de cultivadores de orquídeas de la Florida, de la larga historia de contrabando y saqueo mundial de esas flores, y de los obsesivos mundos de coleccionistas de otras cosas en esa península obvia que termina por ser una cornucopia de la extravagancia.

Hay que haber mirado mucho para escribir tres líneas que lo digan todo. La confianza de un lector es un acto de fe que se conquista no pidiendo un milagro a san Benito, sino con una voz segura en la que cada palabra visible esté sostenida por invisibles diez mil.

Hay muchas cosas que pueden matar un perfil, pero su peor ponzoña es el lugar común. Cualquier historia sucumbe si se la salpica con polvos como la superación humana, el ejemplo de vida o la tragedia inmarcesible.

Decir eso es fácil.

Más difícil es entender qué lugar común anida, también, en nuestros corazones biempensantes, políticamente correctos.

En la Argentina hay un grupo de antropólogos forenses que se ocupa de restituir a sus familiares los restos de los desaparecidos durante la dictadura militar. Allí trabaja un hombre que en los últimos veinte años escuchó cientos de historias de sobrevivientes y conoce, de las aplicaciones de la perversión, todas. Un día me dijo esto: «No hay nada bueno sin malo. Y eso te lleva a una conclusión peor, y mucho más perturbadora: que no hay nada malo sin bueno.» Si los buenos nunca son tan buenos, lo que realmente cuesta es aplicar la viceversa. Me voy a poner porno: lo difícil no es entender que una víctima puede no ser monolíticamente un santo, sino entender que un dictador puede no ser monolíticamente un hijo de puta.

A mí me gustaría, alguna vez, tener el coraje de contar la historia de un hombre miserable, y atreverme a aplicar la viceversa.

Mientras tanto, hago lo que puedo. Y cuento historias de tipos buenos, o no tan malos, con algunos costados miserables.

Quizás por eso puedo decir lo que voy a decir: que, cuando entrevisto a alguien, y aunque no le crea, le creo, y quiero, sobre todo, escuchar su versión del asunto: no lo que es verdad, sino lo que elige contar como verdad.

En febrero pasado viajé a una provincia del norte argentino para entrevistar a Romina Tejerina, una mujer de veinticuatro años que lleva cinco presa y debe cumplir una condena de catorce porque, después de un embarazo producto de una violación, ocultó la preñez por miedo a que su familia la castigara y parió, en el baño de su casa, a una bebé sietemesina a la que mató de veinticuatro puñaladas.

Llegué a Jujuy a fines de febrero de 2008 con varias advertencias de su familia y su abogada: la primera, que Romina era callada y podía ser casi hosca. La segunda, que no le gustaba hablar con periodistas de lo que había hecho y que, para evitar que se pusiera arisca, lo mejor era no mencionarle, jamás, a la bebé. Ninguna de las advertencias me importó: la primera, por-

214

que la leyenda urbana del entrevistado que no habla es un invento de apurados o de quienes no ven que, si alguien es mudo por naturaleza, el único problema sería no reflejar ese mutismo en el perfil. Y la segunda, porque existían una causa judicial y tres testigos que podían contarme con detalle aquella noche, pero, sobre todo, porque los hechos son fáciles: lo difícil es entender el camino que llevó a la gente hasta ahí.

Romina me recibió tres mañanas y dos tardes en el penal donde está detenida, y hay que decir que hablaba mucho. La primera mañana hablamos de música, de ropa, de pintura para uñas, de novietes y peleas de adolescente. Por la tarde, de sus salidas clandestinas a los bailes, de su gusto por las minifaldas, de su padre, que, en ese hogar de tres hijas mujeres, amenazaba con matar a quien quedara embarazada. Me contó, con una ingenuidad un poco trágica, que había llegado a la cárcel con una maleta enorme porque pensaba que era casi como la casa de Gran Hermano y que los primeros meses las presas la llamaban «mataniños». Al final de la tarde me dijo que estaba escribiendo un libro sobre su vida y yo le pregunté si tenía ganas de mostrármelo. Dijo que sí.

Al día siguiente llegó sin el libro y yo no dije nada. Me invitó al patio de la cárcel y nos sentamos en un tapial bajito. Me habló del hombre que la había violado, de las palizas de su madre, me dijo que estaba tratando de hacer gimnasia porque la panza le había quedado floja, que había parido sola sobre el inodoro y que se había desgarrado como un animal.

A la tarde, apareció recién bañada y con un cuaderno. Me pidió que leyera. «En voz alta», me dijo. El cuaderno, que era el libro, no contaba nada que yo no supiera: la violación, el embarazo, el miedo a sus padres, los intentos de aborto, la tableta de laxantes que esa noche había tomado entera, el dolor que jamás imaginó y todo rojo y todo rojo y todo rojo. Cuando terminé de leer, me dijo que le daba terror volver a ser madre: tener otra reacción así. Que en sus pesadillas la acosaban gatos negros y ella gritaba mamá y su mamá no venía. Que estaba pensando en cambiar el cuerpo de la bebé a otro cementerio para poder visitar una tumba más discreta en la que nadie le gritara «asesina mataniños». Que pensaba mucho en la bebé, que cada vez que su padre iba a la cárcel se la imaginaba jugando con él. Le pregunté: «¿Te cuesta llamarla por el nombre?» «No», me dijo. «Se llama Milagros. Milagros Socorro. ¿Ves? Milagros Socorro.» Y yo le dije:

«Sí», y eso fue todo.

Si somos prudentes, si sabemos esperar, la gente, antes o después, dirá lo que tenga que decir. O no. Y entonces también nos habrá dicho alguna cosa.

Y están también las vidas de los muertos.

Hace unos cuantos años escribí un perfil de Pedro Henríquez Ureña, abogado, filósofo, ensayista, profesor y humanista dominicano que vivió desde 1924 y hasta 1946 en la Argentina, país donde murió corriendo un tren que iba a llevarlo hasta el colegio donde daba clases. Empecé leyendo sus libros y los de sus contemporáneos –Jorge Luis Borges, Ezequiel Martínez Estrada, Ernesto Sabato–, revisé su epistolario con Alfonso Reyes, crucé datos, cronologías, busqué revistas, artículos, me obsesioné durante semanas con notas al pie de libros aburridísimos, entrevisté a una de sus hijas, hablé con sus discípulos y, de a poco, el muro de décadas necrosadas empezó a adquirir el color de las cosas que están vivas.

Junté mucho material, pero era un material inerte para un texto seguramente inerte que podría haber sido escrito tanto en 1975 como en 1994 o 2002. Así que hice un listado de sitios en los que Pedro Henríquez Ureña había vivido y trabajado y fui a ver qué quedaba.

Y descubrí que no quedaba nada.

Uno de los colegios ya no existía, borrado por un condominio de edificios con nombres del zodíaco. Otro había quedado en medio de una inflamada zona roja y en su patio, repleto de grafitis que rezaban Mariela puta o Pedro te amo, había decenas de placas de bronce, pero ni una recordaba al profesor.

Cuando le pregunté a la directora me dijo: «¿Sureña? Me suena. ¿No estará de vacaciones?»

Pero lo más difícil fue encontrar la librería Viau. La librería Viau fue un sitio de tertulia habitual en los años cuarenta. Allí solía reunirse Henríquez Ureña con Borges, Adolfo Bioy Casares, Ezequiel Martínez Estrada, y fue el último lugar público en que se lo vio con vida. Pensé que iba a ser fácil, pero no. Me decían: «Sí, Florida entre Viamonte y Tucumán», o «Claro, al lado de una confitería que no está más, entre Tucumán y Lavalle». Pero yo quería la dirección exacta. Repasé esas dos cuadras de la calle Florida, preguntando a comerciantes añosos, kiosqueros, vendedores, y la memoria de todo el mundo naufragaba en imprecisiones. Finalmente, pensé que la librería Viau debía haber puesto avisos en la revista *Sur,* de la olímpica Victoria Ocampo. Así que llamé a un coleccionista y le conté lo que necesitaba. Dos días después sonó el teléfono y la voz del hombre dijo: «Tome nota, Librería Viau, Domingo Viau y Compañía, libros antiguos, modernos y de lujo, obras y objetos de arte, Florida 530.» Salí corriendo, tomé el metro, bajé en la estación Florida y caminé esa cuadra que ya conocía de memoria. En el 530 no quedaba ni el número, y en el lugar donde se había alzado la librería más exquisita de Buenos Aires había un local sin puertas donde se vendían anteojos chinos a menos de cuatro dólares. Cuando le pregunté a una rubia de labios turbios si conocía a un tal Henríquez Ureña y me dijo que Enrique le sonaba, que preguntara en el bar contiguo, supe que mi trabajo había terminado.

Y que un perfil es, siempre, la historia de algo mucho más devastador, mucho más grande que la historia de uno solo.

Contar cómo se traslada todo eso al papel llevaría un rato, pero para ser breve diré que nunca empiezo a escribir sin tener la frase del principio y que después me dejo llevar por una disciplina de monje confiando en que la historia pedirá lo que necesite y expulsará lo que no.

Cuando termino, después de muchos días y varias correcciones, releo y me hago estas preguntas: ¿tiene toda la información necesaria, las fechas son correctas, las fuentes están citadas, la cronología tiene saltos inentendibles, hay escenas estáticas intercaladas con otras de acción, fluye, entretiene, es eficaz, no tiene mesetas insufribles, hay descripciones, climas, silencios, tiene todos los datos duros que tiene que tener, hay equilibrio de voces y opiniones, hay palabras innecesarias, tics, autoplagios, comas mal puestas, faltas de ortografía, me esforcé por darle, a cada frase, la forma más interesante que pude encontrar?

Si me respondo a estas cosas y a muchas otras que sí, abro un mail, escribo una dirección, adjunto el documento y aprieto send. Y después de unos días de pesadilla recibo respuesta de mi editor, y entonces respiro, y ya no pienso nunca más en ese perfil y ni siquiera vuelvo a leerlo cuando se publica.

Un perfil no es la mirada de la mamá, el hermano, la novia o el novio del entrevistado. Un perfil no es lo que el entrevistado escribiría sobre sí porque ese género ya existe y se llama autobiografía. Un perfil es, por definición, la mirada de otro. Y esa mirada es, siempre, subjetiva. Donde subjetiva no quiere decir artera, donde subjetiva no quiere decir vil, donde subjetiva no quiere decir miserable. Donde subjetiva quiere decir la mirada de una persona que cuenta lo que ve o lo que, honestamente, cree ver.

Y sin embargo, cada tanto, la pregunta se repite: si está bien, si es lícito, si se debe someter el texto al juicio del entrevistado antes de enviárselo al editor. Mi respuesta es, siempre, un violento no.

En el libro *El periodista y el asesino,* de Janet Malcolm, el párrafo más citado por metro cuadrado cuando se habla de perfiles dice así: «Todo periodista que no sea demasiado estúpido o demasiado engreído para no advertir lo que entraña su actividad sabe que lo que hace es moralmente indefendible. El periodista es una especie de hombre de confianza, que explota la vanidad, la ignorancia o la soledad de las personas, que se gana la confianza de estas para luego traicionarlas sin remordimiento alguno. Los periodistas justifican la duplicidad de distintas maneras, según sus temperamentos. Los más pomposos hablan de libertad de expresión y del derecho del público a saber. Los menos talentosos hablan de arte. Los más correctos murmuran sobre ganarse la vida.»

Yo entro en el rubro dos, que corresponde al de los menos talentosos que hablamos de arte. Aunque hay que decir que cada vez que se cita a Malcolm no se cita el contexto del libro –la historia de un periodista que entrevista a un asesino asegurándole que escribirá a su favor para hacer todo lo contrario–, si la idea es generalizar yo ya no estoy muy de acuerdo.

Porque, una vez que pido una entrevista, me la otorgan y aprieto play-rec, aplico la misma ética que aplico en las cosas de la vida y que me deja en una orilla no necesariamente buena –en absoluto angelical–, pero sí opuesta a la de los pusilánimes, los cobardes, los ingenuos, los corruptos, los crédulos y los delatores. Porque nunca pretendo ser amiga de quienes entrevisto. Porque no escribo para disgustarlos, pero sé que no tengo por qué escribir para que les guste. Y porque no creo que el periodismo sea un oficio de sobones pero, sobre todo, porque sé que el periodismo no es un oficio de canallas.

Hace tres años escribí el perfil de un hombre llamado Homero Alsina Thevenet. Homero fue crítico de cine y, entre otras cosas, fundó y dirigió el suplemento cultural del diario El País de Uruguay. Era un hombre talentoso, pequeño y feroz con los periodistas que se pasaban de vivos, eran poco precisos o las dos cosas juntas.

Yo empecé a publicar en ese suplemento en 1993 por invitación de Elvio Gandolfo, corresponsal en Buenos Aires que, junto con la invitación, me dio una hojita mecanografiada: un manual de estilo redactado por Homero que decía cosas como estas: «Prefiera el dato concreto en lugar del aproximado. Sea moderado con adverbios y adjetivos. Elimine los signos de admiración: el concepto deberá ser bastante asombroso con solo enunciarlo, sin que usted le coloque una bandera encima. Todo periodista que escribe la frase "sin duda" ya dice que está dudando.» Yo aprendí muchas cosas de Homero, de su lejana y querida amenaza. Tres años atrás viajé a Montevideo para entrevistarlo. Me recibió en su casa algunas tardes y al final, cuando nos despedimos, me preguntó: «¿Muchacha, me vas a mostrar el artículo antes de entregarlo?» Yo no entendí: no entendí por qué me pedía eso. Le dije que no y le prometí que, una vez publicado, se lo enviaría por correo. Se rió, me dijo bueno, me dio un beso, me subí a un taxi, nos dijimos chau.

El perfil fue publicado en Colombia tiempo después, el mismo día que, en Montevideo, Homero se moría.

Nunca supo lo que yo había escrito sobre él porque yo no dejé que lo supiera.

Los días de humor muy negro pienso que Homero me dio una lección acerca de la pertinencia de someterse a un perfil, y que su respuesta fue morirse.

Pero la mayor parte del tiempo lo único que me produce la muerte de Homero es una tristeza fea sin posibilidad de chiste.

Y aunque sé que mi deber es no arrepentirme, hay días amargos en los que sé que ese es solo mi deber.

Leído en el Festival Malpensante, Bogotá, Colombia, 2008. Publicado por El Malpensante, *Colombia, el mismo año.*

EL TALLER

Ellos vienen, y vienen otra vez, y vuelven a venir.

A veces les digo que miren fotos –de Alessandra Sanguinetti o de Sergio Larraín–, o les leo un poema y les digo escuchen, escuchen la economía pavorosa de estos versos, y ellos escuchan y me miran y se quedan mudos, y yo me pregunto si estarán extasiados o preguntándose si no me he vuelto loca hablándoles de esas cosas en un taller de periodismo.

A veces les traigo una foto, una foto cualquiera, una foto que encontré en el mercado de pulgas o por ahí, y que me llamó la atención vaya uno a saber por qué, y les digo escriban sobre esta foto, y ellos se van y escriben y vuelven el lunes siguiente y traen unos textos magnéticos, espesos, inesperados.

A veces miramos el trozo de una película, y entonces les digo fíjense en la voz en off, el fundido a negro, la introducción de los personajes, el manejo de la polifonía, la estructura circular, y ellos ven y escuchan y a veces se quedan mudos, y yo vuelvo a preguntarme si estarán extasiados o preguntándose si no me he vuelto loca.

A veces les leo cosas. Cositas. Algo que encontré en un diario, un poema antiguo, el arranque de una novela o de una carta, y les digo miren, miren, escuchen la eficacia de esta enumeración, vean cómo la frase se detiene al borde del abismo, a punto de romperse, y no se cae, y no se rompe. Les digo esas cosas porque es como si los llamara para ver aparecer

221

la tierra nueva, un barco, un pájaro magnífico, y ellos vienen, y ven.

A veces, después de que leen sus textos en voz alta, se produce un silencio como una inspiración, y puedo ver sus cerebros trabajando, preguntándose: qué tengo que decir, qué es lo que honestamente pienso. A veces, por un segundo, cuando terminan de leer sus textos en voz alta, creo que van a aplaudir o a llorar, o a saltar sobre las sillas. Pero después nunca pasa nada.

Hacemos chistes internos, hablamos de cosas que solo entendemos nosotros: eso quiere decir que tenemos una historia.

Algunos vienen desde hace mucho. Meses, años. Pero yo sé poco de sus vidas. Sé lo que dejan ver. Nunca he preguntado y ellos no preguntan. Así es como somos. Así es como hacemos las cosas.

Cuando se despiden, en la puerta de mi casa, me pregunto dónde van, de dónde vienen, quiénes son esos fantasmas suaves.

Sé que piensan de mí cosas que no son verdad.

Tienen voces diversas, estilos diferentes: un ritmo largo, sincopado, que inunda los oídos con una música compleja; una elegante amargura construida con frases como tajos. Algunos guardan un universo y todavía no se dan cuenta. A veces alguien trae un texto que, de tan bueno, da envidia, y entonces yo le digo: «Me da envidia.»

Celebramos cuando a alguien le ha ido bien en el trabajo, cuando ha publicado algo que le gusta, cuando se ha ganado un premio. No celebramos cumpleaños, bodas, hijos: celebramos lo que proviene de nuestra caza y de nuestra recolección.

Todos tienen trabajos, ocupaciones, familias, días de trajín, pero llegan acá, a la sala de mi casa, y se sientan, y leen, y escuchan, y dan sus opiniones con espíritu de príncipes honestos: sin herir.

A veces se suma algún integrante nuevo y entonces hay que deselectrificar el campo, quitar la tension, decir está bien, tranquilos, es uno de los nuestros, pero, cada vez, puedo sentir cómo se tensan sus columnas, cómo se preguntan: ¿estará bien entre nosotros? Casi siempre está bien.

222

A veces, en lo que escriben, destella una frase como un rayo de luz o de verdad, y entonces la recortamos, la exhibimos, la apreciamos entre todos como si fuera lo que es: una hermosa criatura, un ser poderoso que ha llegado a la tierra.

Quizás es cierto: quizás nada puede enseñarse. Pero ellos escriben, vienen, leen, se van, vuelven a escribir. Después de todo, no hacemos cosas diferentes a las que se han hecho toda la vida: salimos a cazar, traemos nuestras presas, las exhibimos, nos aguantamos cuando las piezas no son tan buenas.

Cuando todo termina no siempre hay sonrisas. Pero nos miramos las caras y sabemos que hicimos lo que había que hacer.

Revista Sábado, El Mercurio, *Chile, julio de 2012.*

UN ANTOJO

«Un antojo», dice la editora. «Escribe un antojo.» Yo no escribo antojos.

Allá vamos.

El verano en el Cono Sur se extiende desde diciembre y hasta febrero. En diciembre de 2020 estuve en la casa de mi padre, que vive en Junín, la ciudad en la que nací, a 250 kilómetros de Buenos Aires, la ciudad en la que vivo. Debido a la pandemia no lo veía desde el año anterior. Compartimos la Navidad y el Año Nuevo y lo pasé bien. Después, a fines de enero, me fui de vacaciones a la provincia de Córdoba. En febrero volví a Buenos Aires y me puse a hacer lo que había hecho a lo largo del año: escribir.

Apunte tomado en una libreta, fechado en agosto: «Todo conduce al mismo sitio. La escritura.» Es el único apunte de todo 2020.

Cuando digo que el verano en el Cono Sur se extiende desde diciembre y hasta febrero, miento, porque el verano empieza el 21 de diciembre y termina el 20 de marzo. Pero antes y después de esas fechas la temperatura baja de los treinta grados, y eso para mí no es verano sino otra cosa, una parcela climática en la que hay que usar medias, zapatos cerrados, un abrigo que en mi caso nunca es liviano. A veces pienso que soy friolenta porque mi madre me abrigaba demasiado cuando era chica. Los abrigos de mi infancia, en los setenta, consistían en diversas capas de lana y paño: un suéter de lana bajo un saco de lana, todo cubierto por un tapado de paño. No había ropa inteligente, las chaquetas de pluma eran un lujo, y el efecto final era el de estar aplastada por capas ásperas y resecas. Siempre quise tener un suéter rojo con ochos enormes en el frente. Creo que no lo tuve nunca, aunque a veces me sobrevienen recuerdos falsos de estar con un suéter así, aferrada a una muñeca enorme sobre la caja de una camioneta marca Rastrojero. Tuvimos varias de esas camionetas. Funcionaban con gasoil, la caja era de madera, el traqueteo se escuchaba desde lejos y para mí estaba asociado a la felicidad: era el ruido que se escuchaba cuando mi padre se acercaba a casa, después del trabajo. Las usábamos unos años y luego íbamos con la camioneta vieja a Venado Tuerto, en la provincia de Santa Fe, la vendíamos y, en la misma concesionaria, comprábamos una nueva con la que regresábamos. Esos viajes los hacíamos solos, mi padre y yo. Una vez le pregunté por qué me llevaba con él –Venado Tuerto queda a 150 kilómetros de Junín, por entonces un pueblo de veinte mil habitantes y no la ciudad de cien mil que es ahora–, y me dijo que yo era su amuleto para que la compra saliera bien. ¿Una compra puede salir mal? No sé. Tengo pocos recuerdos de mi trabajo como amuleto: el aburrimiento en la concesionaria mientras los adultos firmaban los papeles, el olor a nuevo de la cabina, los asientos cubiertos por un plástico transparente. En cuanto al suéter rojo creo que, en efecto, nunca lo tuve. Cuando adquirí cierta independencia para decidir mi indumentaria, quise un saco largo de lana. Pensaba que un saco así iba a proporcionarme una vida mejor. Más cálida, menos entumecida. Que iba a transformarme en lo que quería ser: una persona adulta y mundana, que viajaba y escribía con ese saco (¿gracias a ese saco?). Mi madre y yo demoramos mucho en escoger el modelo. Compramos decenas de revistas tipo *Burda,* publicaciones difíciles de conseguir que, cuando se conseguían, eran del año anterior o incluso más antiguas. Me encantaba mirar esas páginas. Las modelos de pelo lacio posando sobre fondos de tono inofensivo –amarillo, celeste, rosa pálido– eran como casas con decoración inobjetable. Parecían personas perfectamente satisfechas, y la satisfacción –según yo– se la daban todos esos suéters que yo no tenía. Cuando decidimos el modelo, fuimos a comprar la lana a un casona de techos altos, revestida de un panal de anaqueles de madera en el que se acomodaban las madejas de a cientos. Yo estaba indecisa. Las preguntas de mi madre me confundían más: «¿Este color te va a quedar bien con toda la ropa?», «¿No será muy cansador este tono?». El suéter debía combinar con todo, servir para todo, ser a la vez elegante e informal, útil como abrigo de colegio y para salir. Así era siempre por entonces: las cosas tenían que durar toda la vida y la cantidad de elementos a evaluar era irritante y enloquecedora (y profundamente innecesaria y ansiógena). Fuimos varias veces a la lanería, nos llevamos muestras, trozos de pocos centímetros de lana. Yo los disponía sobre la mesa de la cocina y los miraba, como pidiéndoles una respuesta. ¿Cómo se hacía para imaginar un suéter a partir de eso? ¿Qué aspecto tendría esa viborita marrón transformada en un vendaval de mangas y cuellos, cómo saber si ese rosa viejo no tendría el aspecto de una frazada una vez transformado en saco? Al final, me decidí por una lana gruesa y potente color azul petróleo. A tres cuadras de casa vivía una tejedora que gozaba de prestigio (en los pueblos, el prestigio llega por oleadas: de pronto una modista es la única a la que todos quieren ir; de pronto un dentista es el único posible; de pronto una casa de pastas es la única en la que se pueden comprar pastas: nunca supe por qué es así, ni cómo hacen para sobrevivir los que pierden el favor del prestigio). Le llevamos la lana y unas cuantas revistas. Queríamos el cuello de este saco, las mangas de este otro, los bolsillos de aquel, la solapa del de más allá. Siento una depresión retrospectiva al pensar en

226

la diferencia abismal que había entre el esfuerzo y el fruto, entre la expectativa y el resultado. No me produce ternura la candidez de haber creído que alguien podía armar, a partir de ese Frankenstein, algo como lo que yo imaginaba. Me produce ira: ira por mí y por mi madre (por creer, conmigo, que eso era posible). El saco resultó muy pesado. Pronto los bolsillos quedaron a la altura de las rodillas. Las mangas se estiraron. El punto era demasiado abierto, entonces tampoco servía como abrigo: el frío se colaba por la trama. De todas maneras, lo usé con orgullo porque, a decir verdad, nadie tenía un saco como ese. Hoy se vendería a precio alto en cualquier feria americana. Una noche lo llevé a una fiesta de compañeros del colegio. En uno de los bolsillos escondí mi superpoder: brillo para labios. No había diferencia entre el papel atrapamoscas y ese pegote con olor a frutilla, pero les daba a los labios un aspecto bastante lascivo. Yo tenía menos de doce y mis padres no querían que me pintara. Había comprado el brillo en una perfumería de la avenida Primera Junta, y lo mantenía escondido en un cajón de la mesa de luz sobre el que pesaba un juramento de privacidad, aunque no guardaba allí otros elementos clandestinos, solo ese. Al llegar a la fiesta, que se hacía en una casa, arrojé el abrigo sobre un sofá o una cama y salí al patio a bailar. Se pasaban discos de vinilo, cada uno aportaba los suyos. Yo siempre llevaba a los Bee Gees, una música muy requerida. Cuando terminó la fiesta, fui a buscar mi saco. El frasquito del brillo se había roto y había enchastrado la zona, que tenía un aspecto apelmazado y brillante, poco saludable. Me asusté. El saco me daba igual, pero mis padres iban a descubrir que me pintaba. Me pregunto a qué le tiene miedo una persona cuyos padres jamás le han pegado ni impuesto penitencia alguna. ¿Tendría miedo a que me dejaran en la calle? ¿A que me mataran? Como sea, cuando llegué a casa fui al baño y metí el saco bajo la canilla del lavatorio. Refregué con jabón, pero no salía. Entonces se me ocurrió echarle quitaesmaltes. Debe haber sido algo sensacional. Lo dejé chorreando en la bañera y me fui a dormir. Al día siguiente, mi madre me preguntó qué había pasado. Di respuestas vagas o culpé a otros. En el fondo solo quería decir: «No debiste hacerme ese suéter, no debiste dejar que me ilusionara, debiste ser otra persona, por qué vivimos acá, qué es toda esta infelicidad que me rodea.» A veces, ella era la culpable de todo.

Esas cosas pasaban en invierno. En verano yo era perfectamente feliz.

Nos íbamos de viaje con mis padres al norte de mi país o a la Mesopotamia, una región formada por tres provincias –Entre Ríos, Corrientes, Misiones– rodeadas de ríos. A la Patagonia fuimos una sola vez. Mis padres decían que no era «auténtica», y no les gustaba. Estaban hechizados por la cultura de las provincias del norte –Salta, Jujuy–, por los pueblos andinos, las mujeres que tejían en telares centenarios, los arrieros silenciosos. A mí todo eso me gustaba –mucho–, pero siempre quise volver al sur. Había algo en ese paisaje prolijo, de lagos transparentes, que me resultaba fascinante de una forma agotadora: era un lugar duro, limpio y solo, un paisaje apenas contenido por un fleje que en cualquier momento podía estallar y transformarse en otra cosa. Tengo un recuerdo brutal. Cuando llegamos a la Patagonia, después de un viaje muy largo en el Rastrojero (80 kilómetros por hora, máximo), nos detuvimos sobre un puente precario que atravesaba un río. Eran nuestras primeras horas en el sur. Jamás había visto algo así. Habituada al paisaje monótono de La Pampa, a la parquedad del norte, sentí que eso era el exotismo: que había llegado al extranjero. El agua traslúcida, las piedras sobre las que saltaba el sol, los árboles que parecían una instalación. Y el río, repleto de truchas. Todo parecía montado para una foto, pero era real. Mi padre fue hasta el Rastrojero, tomó la escopeta –sí, viajábamos con un(as) arma(s), en plena dictadura de los años setenta–, la cargó y se apostó sobre el puente. Mi hermano y yo –éramos jóvenes asesinos– gritábamos con entusiasmo, pero mi madre se puso furiosa: cómo vas a matar un pescado a tiros, estás loco, qué les vamos a enseñar a estos chicos, no seas bestia. Mi padre, refunfuñando, desamartilló la escopeta y no disparó. Hacía un calor horrible y seco, así que me quité las zapatillas, corrí hasta el río y me sumergí. Tengo ese recuerdo: la carne se me ajustó a los huesos y dejé de respirar. Salí dando alaridos, quemada por el agua de deshielo. Después, a lo largo del viaje, hicimos con mi padre y mi hermano competencias para ver quién aguantaba más dentro del agua gélida mientras mi madre gritaba: «¡Salgan que les va a dar un pasmo!»

Eso nunca sucedía en el norte, donde casi todo era más interesante que los ríos; ni en la Mesopotamia, donde los ríos eran espacios tenebrosos en los que pasaban las peores cosas (y entonces yo no me metía): uno podía ser picado por una víbora o una raya, uno se podía ahogar enredado en un camalote, uno podía quedar a la deriva, insolarse y morir. Yo lo sabía porque la Mesopotamia era el escenario en el que transcurría buena parte de la literatura que leía por entonces. Si la Patagonia me parecía exótica, si el norte era un espacio potente y real, la Mesopotamia era el lugar donde transcurrían mis pesadillas. Por eso me gustaba tanto. Mientras viajábamos, yo leía o miraba por la ventanilla e inventaba historias. Ensoñada, derramaba torrentes de imaginación sobre esos paisajes electrificados por el verde o la selva. Una noche atravesamos una ruta que pasaba junto al Parque Nacional El Palmar, en la provincia de Entre Ríos. La luz de la luna se hundía entre las hojas de las palmeras, que parecían garras. Esa tarde yo había visto a un hombre rubio a la vera de la ruta, cruzando un alambrado con un tambor de leche. Levanté la mano desde el auto y me saludó. En ese momento decidí que era el hombre más hermoso que yo había visto y que iba a ver jamás (todavía lo creo). Por la noche, bajo la luz engañosa de la luna, imaginé una historia para ese hombre. Tiempo después, la escribí. A mano, en un bloc de los que usaba mi abuelo en su almacén para llevar las cuentas. No fue la primera vez que lo hice. No sé cuándo empecé a escribir. En mi memoria, la escritura siempre estuvo ahí, clavada como un espolón. Escribía incluso cuando no escribía. Cuando, como en ese viaje, inventaba historias mirando por la ventanilla, juntando trozos de realidad: un hombre rubio aquí, unas palmeras allá, una cierta luz de luna.

Ahora ya no escribo lo que imagino sino lo que averiguo. No tengo ganas de hablar de cómo sucedió, pero el salto, que fue súbito, no me resultó brutal. Un día era una persona desorientada que escribía ficción y que no sabía cómo se hacía para vivir con eso, y al día siguiente era una periodista con un grabador, una credencial y una cantera de historias reales para contar. A veces me preguntan por qué escribo. Escribo porque fui una chica con ambiciones mundanas en un pueblo pequeño, porque tuve miedo a que mis padres me mataran, porque trabajé de amuleto, porque leí cosas que no leen los niños, porque viajé en camionetas imposibles en años imposibles, porque mi padre quiso matar una trucha a tiros, porque tuve cosas que muchos no tuvieron y no tuve muchas de las que todo el mundo tenía. Porque estaba incómoda. Porque sigo incómoda.

En aquellos viajes de la infancia usaba camisetas abiertas y sin mangas, y me miraba orgullosamente la clavícula en el espejo retrovisor del Rastrojero. Sentía que con esa clavícula iba a hacer grandes cosas. Que mientras fuera verano y tuviera esa clavícula –fuerte como un arma– podría llegar donde quisiera. Ahora viajé más por otros países que por el mío, tengo un placard repleto de suéters y chaquetas de pluma, me desembaracé de la candidez que nunca tuve. Pero la escritura sigue siendo un cuerpo joven, rabioso, sorprendido, inflamado por un terror confuso; un cuerpo que codicia sueños imposibles y que, aun sin posibilidad de alcanzarlos, confía en que sus clavículas, mágicamente, lo llevarán a todas partes.

Cuando digo que en diciembre estuve en la casa de mi padre, a quien no veía desde el año anterior debido a la pandemia, que compartimos la Navidad y el Año Nuevo y que lo pasé bien, no digo del todo la verdad.

Pasé la Navidad y el Año Nuevo en Junín, donde vive mi padre, pero no me alojé en su casa sino en un hotel bastante nuevo que está en las afueras, sobre la ruta. Llamé semanas antes para hacer la reserva. Cuando di mi nombre, la persona que me atendió me dijo: «¡Leila! Soy Tal!» Era una compañera del colegio secundario, propietaria del hotel. Después de la sorpresa, hablamos brevemente, me pareció que de manera cálida pero profesional. No nos preguntamos por nuestras vidas, no evocamos a ningún compañero de colegio, no trajimos a colación ninguna historia del pasado. Le pedí los datos de la cuenta para transferir el monto de la reserva y nos despedimos.

El hombre con quien vivo se llama Diego. Llegamos a Junín el mismo día de la Nochebuena, en torno a las seis de una tarde espléndida. El hotel era cómodo, la cama enorme, el cuarto tenía vista a la piscina y al parque, donde había una morera enorme y una colección de cactus y suculentas. Después de quince años de saltar de hotel en hotel, había estado por última vez en uno en enero de 2020, en Santiago de Chile. Desde marzo, cuando se decretó el aislamiento en Buenos Aires, solo estuve en mi casa. Vi pasar los días desde la jaula doméstica. De modo que mi viaje a Junín fue, también, la primera salida a la ruta en casi doce meses. Esperé tener algún impacto: que el espacio abierto me produjera una emoción exaltada, una impresión particular. Pero no. Solo era la misma vieja y pampeana ruta de siempre.

Mientras estuve en el hotel, me instalé todos los días en el parque desde la mañana y me quedé allí hasta las cinco o seis de la tarde. Diego y yo mirábamos los pinos sentados bajo la morera. Él, cada tanto, se metía en la piscina o decía: «Mirá, un aguilucho.» Yo había llevado cinco o seis libros, aunque no tenía fe en poder leerlos. A lo largo del año, algunas cosas se habían desvanecido: la capacidad de leer, de concentrarme. En ese parque leí dos libros en una tarde. Al día siguiente, otro. Y otro más. Volvieron, sin dosis mínimas, masivamente, la gula, la voracidad, la concentración. Por las noches, partíamos a la casa de mi padre a preparar la cena con mis hermanos. Comíamos bajo la parra, bajo el olivo, junto a las higueras, y después, de regreso en el hotel, bajo el aire fresco de la noche que entraba por las ventanas abiertas, yo seguía leyendo.

No hubo épica en el reencuentro con mi familia. Conver-

231

samos como si nada nos hubiera sucedido. Ahí estaban el césped de siempre, las rosas, la huerta, los perros, las voces familiares, los libros que cada vez ocupan más espacio, las conversaciones sobre química y sobre el proceso de destilación de la cerveza, los experimentos con el pan de masamadre de mi hermano menor. De modo que recordé cómo era el mundo antes de que dejara de serlo, quizás para siempre.

Pero cuando digo que lo pasé bien, miento. Hacia el final hubo un desliz, una irradiación de esporas, de desgracias viejas. Sin más detalles. Regresé a Buenos Aires de noche, escuchando Daft Punk o Eminem. Iba dentro de mí, ensimismada en el asiento del acompañante, mirando las luces lacónicas de los pueblos de La Pampa, ese paisaje ciego atrapado en algo que improbablemente podría llamarse noche. Y a pesar de las esporas y de las desgracias viejas me sentí bien. Porque ahí, ensoñada, estaba escribiendo. Aprovechando la amargura para traer algo al mundo. Con inmensa crueldad. Y como siempre.

Después, a fines de enero, me fui de vacaciones con Diego a Córdoba. Hacía cinco años que no tomaba vacaciones, ni siquiera descansos cortos. Había decidido hacerlo en mayo de 2020, y pasó lo que se sabe: pandemia.

Al volver de Junín sentí una sed rara: necesitaba más piscina, más parque, más libros. Me hubiera gustado ir a la Mesopotamia, a Misiones, una provincia roja y caliente. Estuvimos con Diego por última vez hace años, en diciembre. Encontramos un club de pescadores en un pueblo donde se organizaba la cena de fin de año. Había parrilla, había piscina y había río. Nos pareció un gran plan. Reservamos dos lugares, volvimos al hotel, nos duchamos, nos pusimos ropa buena y volvimos al club a las nueve. El asado estaba atrasadísimo. La comida llegó casi a medianoche, cuando ya estábamos borrachos. Como a los demás, no nos importó. Comimos, brindamos, bailamos. Habíamos llevado una botella de champagne así que, mientras todos seguían festejando, bajamos a la playa y bebimos hasta que salió el sol. Seguimos viaje al día siguiente hacia lo profundo de la selva, en el centro de la provincia. Llegamos a la hora de la siesta a un pueblo cuyo nombre no recuerdo, y vimos un cartel que anunciaba «Serpentario». Tocamos el timbre. Salió un hombre descomunal con gafas de sol y el pelo atado en una coleta. Nos comunicó el valor de la entrada, nos dio indicaciones. Teníamos que ingresar por una puerta contigua, una voz grabada nos hablaría sobre las víboras y nos indicaría el camino. Pagamos. Nos indicó la puerta y se fue. Abrimos. Al otro lado había una sala asfixiante que, de pronto, quedó a oscuras. Comenzó a sonar una música estruendosa y una voz explicó lo que íbamos a ver: yararás, cascabeles, cobras, corales. En todo caso, mucho veneno. Cuando la grabación terminó, se abrió una puerta con un bufido neumático y nos enceguecíó la luz del sol. Al otro lado, bajo lo que recuerdo como un toldo y que seguramente era otra cosa, había peceras. Torres, pilas, edificios de peceras donde vivían las víboras. Las peceras estaban sucias, las víboras adormecidas. Algunas de las tapas estaban corridas y Diego dijo: «Mirá dónde pisás.» La posibilidad de que hubiera víboras sueltas parecía alta. Yo estaba fascinada por el horror. Podía ser la casa de un asesino serial y, nosotros, dos incautos que por divertirse iban a terminar despellejados. Nadie en el mundo sabía que estábamos ahí. Había un olor picante, mezcla de calor, víboras, vidrios calientes, polvo. Al final, no pasó nada. Salimos por el otro extremo y nos metimos en el auto, que había quedado al sol y era un incendio. Esa tarde paramos en un hotel de los años sesenta, hermoso y decadente, aireado y fresco, y dormimos una siesta larga de la que nos despertó el canto de las ranas.

Me hubiera gustado volver ahí. Buscar ese pueblo, ese serpentario que quizás ya no exista. Pero Misiones queda demasiado lejos. Así que fuimos a Córdoba. Que también queda lejos, pero menos. Yo estuve muchísimas veces en Córdoba a mis cuatro, seis, ocho años. Tengo fotos tomadas allí: con mi madre y un burro, con mi padre y dos burros, con mi hermano y un lago, con mi madre y mi padre y un cerro y un burro. Es una provincia de sierras bajas, de arroyos y ríos que pueden ser feroces cuando crecen pero que, en general, son agradables y mansos. Hay una zona, Traslasierra, en la que se alinean pueblos pequeños que son ahora el destino de intelectuales y artistas. No fui allí, donde se supone que hay que ir, sino a una ciudad muy turística con restaurantes a montones, centenares de tiendas de souvenirs, almacenes de productos típicos, y me hospedé en un hotel de diseño con spa, parque, piscina al aire libre, piscina cubierta, gran desayuno, vista al cerro. Quería desentenderme. Quería que la realidad dejara de aullar. Que se apaciguara. Estuvimos quince días, leí ocho libros, nadé, tomé sol, subí cerros, caminé bajo la lluvia en medio de un bosque amable, compré morillas, aceitunas, aceite de oliva y hongos de pino, viajé a pueblos no tan cercanos, me di masajes, dormí en una cama pluscuamkingsize, salí al balcón a beber vino al caer la tarde, cené en un restaurante diferente cada día, comí postres de chocolate con helado de mandarina. Me reí cuando, perdidos en medio de la nada, los conductores de los autos a los que intentaba detener pidiendo ayuda no se detenían. Me reí cuando entré a una farmacia en un pueblo a comprar gotas lubricantes para los ojos y el empleado trajo, silente y avergonzado, un lubricante vaginal. Me reí cuando fuimos a cenar a un restaurante decorado con imágenes de los enanos de Blancanieves (donde me tomé una foto con el más gruñón). Y me pinté las uñas.

Cuando me pinto las uñas me abduce otra personalidad. Las manos se me llenan de movimientos ajenos, densos, muy específicos. Eso me produce una felicidad simple. No tengo muchas. Siempre busco otras, más grandes. La felicidad compleja que se alcanza después de escribir, por ejemplo, que convive con momentos de una congoja precámbrica· ganas de llorar infantiles. (Diría que hace años que no lloro, aunque no es del todo cierto. Lloré un poco, apenas, el 20 de marzo de 2020, un día después de que decretaran el confinamiento en la Argentina. Hablaba con mi padre por teléfono y me dijo: «Querida, estás triste.» Yo no estaba triste, solo furiosa y desorientada. Lo que me hizo llorar, apenas, fue el hecho de que me dijera «querida», porque él no me dice así y sentí que esa palabra inusual era una premonición de la deformidad en la que viviríamos muy pronto). Como decía, la felicidad de escribir –de haber escrito– se desvanece rápido. Es inmediatamente atropellada por una sensación de vacío, de pérdida total de la razón de ser, un sentimiento licuado y ominoso. Sin embargo, buscar esa felicidad efímera fue lo que hice durante todo este tiempo. Lo que me mantuvo viva.

Cuando digo que en febrero volví a Buenos Aires y me puse a escribir, soy literal.

Llegué el 8 y el 9 empecé a escribir un texto cuyo proceso de investigación había empezado en diciembre. Tenía más de sesenta entrevistas, decenas de artículos leídos. Por delante, dos semanas libres de toda obligación. Los días en los que tomo un compromiso son días perdidos para la escritura, aunque sea un compromiso breve como encontrarme con alguien en un café. Esa interrupción inminente repiquetea en mi cabeza, insufla contaminación en una atmósfera que debe ser despreocupada. No muchos lo entienden. Ni siquiera personas que se dedican a lo mismo: «Pero dale, si es a las siete, tenés todo el día para trabajar.» Eso es mentira: con la interrupción al acecho no tengo todo el día para trabajar. El cineasta norteamericano David Lynch, además de hacer cine, pinta. En su libro *Atrapa el pez dorado* habla de lo que hace falta para pintar un cuadro. Sobre todo, disponibilidad y ausencia de interrupciones: «Si sabes que dentro de media hora tendrás que estar en alguna otra parte, no hay manera de conseguirlo. Por tanto, la vida artística significa libertad de tener tiempo para que pasen las cosas buenas.» Por eso me pregunto cómo hice para escribir durante el año que pasó. Porque no hubo nada más invasivo, nada que se colara tanto por todos los resquicios, nada que fuera una interrupción tan permanente como este tiempo momificado, repugnante e inmóvil en el que –se supone– hay que vivir.

Ahora, tormentos.

Una semana antes del confinamiento, mi casa estuvo a punto de inundarse. Se soltó el caño que conecta un artefacto del baño a la pared, y el agua empezó a salir con la potencia de una manguera de incendios. Ochocientos litros bajando directo desde el tanque a mi baño, y de allí a mi estudio, al pasillo que conecta los cuartos, a los cuartos, al living. Diego corrió a la terraza y cortó el suministro de todo el edificio. Ya se hablaba de la importancia de lavarse las manos, de mantenerlo todo limpio por el virus, y de pronto, un sábado a la mañana, nosotros dejábamos al edificio sin agua. Pudimos encontrar al plomero, que vino rápido. Bastó con comprar un repuesto, ajustar roscas. En una hora estaba arreglado. Pero poco después, ya en pleno confinamiento, se perforaron dos caños. Hubo que destrozar baldosas, levantar pisos de madera. Durante meses, la casa no paró de aullar catástrofes: se rompía una canilla, se caía una lámpara, se estropeaban los electrodomésticos. Empezamos a usar el lavarropas con cautela. Tratábamos con cuidado las teclas de la luz. Controlábamos el techo para ver si había filtraciones. Un día alguien, en los pisos superiores, arrojó algo por las cañerías. Los departamentos se inundaron. Salía agua ponzoñosa por las rejillas y los inodoros. Diego intentó desatascar con un alambre y un cable, pero las dos cosas quedaron tan enganchadas a la cañería como lo que fuere que ya estaba ahí. Entonces llamamos a un destapador. Vino con su maquina alienígena, destapó todo en un minuto, desatascó el alambre y el cable, nos cobró un precio moderado. Esas catástrofes cotidianas nos dejaban aturdidos, con una sensación de inminencia. Pero había en eso una complicidad exultante. A veces siento nostalgia por aquellos días en los que estábamos tan solos, él y yo, flotando en esa isla primitiva donde la supervivencia dependía de nosotros. Limpiábamos la casa una vez por semana. Hacíamos gimnasia en horarios similares. Organizábamos las compras. Salíamos a caminar kilómetros. El paisaje parecía entristecido a trompadas, machucado a pesar del sol. Las persianas de los comercios estaban bajas. No había bicicletas ni autos. Cuando pasábamos junto a un policía, le mostrábamos una bolsa de compras que llevábamos como salvoconducto: «Salimos a comprar.» Todo transcurría en un silencio agarrotado y deprimente. Pero cuando regresábamos a casa y disponíamos las cosas para el té, y yo ponía en funcionamiento el lavarropas, sentía que eso era todo lo que estaba bien en el mundo. Ese transcurrir mínimo. Alivios como recovecos.

Mientras tanto, trabajaba mucho. Escribiendo, editando, y también dando talleres. Alcancé a dar dos o tres clases presenciales en mi casa a comienzos de marzo. A la última, una semana antes del confinamiento, vinieron pocos. Yo había colocado las sillas a gran distancia, había alcohol en gel, las ventanas estaban abiertas. Anuncié que seguiríamos online, pero que aún no sabía cómo. Una de las participantes me dijo: «Yo averiguo.» Más tarde, al despedirlos, pensé que era probable que no volviera a verlos en un año o dos. Esa misma noche la participante me envió la solución por correo: «Zoom, lo usan todos», me dijo. Me suscribí de inmediato. Mandé instrucciones. Empezamos a vernos así. Semana tras semana. Sin feriados. Hasta la mitad de diciembre.

Comencé a dar talleres en 2002 o 2004, no me acuerdo, cuando a un par de colegas chilenos se les ocurrió que yo estaba capacitada para impartir uno en su país. Jamás había dado ni tomado una clase de periodismo, así que no sabía cómo era. Pero sabía lo que no quería hacer. Años antes había asistido a una charla que un colega europeo había dado en Buenos Aires. Los periodistas lo escuchaban con devoción, pero él no transmitía ningún conocimiento: solo contaba anécdotas. Hablaba de la vez en que había estado en tal lugar, de cómo había salido corriendo de tal otro. No estoy en contra del uso de la anécdota personal ilustrativa, pero deja de interesarme si solo está puesta al servicio de aportar una cuota más de leyenda al personaje (aunque quizás sea lo que estoy haciendo acá). Para dar ese taller tenía que crear un método. Así que estudié, escuché clases magistrales de directores de orquesta, entrevistas a directores de cine, escritores, fotógrafos y editores, repasé libros sobre la escritura periodística, leí manuales de estilo de diversos medios, imaginé ejercicios posibles para desarrollar tales y cuales herramientas, forjé una forma posible. Y empecé. Y descubrí lo que ya sospechaba: que el andamiaje teórico y práctico funciona pero que la única manera de poner a vibrar la escritura como algo que merece, a la vez, dominación y respeto es transmitiendo el entusiasmo enervante por hacerlo bien. ¿Era posible hacer eso en el Zoom? ¿Había manera de transformar la pantalla en un sitio razonablemente contaminado por la circunstancia pandémica pero, a la vez, cercano a ese más allá donde se agita la pulsión de la escritura? Eran momentos en los que, para escribir, había que sobreponerse –más que nunca– al miedo, a la incertidumbre, a la angustia, a la pérdida de sentido, al encierro, al agotamiento. Sin embargo, se pudo. La escritura de todos sufrió una transformación impactante. Se volvió más contundente, más osada, más insidiosa, más ruda, más drástica, más enérgica, más vital, más severa, más precisa, más resuelta, más temeraria, más sofisticada. Pero no sucedió gracias al Zoom, ni porque esta fantástica desgracia resultara inspiradora. Sucedió porque la escritura era el único sitio en el que podían –podíamos– respirar. El escritor sueco Stig Dagerman –nota al pie: se suicidó a los treinta y un años– escribió un texto llamado *Nuestra necesidad de consuelo es insaciable...* Hacia el final, dice: «El mundo es más fuerte que yo. A su poder no tengo otra cosa que oponer sino a mí mismo, lo cual, por otro lado, lo es todo. (...) Este es mi único consuelo. Sé que las recaídas en el desconsuelo serán numerosas y profundas, pero la memoria del milagro de la liberación me lleva como un ala hacia la meta vertiginosa: un consuelo que sea algo más y mejor que un consuelo y algo más grande que una filosofía, es decir, una razón de vivir.» Durante 2020 me pregunté muchas veces cuál es, en un momento como este, el rol de alguien que se planta ante un grupo y dice: «Creo que sé algunas cosas, quizás pueda enseñárselas.» La respuesta que encontré fue esta: aguantar para que ellos aguanten. Entonces, a lo largo de todo el año, aguanté. Con mi única herramienta: escribir y hacer escribir. Para que el mundo no fuera más fuerte que yo, que ellos, que nosotros. Hasta alcanzar un consuelo mejor que un consuelo, algo más grande que una filosofía: una razón para vivir.

El esfuerzo me impuso consecuencias duras.

Que no le importan a nadie.

Eso es todo.

Publicado originalmente en la revista española Jot Down *en junio de 2021.*

¿DÓNDE ESTABA YO CUANDO ESCRIBÍ ESTO?

Lo diré corto, lo diré rápido y lo diré claro: yo no creo que el periodismo sea un oficio menor, una suerte de escritura de bajo voltaje a la que puede aplicarse una creatividad rotosa y de segunda mano.

Es cierto que buena parte de lo que se publica consiste en textos que son al periodismo lo que los productos dietéticos son a la gastronomía: un simulacro de experiencia culinaria. Pero si me preguntan acerca de la pertinencia de aplicar la escritura creativa al periodismo, mi respuesta es el asombro: ¿no vivimos los periodistas de contar historias? ¿Y hay, entonces, otra forma deseable de contarlas que no sea contarlas bien?

Yo no creo en las crónicas interesadas en el *qué* pero desentendidas del *cómo*. No creo en las crónicas cuyo lenguaje no abreve en la poesía, en el cine, en la música, en las novelas. En el cómic y en Sor Juana Inés de la Cruz. En Cheever y en Quevedo, en David Lynch y en Wong Kar-wai, en Koudelka y en Cartier-Bresson. No creo que valga la pena escribirlas, no creo que valga la pena leerlas y no creo que valga la pena publicarlas. Porque no creo en crónicas que no tengan fe en lo que son: una forma del arte.

Excepto el de inventar, el periodismo puede, y debe, echar mano de todos los recursos de la narrativa para crear un destilado, en lo posible, perfecto: la esencia de la esencia de la realidad. Alguien podría preguntarse cuál es el sentido de poner tamaña dedicación en contar historias de muertos reales, de amores reales, de crímenes reales. Las respuestas a favor son infinitas, y casi todas ciertas, pero hay un motivo más simple e igual de poderoso: porque nos gusta.

Yo no creo que haya nada más sexy, feroz, desopilante, ambiguo, tétrico o hermoso que la realidad, ni que escribir periodismo sea una prueba piloto para llegar, alguna vez, a escribir ficción. Yo podría morirme –y probablemente lo haga– sin quitar mis pies de las fronteras de este territorio, y nadie logrará convencerme de que habré perdido mi tiempo.

Pero no han venido aquí para escuchar esa perogrullada en la que creo: que la escritura creativa no debería ser excepción en el oficio, sino parte de él. Se supone que, además, debo contarles cómo se hace. O cómo creo que se hace.

Y es ahí donde empiezan todos mis problemas, porque no hay nada más difícil que explicar una ignorancia. Quizás la historia del mago ayude un poco.

Era febrero de 2007. El hombre y yo estábamos sentados a una mesa cubierta por un paño verde, en una cabaña de madera con vista a un parque desbordante de árboles y setos perfectamente diseñados. Una lámpara derramaba, sobre la mesa, un charco de luz que iluminaba naipes, dados, una navaja. Dispersos, aquí y allá por el pequeño cuarto, había bastones con puño de plata, sombreros, velas encendidas. La escenografía era minuciosa, y yo no podía evitar la desconfianza: parecía un escenario armado para mí. El hombre me miraba sin bondad, con ojos de búho, y yo no podía entender por qué todos decían de él que era un maestro –el mejor mago del Cono Sur– si yo no veía más que a alguien que citaba a Borges sin haber leído a Borges, y para quien los bastones con mango de plata, las velas y los sombreros eran sinónimo de buen gusto.

Hasta que le pregunté por qué, en toda su vida, no había tenido más que dos discípulos. Suspiró, como quien va a decir algo importante, y dijo esto: «Porque estoy harto de los discípulos que no quieren admitir que no saben nada. El discípulo llega acá con un desconocimiento inconsciente: no sabe nada, y ni siquiera sabe que no sabe nada. Trabaja, se esmera, transpira, y llega a tener un desconocimiento consciente: no sabe nada, pero sabe que no sabe nada. Después trabaja, se esmera, transpira: ahora sabe, y sabe que sabe. Pero debe trabajar todavía mucho más, esmerarse y transpirar hasta lograr un conocimiento inconsciente: hasta haber olvidado que sabe. Entonces, y solo entonces, el conocimiento habrá llegado al músculo. Y hasta que no llega al músculo, el conocimiento es solo un rumor. Pero hay poca gente dispuesta a hacer ese camino: lleva décadas.»

Cuando escribía este texto recordé la historia del mago y pensé que, quizás, el verdadero trabajo de todos estos años no ha sido para mí el de escribir sino, precisamente, el de olvidar cómo se escribe. El de fundirme en el oficio hasta transformarlo en algo que se lleva, como la sangre y los músculos, pero en lo que ya no se piensa. En algo cuyo funcionamiento, de verdad, ignoro. En algo que hace que a veces, al releer alguna crónica ya vieja, contenga la respiración y me pregunte, con cierto sobresalto: «Pero ¿dónde estaba yo cuando escribí esto?»

Dicen que, al atardecer, el gran cocinero Michel Bras llevaba a sus ayudantes a la terraza de su restaurante en la campiña francesa y los obligaba a permanecer allí hasta que el sol se ocultaba en el horizonte. Y entonces, señalando el cielo, les decía: «Muy bien: ahora vuelvan a la cocina y pongan eso en los platos.»

Así como el respeto exacto de las proporciones y los tiempos de cocción no alcanza para explicar una receta sublime, una gran crónica tampoco es producto de un buen comienzo mezclado con un puñado de frases respetables embutidas en una estructura de perfección quirúrgica.

Para empezar por algún lado, habría que decir que el arte del buen cronista empieza a la intemperie o, al menos, fuera de su casa, con los días, semanas o meses que pasa junto al objeto de su crónica, cazando situaciones, tomando nota de cada detalle y volviéndose voluntariamente opaco. Sin esa actitud de acecho discreto, nunca traicionero, no hay crónica posible. Yo he permanecido semanas junto a personas tan disfuncionales como una pesadilla agónica de Marilyn Manson, completamente olvidada de mí –de mi incomodidad, de mi cansancio, de mi hastío–, solo concentrada en ser, lo más pronto posible, cincuenta kilos de carne sin historia: alguien que no está ahí; alguien que mira.

Son semanas de eso. Y después hay que volver a casa, y escribir diez páginas, y aspirar a que sean diez páginas perfectas.

No soy partidaria del cliché de la tortura: de la imagen del periodista que sufre, que escribe de noche sentado sobre una pila de clavos y de libros de Cioran. Yo escribo durante el día, hago gimnasia, casi no fumo, no tomo café, pero cada vez que me dispongo a escribir deseo, con todo mi corazón, ser otra cosa: cantante de rock, diseñadora de modas, doble de riesgo. Abrazar cualquier profesión que me aleje del hastío que me producen esos días monótonos en los que, de todos modos, ya he aprendido a internarme casi sin quejas, con resignación y confianza, y sin más luz que me guíe que las tres o cuatro frases del principio.

Que no es poco.

Un buen principio debe tener la fuerza de una lanza bien arrojada y la voluntad de un vikingo: ser capaz de empujar a la crónica a su mejor destino, y caer con la brutalidad de un zarpazo en el centro del pecho del lector. Con un buen principio lo demás es fácil: solo hay que estar a la altura, hacerle honor a esos párrafos primeros. Yo, que no obedezco nunca a nadie, obedezco a mis principios con sumisión arrebatada: sé que son el único leño al que podré aferrarme en ese océano de palabras donde no encontraré, por mucho tiempo, lógica, orden, ni prolijidad.

Y aunque aparecen cuando quieren, sin dejarse sobornar por lógica alguna, no empiezo a escribir a menos que tenga, con mucha suerte, uno; con mala suerte, dos, y con pésima suerte, varios principios.

En 2006 escribí la historia de un transexual de catorce años que solicitaba una operación de cambio de sexo. El caso era inédito, no solo por su juventud extrema, sino por el apoyo público y combativo de sus padres, dos profesionales de clase media. Pasé días releyendo las desgrabaciones, imaginando posibles comienzos antes de dormir, durante la cena y en el metro, en el trabajo y en la calle. Hasta que una noche, mientras cocinaba, apareció. Empezaba así:

«Esa tarde, toda la tarde, Amanda trajinó la casa escondiendo tijeras y cuchillos, navajas y hojas de afeitar. Porque la vio mal –nerviosa, diría después– y sospechó: su hija, Eugenia, entraba y salía de los cuartos cerrando puertas con furia, los ojos dos ascuas vivas, y Amanda preguntaba: "¿Qué te pasa, Euge, por qué, por qué?", más por calmarla que por esperar respuesta: hacía dos años que sabía por qué.

Esa tarde de agosto de 2005, Eugenia, quince recién cumplidos, furtiva como un gato, encontró al fin lo que buscaba: un filo. Entonces se encerró en el baño, se quitó la ropa y se hizo un tajo –hondo– en esa parte suya que la asquea: el sexo que lleva entre las piernas. El pene.»

Aquella niña bruscamente fundida en varón que intenta mutilar el sexo que la asquea decía, de la ambigüedad, todo lo que yo era capaz de decir.

Claro que así como hay principios que cuestan lo suyo, hay otros que aparecen enseguida.

Jorge González es un hombre de dos metros treinta de altura, a quien apodan El Gigante, y que vivió su minuto de fama jugando al básquet en los años ochenta. Estuvo a punto de ingresar a la NBA, pero, en vez de eso, decidió formar parte de un equipo de lucha libre en los Estados Unidos, porque pagaban mejor. Las cosas salieron mal, y ahora vive paralítico, pobre, solo y diabético en el pueblo que lo vio nacer, rumiando la pena de todo lo que fue y de lo que ya no es. Pasé con él una semana y cuando regresaba a casa en un ómnibus destartalado, mirando por la ventanilla, apareció el principio: vi esa tierra rala, pobre, a la que había ido a buscar a un hombre extraordinario, y que había imaginado, en cierta forma, igual de extraordinaria. Y vi que no era más que otro rincón de la vieja y gastada y pobre República Argentina. Saqué mi anotador y anoté lo que después, pulido, sería esto:

«No.

Esta no es una tierra extraordinaria. La provincia de Formosa, en el noreste argentino, es una planicie sin elevaciones con una vegetación que fluctúa entre el verde discreto de las zonas húmedas y los campos agrios de la sequía. No hay lagos ni montañas ni cascadas ni animales fabulosos. Apenas el calor del trópico mezclado con el polvo en una de las regiones más pobres del país. Y sin embargo allí, a orillas de un río llamado Bermejo, un pueblo de nombre El Colorado –donde diecisiete mil personas viven del trabajo en la administración pública y la cosecha del algodón– tiene, entre todas sus criaturas, a una criatura extraordinaria: El Colorado es la tierra del Gigante.

Son las dos de la tarde de un día de noviembre. Las calles del pueblo se revuelven a 43 grados de calor y en el hotel Jorgito una mujer joven, de andar cansado, dice: "Pase, le muestro su cuarto." Los cuartos son así: cama, ventilador, la mesa, el baño. Cuando la mujer se va suena el teléfono y una voz honda –la excrecencia del eco de una catedral o de una bóveda– dice:

–Al fin. Ahora estás en mi territorio.

Desde su casa, a cinco cuadras del mejor hotel del pueblo, Jorge González, El Gigante, se ríe.»

La palabra «No» del comienzo negaba toda posibilidad excepcional y plantaba, además, la primera de varias semillas amargas. El Gigante resultó ser un hombre despótico, dueño de un resentimiento interminable, al que le quedaba una sola forma de dominio: su voz. La usaba para ordenar, para exigir

245

hielo, agua, cigarros, mate, gaseosa, una toalla, insulina, el teléfono, empanadas. Y pensé que eso, el último reducto del Gigante, tenía que retumbar a lo largo de la crónica. No bastaba definir esa voz con un adjetivo como «honda», seguramente justo, pero no suficiente. Había que rodear a la palabra de un círculo de fuego: hacer que el lector se detuviera en ella. Y escribí eso de:

«Cuando la mujer se va suena el teléfono y una voz honda –la excrecencia del eco de una catedral o de una bóveda– dice: "Al fin, ahora estás en mi territorio."» «Excrecencia», además, no es palabra simpática: remite a algo vagamente repulsivo. Y «criatura» se llama a los niños, pero también a las bestias de la noche y a las infamias de los circos.

Escribir es, a veces, como poner levadura en una masa: no hay que hacer nada, excepto dejar que las palabras hagan su trabajo. Y hay que tener cuidado, porque lo harán con eficacia aterradora.

Con el principio debidamente encontrado sobrevienen días horrendos. Días en los que, más que escribir, acumulo: diálogos, escenas, frases, datos. El resultado es un texto monstruoso, ilegible, del tamaño de un libro chico: el embrión deforme de la crónica. Solo después empieza lo que llamo escribir, que no es otra cosa que quitar, de ese cascote mal armado, lo que sobra.

Leí que les sucede a los escultores y a los que construyen sus tablas de surf: se limitan a sacar de la madera o de la piedra lo que ya está ahí. Lo que yo hago durante los días siguientes es rebanar, pulir, sacar, quitar la viruta bajo la cual está la crónica completa. Encarar ese enorme trabajo de selección del que dependerá que una historia sea buena o una parodia de sí misma, que terminará contando la vida de una persona o montando una ridícula maqueta.

A veces encuentro una veta pura –un clima, una frase, una idea– y la sigo hasta donde se agota y se pierde. Pero nunca me detengo: durante esos días no miro mails, no hablo por teléfono, no salgo de mi casa, y aunque sienta que no voy por buen camino quito, pulo, rasgo, rompo una y otra vez, una y otra vez. Mi método es la insistencia. Un ejercicio casi físico que implica irradiarme de la crónica como de una materia tóxica hasta que ella crece dentro de mí como una cáscara, hasta que estoy llena de su silencio ominoso que reclama toda mi atención. Hasta que ya no existe en mí más que eso: su viento mudo.

Durante jornadas pesadillescas de doce o quince horas no pienso en otra cosa que en atravesar el velo que separa: atrapar sus tobillos, rendirle las caderas, hacer que la crónica se venza y me deje ver su música, me enseñe a cantar con ella.

De a poco, a partir de ese magma de palabras mezcladas, se dibuja, sin que yo sepa cómo, una columna hirviente hacia la que todo converge y desde la que se disparan nervios y neuronas, arterias y las venas, los músculos, los huesos, cartílagos, tejidos, y brota, solo, el cuerpo poderoso de la crónica. Eso que debe tener la forma de la música, la lógica de un teorema, y la eficacia letal de un cuchillazo en la ingle.

Así como los cocineros tienen sus juegos de cuchillas, los cirujanos su instrumental quirúrgico y las modistas sus canastas con hilos, los periodistas tenemos nuestra caja de herramientas. En la mía, hasta hace poco, había demasiadas cosas: metáforas adjetivadísimas, sustantivos arrancados a las entrañas mohosas de los diccionarios, efectos especiales, luces de colores, guirnaldas, frunces, encajes, moños. Hoy, esa caja tiene la parquedad del maletín de un forense: llevo los huesos del idioma, cuatro adjetivos, todos los signos de puntuación, y pocos credos: que menos es más, y que las cosas se dicen mejor cuando se dicen poco. En el perfil de un empresario de la carne argentino, por ejemplo, un hombre llamado Alberto Samid sospechado de enriquecimiento ilícito y corruptelas múltiples, después de describir la vida que llevaba –aparentemente modesta, sin autos ni bienes ni ropa de lujo– tres líneas aisladas decían así: «Cosas que no tiene Samid: autos último modelo, muebles caros, casa de cinco mil metros, asesor de imagen, manicura, trajes Armani, yate, gemelos de oro, mocasines de cuero italiano. Por cosas como estas, podría pensarse que Samid es un hombre modesto.»

Me gusta creer en esa idea: creer que, para decir algunas cosas, es mucho mejor –más eficaz– no decirlas.

Hace un tiempo escribí un libro que se llama *Los suicidas del fin del mundo* y que cuenta la historia de un pueblo de la Patagonia argentina donde, a lo largo de un año y medio, doce mujeres y hombres muy jóvenes decidieron volarse la cabeza de un disparo o ahorcarse, en la intimidad del hogar o en la vía pública. Allí, en ese libro que reconstruye las vidas y las muertes de estos doce suicidas y del pueblo en que vivieron, un párrafo dice esto:

«Había escuchado tantas teorías para explicarlo todo. Porque sí, porque no había nada para hacer, porque estaban aburridos, porque no se llevaban bien con sus padres, porque no tenían padres o porque tenían demasiados, porque les pegaban, porque los hacían abortar, porque tomaban tanto alcohol y tantas drogas, porque les habían hecho un daño, porque salían de noche, porque robaban, porque salían con mujeres, porque salían con mujeres de la noche, porque tenían traumas de infancia, traumas de adolescencia, traumas de primera juventud, porque habrían querido nacer en otro lado, porque no los dejaban ver al padre, porque la madre los había abandonado, porque habrían preferido que la madre los hubiera abandonado, porque los habían violado, porque eran solteros, porque tenían amores pero desgraciados, porque habían dejado de ir a misa, porque eran católicos, satánicos, evangelistas, aficionados al dibujo, punks, sentimentales, raros, estudiosos, coquetos, vagos, petroleros, porque tenían problemas, porque no los tenían en absoluto.

Teorías. Y las cosas, que se empeñaban en no tener respuesta.»

Creí que no hacía falta decir más para decir que la respuesta no estaba entre los vivos.

Que los vivos, en todo caso, solo podían ofrecer respuestas miserables.

Por lo demás, en los prados donde pastan las crónicas brota de todo y ellas se alimentan: cómic y poesía, novelas y cuentos, música y cine. Y, de todas esas cosas, probablemente nada enseñe a escribir tanto y tan bien como las películas.

Los directores, como los cronistas, cosen escenas, producen continuidad, organizan información y hacen transcurrir cuarenta años en dos horas. Las películas, como las crónicas, no se construyen solo con planos generales y ritmos lentos, sino con primeros planos, planos americanos, monólogos, flashbacks, escenas de tiros, escenas de sexo y escenas de violencia. En las crónicas, como en el cine, hay voces en off, travellings, paneos.

Hace un par de años escribí la historia de un militante de izquierda desaparecido en la Argentina durante la última dictadura militar, un chileno llamado José Liborio Poblete, a quien apodaban Pepe. La historia arrancaba con Buscarita Imperi Navarro Roa, la madre de ese hombre, un día de septiembre de 1971, allá en Santiago. Decía así:

«El 10 de septiembre de 1971, en el living de su casa –pasaje 40, Villa 4 de Septiembre, La Cisterna, Santiago– a Buscarita Imperi Navarro Roa se le volcó, entera, una botella de aceite, y ella no supo qué hacer, más que las cruces.

–Me santigüé, y dije: «Ay dios mío, dios mío, qué va a pasar.» Porque se volcó entera, la botella entera –dice, más de treinta años después, en su departamento del barrio de La Boca, Buenos Aires.

Volcar una sola gota de aceite fuera de la cocina, reza la superstición, puede traer meses de mala suerte. Y a ella, supersticiosa, se le había volcado una botella. De todos modos, no dijo nada. Limpió el charco y esperó.

La tranquilizó el ritmo de los días: serenos en aquella primavera. Había problemas de dinero, como siempre, pero los hijos –eran siete: José "Pepe" Liborio, Lucinda, Fernando, Patricia, Víctor, Patricio y Francia– no traían sobresaltos, y su propio trabajo –limpiar casas ajenas– marchaba bien.

El 15 fue su cumpleaños.

El charco de aceite había empezado a quedar en el olvido cuando el 17 de septiembre su hijo mayor, José "Pepe" Liborio Poblete, dieciséis años, le anunció que viajaría a Curicó en tren, con un amigo. Buscarita dijo: "Bueno" y se quedó limpiando. No había motivos para ver en eso una amenaza y puso agua para el té.

Septiembre, a sus espaldas, empezaba a ser el mes tan cruel.»

Dos párrafos después, Pepe Poblete caía por accidente sobre las vías, el tren le cortaba las dos piernas, y, con la esperanza de conseguir rehabilitación adecuada, dos años más tarde viajaba a la Argentina donde, en 1977, sería secuestrado junto a su mujer y su hija de ocho meses, torturado, probablemente ejecutado y con certeza desaparecido por el régimen militar.

Empezar con la cámara fija en Buscarita haciendo el té, inocentemente haciéndose las cruces, era una forma de resaltar la monstruosidad del destino que aparecería dos párrafos más tarde, perseguiría a esa mujer hasta el otro lado de la cordillera, la alcanzaría y terminaría por destrozarla. Pero por el momento solo veíamos un plano cerrado de esa dama humilde calentando agua. Y aun sabiendo que algo muy malo iba a pasar, no sabíamos qué, y no sabíamos cómo. Se nos había clavado, como a Buscarita, la mala semilla de la premonición.

Eso –decir el horror sin decirlo– se puede aprender de muchas formas, pero no está mal aprenderlo en el cine, paralizados, con la respiración rígida entre la boca y la garganta, sin entender la razón de ese volcán de miedo que nos ahoga si después de todo estamos en el cine, si después de todo en la pantalla el cielo es tan azul, la protagonista tan plácida y dormida, la puerta tan cerrada y sin embargo.

Se podría pensar que, con el bloque de texto pulido, la información organizada, cierta coherencia interna y algunos recursos más o menos bien puestos, está todo hecho.

Pero no. Todavía falta lo difícil: que la crónica, así como el humo asciende buscando una vía de escape, fluya buscando su propia música.

El escritor japonés Haruki Murakami dice esto en un texto llamado «La música de las palabras»: «Ya sea en la música o en la ficción, lo principal es el ritmo. Tu estilo tiene que tener un ritmo bueno, natural, firme, o la gente no va a seguir leyéndote. Aprendí la importancia del ritmo de la música y específicamente del jazz. A continuación, viene la melodia, que en literatura viene a ser un ordenamiento apropiado de las palabras para que vayan a la par del ritmo. (...) Si las palabras se acomodan al ritmo de una manera suave y bella, uno no puede pedir más. Lo siguiente es la armonía: los sonidos mentales que sostienen las palabras. (...) Prácticamente todo lo que sé acerca de escribir lo aprendí de la música. Sonará paradójico, pero si yo no hubiera estado tan obsesionado con la música podría no haberme convertido en novelista. (...) Mi estilo está tan profundamente influido por los riffs salvajes de Charlie Parker, digamos, como por la prosa elegantemente fluida de Scott Fitzgerald.»

Alguna vez, el escritor y periodista argentino Martín Caparrós dijo que su única habilidad verdadera era tener cierto oído para el ritmo de las palabras. «Eso es lo que yo considero mi capital –dijo–. Debo confesar que la prosa que escribo está plagada de endecasílabos. Siempre me sorprendo, porque me parece que es un recurso tan obvio y tan poco usado. Poca gente mide las sílabas de lo que escribe.» En su libro de crónicas *El Interior,* Caparrós describe así una gigantesca siderúrgica llamada Acindar: «Aquí, ahora, en ese espacio enorme gris espeluznante hay rayos, fuego, truenos, materia líquida que debería ser sólida: el principio del mundo cuarenta y cuatro veces cada día. Aquí, ahora, en este espacio de posguerra nuclear hay caños como ríos, las grúas dinosaurias, las llamas hechas chorro, sus chispas en

251

torrente, cables, el humo negro, azul, azufre, gotas incandescentes en el aire, el polvo de la escoria, las escaleras, los conductos, los guinches como pájaros monstruosos, olor a hierro ardiendo, mugre, sirenas, estallidos, plataformas, calor en llamaradas, las ollas tremebundas donde se cuecen los metales y, muy imperceptibles, los hombres con sus cascos antiparras máscaras tan minúsculos –que parecen casi nada si no fuera porque todo esto es puro hombre, obra del hombre, bravura de los hombres, naturaleza dominada–. Aquí se hace el acero.»

Uno puede imaginar a Caparrós volviendo una y otra vez sobre ese párrafo, leyendo, releyendo, solfeando, midiendo, cambiando adjetivos y tiempos de verbo hasta lograr la métrica perfecta, el ritmo justo, la mejor forma de contar lo que también podría decirse así: «Acindar, la siderúrgica líder en el país, es muy grande.»

La diferencia, claro, es que, donde esa frase no dice nada, aquel párrafo emana olor a hierro, aturde con bramido de sirenas, y es imposible despegar la información de su placer estético –lo que dice, de cómo lo dice– porque el secreto de su potencia, de su perfecta eficacia, reside en el encastre milimétrico de cada pieza y, por tanto, está disperso: en todas partes y en ninguna.

Así como un orfebre no ceja hasta lograr un engarce sublime, un periodista pasa días removiendo párrafos, recortando frases, afirmando voces, refinando escenas, trabajando ruidos, escribiendo fusas y corcheas, artículos y verbos, semitonos, bemoles, sostenidos, hasta lograr que fluya: que parezca fácil. Hasta lograr que, bajo la superficie tersa de la crónica, bajo su música serena, quede oculto lo que la pone en marcha. Su esqueleto. Sus músculos severos. Su íntima arquitectura de goznes aceitados.

Llegamos al final y me las he arreglado para no responder a la pregunta: ¿cuál es el método?

Hace poco leí que una directora de teatro decía que su método era «el del buen alpinista que modifica su equipo en función de la montaña, del tiempo, del día. Tengo la impresión –decía la mujer– de que al comenzar los ensayos hay una montaña enorme que habrá que escalar, y lo importante, en ese momento, es elegir los crampones adecuados».

La respuesta es engañosa. Ella, ustedes y yo sabemos que el problema reside, justamente, en saber *cómo* elegir los crampones adecuados. Y la única respuesta que tengo es una respuesta desesperante: que se hace con eso que llaman intuición y que, si bien no está exenta de esfuerzo, es intransferible.

Yo no tengo corazón para decirle a alguien que, para escribir una crónica, debe encerrarse en un departamento de treinta y seis metros cuadrados en jornadas de dieciséis horas y concentración de monje budista. Pero, en el fondo, todo lo que tengo para decir es eso: que debe encerrarse en un departamento de treinta y seis metros cuadrados en jornadas de dieciséis horas y concentración de monje budista.

Porque no sé cómo funciona lo demás, pero, sobre todo, no quiero saberlo.

A Ferran Adrià, el catalán afecto a la cocina molecular, le gusta pasar seis meses investigando con qué cantidad de oxígeno un tomate se transforma en espuma, y eso solo hace su arte más sublime.

A mí me gustan las cosas sofisticadas, el idioma lujoso y bien lustrado, las estructuras complejas, pero prefiero seguir desconociendo la química de las emulsiones: no saber del todo cómo y por qué funciona la maquinaria. Temo que, si la miro con tanta intensidad, termine por romperse. O por aburrirme, que es como decir lo mismo.

En los últimos tiempos, para ocasiones como esta, he tenido que volver sobre mis textos y ver cómo y por qué tomé tal o cual decisión. Y me he sentido, una y otra vez, como una fabuladora –porque ni una sola de las decisiones que tomé para escribir los textos que acabo de leerles fue producto de algún tipo de reflexión, sino de mi insistencia de burra sobre la computadora– y como Harry Angel, el detective interpretado por

253

Mickey Rourke en aquella película de Alan Parker llamada *Corazón satánico*. En esa película, Harry Angel es contratado para rastrear a un cantante y soldado desaparecido cuyo nombre es Johnny Favorite. Angel sigue las pistas hasta el final, solo para descubrir que el cantante desaparecido es él mismo, que ha sido contratado para seguir las huellas de su propio pasado, y que en ese pasado ya no es un detective sentimental, sino una bestia sin alma. Y lo que me da miedo no es seguir mis propias huellas para terminar descubriendo que, al final del arco iris, estoy yo misma devorando corazones de niños indefensos, sino, precisamente, eso: que la búsqueda se acabe. Que, de tanto buscar, termine por encontrar algo.

Prefiero sospechar algunas cosas. Que toda levedad se monta sobre tornillos erizados. Y que si lo de arriba flota, es porque lo de abajo lo sostiene. Pero no sé cómo se hace.

Sí sé que vale la pena abandonar esa orilla alfombrada de prosas higiénicas y mudarse a esta otra, bastante más incómoda, a la que se llega con esfuerzo, con hombros y ojos cansados, y que no promete, además, ningún alivio.

Pero allí, alguna vez, escribiremos algo.

Algo que olvidaremos por un tiempo.

Algo que, después de meses o de años, volveremos a leer.

Y entonces, con la respiración contenida, con un sobresalto leve, nos haremos aquella pregunta del principio: «Pero ¿dónde estaba yo cuando escribí esto?»

Y ese será todo nuestro premio: haber estado ahí. Y no recordar cómo.

Leído en el «Seminario de escritura creativa y creatividad en su enseñanza», Bogotá, Colombia, 2007. Publicado en El Malpensante, *2007.*

PERIODISMO NARRATIVO: CÓMO Y PARA QUÉ.
EL NEGOCIO DEL MIEDO

Yo no estoy en el negocio de la felicidad. No estoy en el negocio de la alegría. No estoy en el negocio de la satisfacción, ni del placer, ni del gozo, ni de la dicha. Yo estoy en el negocio del miedo. Estoy en el negocio de «siempre salió bien pero esta vez puede salir mal». En el negocio de «quiero hacerlo como nunca lo hice antes pero es posible que no lo logre». En el negocio de «¿siempre tendré algo para decir?».

Ahora, por ejemplo, mientras escribo esto, sé que al terminar obtendré algo parecido al alivio. Pero sé también que ese alivio durará poco y que, apenas después, el desasosiego volverá a comenzar y estaré asediada por las mismas preguntas de siempre: qué decir, cómo decirlo, para qué.

A principios de año releí *El mito de Sísifo,* de Albert Camus. Camus describe a Sísifo subiendo la montaña con la roca a cuestas hasta que, después de alcanzar la cima, ve cómo la piedra «desciende en algunos instantes hacia ese mundo inferior (...) y baja de nuevo a la llanura». Entonces llega esa frase que siempre me hace temblar: «Sísifo –escribe Camus– me interesa durante ese regreso, esa pausa», porque es «la hora de la conciencia. En cada uno de los instantes en los que abandona las cimas y se hunde poco a poco en las guaridas de los dioses, es superior a su destino. Es más fuerte que su roca (...). El esfuerzo mismo para llegar a la cima basta para llenar un corazón de hombre. Hay que imaginarse a Sísifo dichoso.»

Yo, como Camus quiere que imaginemos a Sísifo, soy dichosa durante esa breve pausa que transcurre entre el punto final de un texto y la pregunta «¿Y ahora qué?». Esa breve pausa en la que, por un instante, soy más fuerte que mi roca. Porque yo estoy metida en el negocio del miedo: yo escribo.

Hay una pregunta que se repite y que se responde en dos segundos. La pregunta es: «¿Cómo se aprende a escribir crónicas?» La respuesta es: leyendo y escribiendo mucho. Pero hay una pregunta que casi no se formula: ¿por qué alguien querría escribir crónicas? Y es raro que no se formule porque, si uno quiere entregarse a un oficio, debe, como mínimo, conocer sus efectos colaterales.

Desde 2001, y durante un par de años, me aboqué a tomar clases de tango cuatro o cinco veces por semana: tomé clases tradicionales y de vanguardia, hice seminarios específicos sobre giros y sacadas, deambulé por diversas escuelas y profesores. Hasta que un día empecé a sentir un dolor invencible en la planta del pie. Cada vez que giraba o que caía sobre el metatarso, sentía que una piedra se me hundía en la carne. De modo que fui a consultar a un traumatólogo. El hombre me revisó, me dijo que iba a indicarme sesiones de kinesiología pero que, si seguía bailando, el alivio sería solo pasajero: que ningún pie está preparado para girar y caer sobre sí mismo durante horas, cuatro o cinco días por semana, embutido en un zapato de taco. Lo miré con asombro y le pregunté: «¿Entonces esto es normal?» Su respuesta fue una pregunta: «¿Usted le miró los pies a alguna de sus profesoras de tango?» Dije que no y era verdad: los pies de mis profesoras de tango permanecían embutidos dentro de zapatos de taco, iguales a los míos. La clase siguiente la tomé con una profesora que además era amiga y le pedí que me mostrara los pies. Lo que vi me dejó aterrada: dedos torcidos, huesos como picos, falanges que parecían machacadas con un martillo. Le pregunté: «¿Esto es normal?» «Todas las bailarinas tenemos los pies así», me respondió. «¿Y no te due-

256

len?» «Todo el tiempo.» Esa respuesta acabó con mis clases de tango. Me gustaba bailar, me gustaba ese mundo donde no importaban ni la edad ni la forma de los cuerpos sino su exquisita gracia, pero no estaba dispuesta a vivir con dos extremidades laceradas para siempre. No sentí pena al dejarlas, pero sí indignación por el hecho de que nadie me hubiera advertido que avanzaba por un campo minado en el que, antes o después, aparecería el dolor.

Antes o después, el dolor de la piedra de la escritura aparece. En ocasiones, bajo la forma de esas frases que mencioné al principio: «siempre salió bien pero esta vez puede salir mal», «quiero hacerlo como nunca lo hice antes, pero es posible que no lo logre», «¿siempre tendré algo para decir?». Y, para combatirlo, no hay más antídoto que la convicción de que no se quiere hacer otra cosa.

El escritor norteamericano David Foster Wallace escribió, en 2005, el discurso de graduación para los egresados de la Universidad de Keyton. Es un ensayo llamado *Esto es agua*, donde dice: «Ustedes deciden qué es lo que van a adorar, porque (...) en el día a día de la vida adulta no existe tal cosa como el ateísmo. No existe tal cosa como no adorar nada. Todo el mundo adora algo. La única elección está en qué decidimos adorar. Y una gran razón para decidir adorar a algún dios o algo parecido a un espíritu –llámese Jesucristo, Allah, Yavé, la Diosa Madre, Las Cuatro Nobles Verdades o algún conjunto inquebrantable de principios éticos– es que prácticamente cualquier otra cosa que te pongas a adorar te va a comer vivo.»

No sé qué será la escritura para los demás, pero para mí es una pulsión ineludible y una forma de organizar el mundo. Hablo del mundo de ahí afuera –de todas esas personas y todas esas aves y todas esas alfombras y barcos y puentes y colchones y almejas y bacterias–, pero también del mundo de aquí adentro, de mi mundo lleno de un ruido blanco y cenagoso que solo deja de ser un balbuceo demente cuando escribo. Poniéndolo en palabras de Foster Wallace, es probable que la escritura me esté comiendo viva. Y yo estoy dispuesta a dejarla.

Hay otras preguntas que se formulan siempre, pero cuyas respuestas son más complejas. Son preguntas conmovedoras, por lo desesperadas: porque el que las expresa busca un camino que no ha sabido encontrar por sí mismo. Esas preguntas son «¿Cómo se hace para vivir de esto, cómo puedo llegar a los editores, cómo hago para que me lean?».

¿Han sido alguna vez una niña de doce años soñadora y melancólica viviendo en un pueblo chico con la ambición irracional de dedicarse a escribir? Yo lo fui. Durante demasiado tiempo. Lo fui mucho más allá de la niñez, a lo largo de la adolescencia y de la primera juventud, hasta que un editor que no me conocía leyó un cuento mío, lo publicó, me ofreció mi primer trabajo en una redacción, me hice periodista y ya no quise ser otra cosa. Pero esa niña soñadora y melancólica que fui recuerda perfectamente el desamparo que se siente al mirar desde fuera un mundo al que se pertenece pero al que no se puede entrar. Y sentí ese desamparo muchas veces, incluso años después de haber empezado a practicar el oficio.

En 2001 yo trabajaba como redactora en la revista dominical del diario *La Nación*. Lo hacía desde 1996 y lo haría aún por varios años, hasta 2009. Escribía además, como *free lance*, para otros medios, todos de mi país y uno de Uruguay. En diciembre de ese año la Argentina cayó en una crisis terminal: los bancos se quedaron con el dinero de los ahorristas, el presidente renunció, tuvimos una sucesión de siete mandatarios en una semana. Los pronósticos hablaban de un país que se aislaría del mundo y sobreviviría con lo que pudiera. No costaba nada imaginar ese futuro cuando se caminaba por las calles donde la gente quemaba llantas de automóviles, saqueaba supermercados, golpeaba enfurecida las puertas de los bancos. Me dije que no iba a conformarme con cualquier clase de vida y que, si el país se replegaba sobre sí mismo, yo haría lo contrario y empezaría a escribir para medios extranjeros. Detrás de la idea de expandir preventivamente el horizonte laboral se movía otra, más interesante y peligrosa: la idea de la ambición. En el periódico funcionaba una oficina del Grupo de Diarios de América, una red de intercambio de contenidos periodísticos entre distintos medios de la región. Dirigía esa oficina un hombre mayor, adusto, que siempre vestía un traje gris y exudaba autoridad. Solo hablaba con los editores, rara vez con los periodistas rasos, y tenía un labio inferior prominente, volcado sobre el mentón, siempre húmedo. Fui a su oficina, pensando que podría darme algunos contactos. Me hizo pasar, me atendió de pie. Le expliqué rápidamente mis intenciones. Cuando terminé me dijo: «Eso es para otro tipo de periodista, para una periodista como vos es muy difícil.» ¿Qué era para ese hombre una periodista como yo? Alguien que escribía acerca de cosas que no salían en la portada: yo no hablaba de guerras ni de corrupción ni entrevistaba presidentes. Yo escribía sobre gitanos y judíos ortodoxos, sobre actores y actrices, sobre diseñadores de joyas y de perfumes, sobre personas que vivían en barrios miserables y que tenían espantosas afecciones en la piel provocadas por la contaminación de las curtiembres, pero que no eran narcos ni sicarios. Una periodista como yo era, en fin, alguien que escribía sobre temas irrelevantes. Le agradecí por su tiempo, salí de su oficina y fui directo al archivo del diario, donde pedí ejemplares de todos los periódicos y revistas desde México hacia el sur. Anoté teléfonos, direcciones, nombres de editores. Pasé semanas redactando cartas de presentación en las que explicaba quién era y qué quería hacer. Imprimí esas cartas, algunos artículos que había publicado, metí todo en sobres, fui al correo y gasté una buena porción de mi salario enviando ese material a distintos países del continente y a España. De a poco, las respuestas empezaron a llegar. Meses después, colaboraba en *Letras Libres,* de México; en una revista de viajes española cuyo nombre olvidé; en una revista colombiana; en otra que se hacía en Miami. Mientras eso sucedía, y a costa de una sobrecarga de trabajo importante, empecé a viajar a un pueblo pequeño ubicado en medio de la meseta patagónica para escribir una crónica sobre doce personas jóvenes que se habían suicidado allí a lo largo de un año y medio. Lo hacía por mi cuenta, pagándome los pasajes, el hotel y la comida, y empleando los períodos de vacaciones que me correspondían en el diario. Aunque estaba claro que ninguna revista podría pagarme por esa crónica siquiera lo suficiente para cubrir gastos, yo quería escribirla. Un día tomé un café con un editor amigo, Elvio Gandolfo, y, no sé por qué, le conté lo que estaba haciendo. Me dijo: «¿Y vas a escribir un artículo? Con mucho menos que eso Truman Capote escribió *A sangre fría*. Ahí tenés un libro.» Yo jamás había pensado en escribir un libro, ni ese ni ningún otro. Pero redacté una propuesta y la llevé a diversas editoriales. Dos o tres respondieron por teléfono: «La gente no quiere leer historias de suicidas —me dijeron—, es demasiado deprimente.» Sin embargo, la editora de un sello importante me citó en su oficina. Fui, bastante ilusionada. Cuando llegué, me dijo que le había parecido una historia estupenda, que la había impresionado la redacción sólida, parca, precisa y contundente del proyecto. Y entre tanto elogio me dijo: «Me imagino que el libro lo querés escribir vos.» Algo desorientada, le pregunté a qué se refería. Me respondió: «Pensé que a lo mejor le podías pasar todo el material a un periodista que tenga más nombre, que sea más conocido que vos, para que ese periodista lo escriba. Y a vos te podríamos pagar por el informe.» El informe: decenas de entrevistas a lo largo de meses con amigos y familiares de gente muy joven que se había ahorcado con alambre de hacer fardos, que se había disparado en la cabeza con la pistola reglamentaria de papá. Viajes al pueblo, llamadas de larga distancia todas las semanas, mis vacaciones invertidas en el último confín. Le respondí que, en efecto, lo quería escribir yo, que gracias por recibirme. Salí de allí aterrada, segura de que en pocos meses vería esa historia en las librerías porteñas, escrita por un periodista con más nombre y más conocido que yo. Entonces mi amigo, el escritor Sergio Olguín, me sugirió que presentara el proyecto en Tusquets. Yo creía que el libro no encajaba en el perfil de la editorial, pero le hice caso. Poco después, Mariano Roca, editor por entonces de esa casa, me llamó y me dijo dos frases que lo cambiaron todo: «Nos interesa muchísimo y queremos publicarlo.» Me encerré a escribir, usando una vez más las vacaciones del periódico, y el libro se publicó poco después en Argentina y en España bajo el título *Los suicidas del fin del mundo.* Un año más tarde, me contactó una editora del diario *El País:* lo había leído, le había gustado, quería que empezara a escribir artículos en la revista dominical.

¿Quiere decir eso que yo era buena? No. Quiere decir que nunca hay que hacerle caso al hombrecito de traje gris y labio prominente que dice: «Eso es muy difícil para una periodista como vos.» Quiere decir que no hay que dejarse amedrentar por la editora con ideas espurias. Quiere decir que, si se tiene lo que hay que tener, por cada hombrecito de labio prominente y por cada editora con ideas espurias hay al menos un editor ávido que tiene tantas ganas de publicar buenas historias como nosotros de escribirlas. Y quiere decir también que en toda esa cadena de causas y consecuencias pesa, más que el azar, el factor humano: un ariete hecho de convicción, coraje, olfato, insistencia, tozudez, disciplina y trabajo.

Claro que también pesa, y mucho, esa frase que quedó camuflada en el párrafo anterior: tener lo que hay que tener. Y eso consiste no solo en discernir la diferencia que existe entre escribir correctamente y escribir asquerosamente bien, sino en ser capaces de encarnarla.

Hace poco, el participante de un seminario de periodismo que dicté escribió un texto que comenzaba con una metáfora altisonante e inextricable. Le pregunté qué significaba y qué función cumplía. Me respondió «no sé». Le pregunté: «¿Entonces por qué la escribiste?» Me respondió: «Es que primero se me ocurrió la metáfora, que me gustó mucho, y a partir de eso escribí lo demás.» Era un claro caso de texto-guarnición: la metáfora era el plato principal y el texto un puré de acompañamiento.

Muchos creen que escribir crónicas consiste en escribir raro. Poner el adjetivo delante del sustantivo, prescindir de verbos y artículos, inventar símiles extravagantes, usar muchos puntos y aparte, esparcir comas como si se tratara de láminas de queso parmesano. En verdad, es todo lo contrario. Alguna vez, y perdón por la autorreferencia, escribí esto: «El periodismo narrativo tiene sus reglas y la principal, perogrullo dixit, es que se trata de periodismo. Eso significa que la construcción de estos textos musculosos no arranca con un brote de inspiración, ni con la ayuda del divino Buda, sino con eso que se llama reporteo o trabajo de campo, un momento previo a la escritura que incluye una serie de operaciones tales como revisar archivos y estadísticas, leer libros, buscar documentos históricos, fotos, mapas, causas judiciales, y un etcétera tan largo como la imaginación del periodista que las emprenda. Y contar no es la parte fácil del asunto. Porque, después de días, semanas o meses de trabajo, hay que organizar un material de dimensiones monstruosas y lograr con eso un texto con toda la información necesaria, que fluya, que entretenga, que sea eficaz, que tenga climas, silencios, datos duros, equilibrio de voces y opiniones, que no sea prejuicioso y que esté libre de lugares comunes. La pregunta, claro, es cómo hacerlo. Y la respuesta es que no hay respuesta. (...) A los mejores textos de periodismo narrativo no les sobra un adjetivo, no les falta una coma, no les falla la metáfora, pero que todos los buenos textos de periodismo narrativo son mucho más que un adjetivo, que una coma bien puesta, que una buena metáfora. Porque el periodismo narrativo es muchas cosas pero no es un certamen de elipsis cada vez más raras, ni una forma de suplir la carencia de datos con adornos, ni una excusa para hacerse el listo o para hablar de sí.»

Y así es como volvemos al negocio del miedo. Porque las buenas crónicas –esas que son mucho más que un adjetivo, que una coma bien puesta, que una buena metáfora– están escritas con una voz propia que se alimenta de una zona en la que confluyen los libros leídos, las películas vistas, las borracheras, los viajes, los amores vividos. Pero también cosas mucho más peligrosas.

Un verano de mi adolescencia estaba de vacaciones en Necochea, una ciudad de la costa argentina, con mis padres y mi hermano. Yo tendría, supongo, dieciséis. Era una persona llena de furia que quería ser adulta y vivir sola, alguien que no aceptaba autoridad pero que aplicaba una capa de obediencia para que la vida cotidiana no fuera un infierno. Una tarde caminábamos con mi familia por la peatonal céntrica. Yo usaba un suéter color maíz que me encantaba. Mi padre y mi hermano entraron a una casa de juegos electrónicos; mi madre y yo a una galería, a ver vidrieras. No recuerdo por qué, empezamos a discutir. La discusión subió de tono hasta volverse terrible, demoníaca. En un momento ella se adelantó un poco, y yo miré su espalda y pensé: «Me voy.» Y me fui. Di media vuelta, salí de la galería, caminé por la peatonal hasta la esquina. Antes de doblar, giré, segura de que ella vendría detrás. Pero no: no me seguía nadie. Estoy casi segura de haber sentido asombro: así que uno dobla una esquina y la vida cambia para siempre. No podía ser tan fácil. ¿No podía ser tan fácil? Empecé a deambular sin plan. Porque ¿cuál podría haber sido mi plan? ¿Vivir en la calle, pedir limosna? Caminé un rato. Cada tanto miraba hacia atrás, pero nadie corría detrás de mí, nadie me gritaba que volviera, y el mundo alrededor seguía su curso, impávido. En algún momento, quizás cansada, quizás porque entendí que era una peregrinación idiota, quizás porque tuve miedo, emprendí el regreso. Desandé el camino, llegué a la peatonal, fui hasta la galería. Apenas entré vi a mi madre. Imagino que debía estar con mi padre y mi hermano, pero no los recuerdo. Solo a ella, solo su rostro que no supe leer. Porque a esas alturas toda la ciudad me estaba buscando. Mi desaparición había sido denunciada a la policía, que patrullaba las calles informada de mi aspecto: alta, flaca, suéter color maíz. Mi nombre y mis datos se mencionaban por las radios locales. Mis padres llamaban cada cinco minutos al hotel donde nos hospedábamos para preguntar si yo había aparecido. Pero, cuando vi a mi madre en la galería, yo no sabía nada de todo eso y avancé diciéndome que, como en las películas, ella iba a venir hacia mí, a fundirse en un abrazo y a darse cuenta de que yo era una hija maravillosa con la que no debía pelear. En efecto, vino hacia mí. Y, sin siquiera preguntar qué había sucedido, me dio una bofetada bestial. Después empezó a llorar. Yo no pensé en el íntimo infierno de sus horas, en que me habría imaginado perdida para siempre, descuartizada, violada, hecha pedazos. Solo sentí por ella un desprecio resplandeciente, un odio perfecto y luminoso.

El otro día, en una novela de Rachel Cusk llamada *Tránsito,* leí un pasaje en el que ella describe la presentación pública de un escritor llamado Julian. Ese pasaje dice así: «Los escritores, continuó Julian, siempre trataban de llamar la atención: ¿por qué, si no, íbamos a estar sentados en ese escenario? Lo cierto, añadió, es que nadie nos había hecho caso de pequeños, y ahora íbamos a cobrarnos esa diferencia. Según él, el escritor que negara el elemento infantil de la venganza en su producción era un mentiroso. Escribir era la manera que los escritores tenían de tomarse la justicia por su mano, nada más. (...) «A los padres a veces les cuesta aceptarlo –continuó–. Tienen un hijo, o una hija, que es una especie de testigo mudo de su vida, y no les gusta que, al crecer, empiece a ir contando sus secretos por ahí. Yo les diría: "Cómprense un perro."» Estoy de acuerdo con ese consejo –padres y madres del mundo: si no quieren hijos escritores, cómprense un perro–, pero no cuento esto por venganza sino para hablar de esa zona de mí misma donde el golpe de mi madre todavía sigue vivo. Escribo con muchas cosas –con los viajes y los libros y la poesía y el cine y el amor y el desamor–, pero también con esa parte de mí que aún siente aquel odio perfecto y luminoso, que aún mira a mi madre a los ojos y le dice: «Señora, a mí no se me pega.»

En 2008, David Foster Wallace dijo, en una entrevista: «Yo tuve un profesor (...) que aseguraba que la tarea de la buena escritura era la de darles calma a los perturbados y perturbar a los que están calmados.» En eso consiste el negocio del miedo. En manipular la nitroglicerina de la perturbación e impedir que te haga volar en pedazos.

Hay cierto parecido entre un cronista latinoamericano y esos electrodomésticos que ejecutan múltiples funciones y cortan, pican, trituran, licúan, procesan, hacen salsas, sopas, jugos. Como las multiprocesadoras, los cronistas latinoamericanos hacemos varias cosas: escribimos columnas, dictamos talleres, editamos libros y los escribimos, formamos parte de jurados de diversos premios. Sin embargo, existe la extraña idea de que el cronista latinoamericano se gana la vida escribiendo dos o tres artículos por año, y nada más. Yo no soy una persona religiosa, pero hay una frase de la Biblia, Romanos 11:33, que dice: «¡Oh profundidad de las riquezas, de la sabiduría y del conocimiento de Dios! ¡Cuán incomprensibles son sus juicios e inescrutables sus caminos!» Los caminos de la compensación económica son, en este oficio, tan inescrutables como los de ese dios. Aunque el pluriempleo tiene en ocasiones el rostro aborrecible de la precariedad laboral, a mí la combinación de todas esas tareas –que, además, me gustan– me mantiene la mano aceitada, la cabeza en marcha y los ojos abiertos. Pero, más allá de eso, en una región como América Latina, en la que no existen las condiciones debidamente pasteurizadas para construir eso que se llama, con rimbombancia, una obra, la idea del cronista dedicado solamente a escribir tres o cuatro textos al año es eso: una idea. Creer que las condiciones perfectas existen, y que solo hay que esperar que lleguen, es una excusa perfecta, y ni siquiera demasiado imaginativa, para no escribir jamás.

Claro que el negocio del miedo no se detiene nunca. Ni siquiera cuando uno se decide a entrar en él, aceptando el pluriempleo como una condición. Porque no pasa mucho tiempo hasta que uno descubre que es un negocio abierto las 24 horas los 365 días del año, repleto de ofertas de dos por uno, bonos de descuento, sonrisas maníacas, atracciones gratuitas. Toda esa gente prestándote atención, todas esas entrevistas, todos esos extraños que te aplauden, te alaban, te celebran. Todo ese ego brillante como una tarta de cumpleaños, insaciable, grotesco. Todas las cosas extrañas que empiezan a suceder, como cuando en una ciudad extranjera un desconocido grita tu nombre en la calle y te pide, temblando, que le firmes un pedazo de papel y, mientras se lo firmás, llora. O como cuando un lector de un país que no es el tuyo te busca por cielo y tierra solo para decirte que un texto tuyo le salvó la vida. O como cuando un premio Nobel al que no conocés y que no te conoce escribe elogiosamente acerca de un libro tuyo, a toda página y en el diario más importante de un país de Europa.

El reportero de *Rolling Stone,* David Lipsky, entrevistó a David Foster Wallace durante la gira de presentación de su novela *La broma infinita* y le preguntó: «¿No es genial que la gente hable de vos como de un escritor muy sólido?» Foster Wallace le dijo: «En mi experiencia eso no es cierto. Lo peor que hay en el hecho de que todos te presten mucha atención es que también vas a tener "atención negativa". Y si eso te afecta, el calibre del arma que te apunta ha aumentado de una 22 a una 45.» Como todos saben, en 2008 David Foster Wallace se ahorcó en el garage de su casa. La carga de nitroglicerina nunca se acaba, siempre es inestable, y en cada curva puede hacerte rodar hacia el abismo.

Pero dejemos de hablar de ostras y de reyes y hablemos del fantasma que últimamente se convoca en cada congreso, feria, seminario, festival, mesa redonda: el Armagedón, el posible fin del periodismo en garras de un combo formado por redes sociales y noticias falsas. Hablar de eso es importante porque, sin periodismo, no hay negocio del miedo.

Tiempo atrás un colega me hizo una entrevista para un programa de radio. Días después, me envió el link. Allí escuché que, al presentarme, decía: «La periodista argentina Leila Guerriero dice que no hay mejor periodista que aquel que escribe sus propios textos.» Me bajó la presión. ¿Cómo sería un periodista que no escribe sus propios textos? ¿Un plagiario, un farsante? Estoy segura de no haber dicho semejante cosa, pero lo que me preocupa es que el colega no haya visto en esa frase nada raro. Si alguien me dijera, o yo creyera haber entendido,

«No hay mejor guitarrista que el que toca la guitarra», dudaría. Preguntaría: «¿Se puede explicar mejor? Porque me parece que no entendí.»

Hace semanas otra colega me entrevistó para un medio gráfico. La nota iba acompañada por uno de esos recuadros donde el entrevistado responde cuál es su libro preferido y si le gustan más los canarios o los hámster. La colega decidió escribir mis respuestas por su cuenta, sin hacerme las preguntas. Adivinó bastante bien, excepto en la opción «¿Mate o café?», porque respondió –me hizo responder– «Café». Hace dos o tres décadas que no tomo café. No me gusta y me hace mal. Sin embargo, ahí anda esa información dando vueltas: que prefiero el café, una bebida que no soporto, al mate, una infusión que me gusta. Esas frases incoherentes, esos inventos torpes, no afectan a nadie. Ni siquiera a mí, porque los olvido o me sirven para escribir conferencias como esta. El problema es que reflejan, a muy pequeña escala, una forma canalla de ejercer el oficio. Una forma canalla que puede alcanzar alturas siderales. Este año, en pleno mundial de Rusia, se anunció la muerte de Diego Maradona. Se descompensó al terminar un partido de Argentina y terminó en la enfermería. Poco después empezaron a llegar a las redacciones dos audios de WhatsApp en los que un hombre le daba a entender a otro que Maradona había muerto. El audio era falso, pero recorrió el planeta en segundos gracias a las redes sociales y los medios de comunicación que se hicieron eco de ellas. A medianoche Maradona seguía aclarando que estaba vivo. En los días que siguieron hubo debates acerca de las *fake news*, los falsos audios, la responsabilidad del periodismo. Los colegas coincidían en que, al recibir una noticia, hay que chequear antes de difundir. Pero, decían, quien pergeñó el audio fue astuto: lo hizo sabiendo que después del partido Maradona tomaría un avión rumbo a otra ciudad de Rusia y que eso lo mantendría inubicable a lo largo de una hora. Ese hecho hacía, según los colegas, imposible chequear la información. La conclusión inmediata parecía inevitable: había que publicar. Escuché ese argumento una y otra vez. Inubicable, una hora, imposible chequear información. Este oficio es el mismo que ejerce la premio Nobel de literatura de 2015, Svetlana Alexiévich, cuyas investigaciones sobre el accidente en la central nuclear de Chernóbil le tomaron diez años y expusieron el desamparo de las víctimas y la negligencia del Estado. Uno solía tomarse tiempo para chequear información que podía alterar los destinos de un país, de una persona. Ahora, nuestro límite de tolerancia es de sesenta minutos. No sé qué nos pasó, pero nos pasó de una manera contundente.

El periodismo no es una herramienta de repetir sin chequear cualquier rumor que recorra el mundo. En la «Carta abierta de un escritor a la junta militar» que el periodista argentino Rodolfo Walsh despachó a diarios y revistas el 25 de marzo de 1977, horas antes de que los militares de la dictadura que había empezado un año antes en la Argentina lo asesinaran, se lee: «Estas son las reflexiones que en el primer aniversario de su infausto gobierno he querido hacer llegar a los miembros de esa Junta, sin esperanza de ser escuchado, con la certeza de ser perseguido, pero fiel al compromiso que asumí hace mucho tiempo de dar testimonio en momentos difíciles.» Hay muchas formas de que los tiempos sean difíciles para el periodismo. Ojalá ahora pudiéramos dar batalla —como tantos la dieron antes— con nuestras armas más nobles. Yo, que no creo en nada, tengo fe en esas armas nobles.

En 1970 el poeta Nicanor Parra tenía cincuenta y cinco años, era defensor de la Revolución cubana y miembro del jurado del premio de Casa de las Américas cuando asistió a un encuentro de escritores convocado por la Biblioteca del Congreso de Estados Unidos en Washington y, junto a otros invitados, hizo una visita a la Casa Blanca donde los recibió la mujer de Nixon a tomar el té. La taza de té con la esposa de Nixon en plena guerra de Vietnam fue, para Parra, la aniquilación: Casa de las Américas lo inhabilitó para actuar como jurado y le llovieron insultos. Cuando volvió a Chile, el presidente de la sociedad de escritores lo llamó «hippie sexagenario», sus alumnos boicotearon las clases en la facultad, donde era profesor de Física. Él se plantó en el patio con un cartel que decía «Doy explicaciones». Jamás se las pidieron. A veces pienso en Parra y su cartel y me digo que quizás podría sentarme en alguna parte con un cartel que dijera «Tengo entusiasmo, vengo a ofrecer». Contra la idea instalada de que el periodismo miente: vengo a ofrecer. Contra la idea instalada de que el periodismo está en decadencia: vengo a ofrecer. Contra la idea disparatada de que el periodismo podría dejar de existir: vengo a ofrecer. Pero la verdad es que no tengo ganas de ofrecer nada. Todo mi entusiasmo lo necesito para mí, porque estar en el negocio del miedo requiere de toda mi energía y de toda mi concentración. Sí puedo decir esto: a los que auguran el fin del periodismo, no cuenten conmigo. A quienes dicen que los lectores ya no leen: no cuenten conmigo. A los cínicos, a los agoreros, a los quejosos: no cuenten conmigo. Porque el negocio del miedo podrá ser un negocio fatal, un muy mal negocio, pero es un negocio de gente que hace, que insiste, que intenta y que cree.

En mayo de 2018, la periodista española Soledad Gallego-Díaz, antes de ser nombrada directora del diario *El País,* de España, recibió el premio Ortega y Gasset a la Mejor Trayectoria Profesional y dio un discurso en el que hizo una defensa de las redacciones: «lo más raro y magnífico de las redacciones es que los periodistas lo hacen todo mejor porque lo hacen juntos –dijo–, porque respetan los mismos procedimientos profesionales, porque aprendemos unos de otros y porque colaboramos unos con otros. Porque, gracias a esa cultura compartida, sabemos identificar el buen y el mal periodismo. (...) Si la sociedad quiere derrotar a las *fake news* (...) tiene que darse cuenta de que necesita nuestras informaciones, nuestros reportajes y nuestro trabajo profesional. (...) El periodismo ha servido a la democracia y a la sociedad y sigue siendo vital para su sostenimiento. Si de algo estoy segura es de que periodismo sigue siendo la indagación de los hechos en busca de la verdad. Y que para saber indagar en los hechos hace falta tener entrenamiento y oficio. Y eso es asunto de las redacciones. Todo lo tecnológicas que quieran y puedan ser, pero redacciones donde se realiza un trabajo colectivo y cómplice. Donde hay periodistas y se hace periodismo».

Desde que Sol Gallego-Díaz dio ese discurso pienso que debería llevar varias copias impresas y, ante cada pregunta acerca del estado y el futuro de periodismo, entregarlas a modo de respuesta.

Finalmente, y para que quede claro: yo estoy en el negocio del miedo. Pero no cambiaría ese negocio por nada.

Hay una escena en la película *Kill Bill. Volumen dos,* de Quentin Tarantino, en la que Beatrix Kiddo, interpretada por Uma Thurman, se venga de los miembros de un Escuadrón que, por orden de Bill, un hombre al que ella ha amado intensamente, intenta liquidarla en el exacto momento en que, embarazada, está por casarse. Una noche, Beatrix Kiddo llega a la casa rodante donde vive uno de los miembros de ese Escuadrón, un hombre llamado Budd. Él, advertido de que ella va a buscarlo, la espera acechante y la sorprende disparándole al pecho dos balazos de sal. Beatrix Kiddo se derrumba como una astilla dorada. Cuando cae, Budd le inyecta algo que la deja inconsciente. Rato después, al recuperar la conciencia, ella descubre que está en un cementerio, atada de pies y manos. Budd se acerca y le dice lo que va a hacer: va a enterrarla viva. La arrastra hasta el ataúd, la arroja adentro, le coloca una linterna sobre el pecho –para que contemple las tablas de madera entre las que va a asfixiarse– y empieza a clavar la tapa. Dentro del ataúd, Beatrix Kiddo hiperventila, aterrada, los ojos dilatados por el pánico, el horror envolviéndola como un murciélago negro. Cuando el último clavo se hunde en la madera, desaparece el hilo de luz que la une a la superficie y el ataúd empieza a descender hacia la fosa hasta tocar fondo con un golpe seco. Después, se escuchan paladas de tierra que caen blandas, una tras otra, hasta que cesan. Sobreviene un silencio total. En la oscuridad del ataúd solo se escucha la respiración enloquecida, taquicárdica de Beatrix Kiddo, que enciende la linterna y contempla la caja donde va a morir. No hay nada qué hacer. ¿Qué puede hacer? Está enterrada un metro bajo tierra, atada, dentro de un ataúd. Sin embargo, empieza a moverse lentamente hasta que logra quitarse una bota. Y de la bota sale una navaja. Con movimientos siempre lentos y trabajosos lleva la navaja hasta una de sus manos, la abre con la boca y corta la soga que le amarra las muñecas. Entonces sonríe una sonrisa triste y agónica, cargada de esplendor y de horrible esperanza, y, con la mirada fija en la tapa del ataúd, alza la fulgurante palma de su mano, la apoya contra la madera como quien mide a su enemigo, inspira y, con un rostro en el que se mezclan el ruego, la euforia, el instinto de supervivencia, el desvalimiento, la fuerza y el pánico cerval, dice: «Bien, Pai Mei, allá vamos.»

Pai Mei es su senséi. Un legendario maestro de artes marciales que la ha entrenado sádicamente llevándola más allá del dolor y la extenuación, tratándola con desprecio hasta transformarla en una guerrera blindada, en un ser más peligroso que la muerte, en la única digna de ser depositaria de un secreto que él nunca ha enseñado a otro discípulo: una serie de movimientos letales, casi imperceptibles, que, ejecutados sobre el pecho del enemigo, hacen que su corazón estalle. El golpe se llama «cinco puntos y palma que revientan el corazón». Beatrix Kiddo es la única persona en el mundo que sabe ejecutarlo y lo guarda para su venganza magna: el momento en que, al fin, encuentre a Bill, el hombre al que amó, el que ordenó su muerte y a quien ella va a matar.

Pero ahora, en el ataúd, Beatrix Kiddo no piensa en su venganza: está en la boca del miedo y solo se concentra en seguir viva. Extiende los dedos, los apoya contra la madera, cierra la palma en un puño, aprieta los dientes y golpea. Golpea duro, corto, seco. No puede tomar impulso porque no tiene espacio, de modo que la fuerza de su golpe no proviene del cuerpo sino de algo que aprendió acarreando baldes de agua para Pai Mei, golpeando troncos para Pai Mei, recogiendo arroz del piso como un perro bajo los gritos de Pai Mei. Sin esperanza, pero sin lugar para la duda, se entrega a una convicción imposible: salir

271

viva. Y golpea. Una y otra vez. La madera se mancha con su sangre cremosa. Los nudillos crujen con ese golpe que tiene la convicción de las montañas, de lo que no se piensa, de lo que se hace porque es lo único que se puede hacer. Hasta que, de pronto, la madera cruje. Y después cruje un poco más, y otro poco, hasta que un último golpe parte la tapa como a un tórax y Beatrix Kiddo asciende gloriosa, ahogada pero viva, y se yergue en la superficie, dura como un arpón, dispuesta a que el mundo conozca la magnitud de su venganza, lista para ejecutar su mejor golpe: los cinco golpes y palma que revientan el corazón.

Cada vez que me siento a escribir soy esa mujer en una caja de madera, sin esperanza pero sin lugar a dudas, entregada a una convicción imposible. Cada vez acaricio la tapa que me cubre, mido la calidad de mi enemigo, cierro el puño y, con una fuerza que no viene del cuerpo, digo: «Bien, Pai Mei: allá vamos.» Con la esperanza de erguirme alguna vez sobre la superficie dispuesta a ejecutar mi mejor golpe: los cinco golpes y palma que revientan el corazón.

¿Podré hacerlo, lo habré hecho alguna vez? No lo sé. Pero eso —esa incertidumbre— es el salario que se cobra el miedo. Y yo se lo pagaré toda la vida. Quizás, antes de poner un pie en este negocio, ustedes deberían preguntarse si están dispuestos a pagárselo.

ÍNDICE

Impreso en
Romanyà Valls, S. A.,
Sant Joan Baptista, 35
08789 La Torre de Claramunt